BASTEI
LÜBBE

Über die Autorin

Sandra Z. Kaufman, M. A., ist seit 1979 assoziiertes Mitglied der Forschungsgruppe für Sozialverhalten (*Socio-Behavioral Research Group*) der Universität von Kalifornien in Los Angeles (UCLA). Sie hatte wieder ein Studium aufgenommen, als ihre Kinder 8, 15 und 17 Jahre alt waren, und 1977 auf der UCLA einen Abschluß als B. A. in Anthropologie gemacht; 1981 erhielt sie ihren Magister im Fach Forschungsmethodik und Auswertung.

Seit ihrem Abschluß veröffentlicht Sandra Z. Kaufman in Fachzeitschriften Artikel über die Beziehungen zwischen leicht zurückgebliebenen Erwachsenen und ihren Eltern, und sie hat Kapitel in etlichen Büchern beigesteuert.

Auf der Grundlage von zweieinhalb Jahren ethnographischer Studien erzählt Sandra Kaufman in *Für immer mein Kind*, was sie aus erster Hand über das Bemühen ihrer Tochter erfuhr, als junge Frau ihren Weg in der Gesellschaft zu gehen.

Sandra Z. Kaufman lebt heute mit ihrem Mann in Südkalifornien. Ihre drei Kinder wohnen und arbeiten dort in der Nähe.

Sandra Z. Kaufman

FÜR IMMER MEIN KIND

Aus dem Amerikanischen von
Thomas Schichtel

BASTEI LÜBBE

BASTEI-LÜBBE-TASCHENBUCH
Band 61433

Erste Auflage: Juni 1999

Deutsche Erstveröffentlichung

Originaltitel: RETARDED ISN'T STUPID, MOM!
Originalverlag: Paul H. Brookes Publishing Co., Baltimore

Einbandgestaltung: Manfred Peters
Titelfoto: Mechthild Op Gen Oorth, Köln
Satz: hanseatenSatz-bremen, Bremen
Druck und Verarbeitung: Cox & Wyman, Ltd.
Printed in Great Britain
ISBN 3-404-61433-X

Für C. M.

»Was ist das Schwerste von allem? Was dir das Leichteste dünket: Mit den Augen zu sehen, was vor den Augen dir liegt ...«

Goethe, Xenien und Votivtafeln

Danksagung

Vor dreißig oder vierzig Jahren kursierten viele Klischeevorstellungen über zurückgebliebene Menschen. Die Kategorien, die man benutzte, spiegelten diese Klischees wider: Als »geistesschwach« galt jemand, den wir heute leicht zurückgeblieben nennen würden; »Idiot« hieß, wer inzwischen als mittelmäßig zurückgeblieben gilt, und »schwachsinnig« nannte man stark oder sehr stark zurückgebliebene Menschen. In Anstalten setzte man häufig die Bezeichnungen »hochgradig« oder »ansatzweise« zurückgeblieben dafür ein. Die Leute betrachteten alle geistig Behinderten als Mitglieder einer untermenschlichen Spezies, die nicht fähig wären, menschliche Gefühle wie Liebe und Freundschaft zu empfinden oder in irgendeiner Weise höhere Gedanken zu entwickeln. In weiten Kreisen glaubte man, die mangelnde Selbstkontrolle dieser »Untermenschen« wäre für die Gesellschaft bedrohlich, falls man ihnen erlaubte, in Freiheit zu leben; wahllose sexuelle Aktivitäten und wild wuchernde Kriminalität würden sich zur Norm entwickeln. Kein Wunder, daß geistig zurückgebliebene Menschen in Anstalten weggeschlossen wurden.

Wir haben seitdem einen sehr langen Weg zurückgelegt. Heute beteiligen sich sogar große Medienstars an der Behindertenolympiade. Im Fernsehen laufen häufig sehr verständnisvolle Sendungen über geistig zurückgebliebene Männer und Frauen. Zurückgebliebene Kinder nehmen leider nur sporadisch am Regelunterricht ihrer örtlichen Schulen teil, und wenn sie erwachsen geworden sind, üben einige von ihnen gesellschaftlich anerkannte Berufe aus. Mißverständnisse, Vorurteile und Ungerechtigkeiten haben zwar ein zähes Leben, aber trotzdem wurden Fortschritte erzielt, weil eine Menge Leute – Eltern, professionelle Helfer und Politiker – sich der Probleme zurückgebliebener Menschen angenommen und hart gekämpft haben.

Zwei Menschen, die überaus bedeutsame Beiträge dazu geleistet haben, sind George Tarjan und Robert Edgerton. Ich erwähne sie, weil ihr Handeln letztendlich dazu beigetragen hat, bei mir den Boden für die genaue Beobachtung meiner Tochter Nicole zu bereiten.

In den fünfziger Jahren unseres Jahrhunderts führte Tarjan als Direktor des Pacific State Hospitals in Kalifornien die Bewegung an, die für eine Lockerung des Anstaltswesens eintrat. Obwohl man ihn damals heftig kritisierte, hielt er hartnäckig an der Überzeugung fest, daß manche Patienten nicht in Krankenhäuser gehörten, weil sie fähig wären, Berufe auszuüben, unabhängig zu leben und sogar zu heiraten, und daß man ihnen genau das auch erlauben sollte. Das zentrale Probleme dabei war zu entscheiden, welche Patienten entlassen werden sollten.

Ihm standen dabei einige Forschungsergebnisse zur Verfügung. Man hatte sich darum bemüht, Faktoren zu bestimmen, die es Patienten ermöglichten, sich an das Leben außerhalb des Krankenhauses anzupassen. Man hatte frühere, inzwischen in die Gesellschaft entlassene Patienten ausfindig gemacht und ihre Familienangehörigen (oder Vermieter oder Arbeitgeber) befragt, um herauszufinden, ob die zurückgebliebene Person einen Beruf ausübte, welche kriminellen Verstöße vorlagen, wie der Familienstand lautete usw. Diese »Fakten« verglich man dann mit anderen »Fakten« wie IQ, Alter und Geschlecht. Leider erwiesen sich die Faktoren, die für erfolgreiche Anpassung entscheidend waren, immer wieder als schwer greifbar.

Robert Edgerton, ein Student, der bereits ein Studium der Anthropologie abgeschlossen hatte, schlug einen anderen Ansatz vor: Mit Hilfe der traditionellen anthropologischen Methode – Beobachtung und Befragung von Informanten, in diesem Fall der Patienten im Krankenhaus – bemühten er und seine Mitarbeiter sich darum, mehr über geistige Entwicklungsstörungen und über *die* Menschen zu erfahren, bei denen man sie diagnostiziert hatte. Mit Zustimmung und starker Unterstützung von Tarjan machte sich Edgerton an die Arbeit. Er beobachtete die Patienten, wie sie den Angestellten die Autos wuschen, unterhielt sich mit ihnen und erfuhr von einem langjährigen Unternehmensprojekt, das von dem Krankenhaus durchgeführt wurde. Im Rahmen dieses Projekts arbeiteten Patienten als Subunternehmer und bezahlten Gebühren für ihre Ausrüstung. Einige der Patienten, schien es, waren durchaus fähig, höhere Gedanken zu entwickeln.[1]

Durch die gleichen Methoden erfuhr Edgerton, daß die kulturellen Regeln der Patienten für Verabredungen während unbeaufsichtigter Zeiten im Tagesablauf komplexer Natur waren und obendrein eine sexuelle Selbstbeherrschung forderten, die geradezu puritanisch war.[2] Darüber hinaus untersuchte er die Freundschaft zweier extrem zurückgebliebener Männer – der eine blind und der andere ein schwerer Spastiker und Epileptiker – und dokumentierte die Sanftheit und Intensität, mit der sie aufeinander eingingen.[3] All diese Verhaltensweisen zeigten, daß die Patienten nicht nur zu höheren Gedanken fähig waren, sondern daß sie ebenso Mensch waren wie wir anderen auch. Um es milde auszudrücken: Edgertons Arbeit widersprach vorherrschenden Klischees und bestätigte Tarjans Überzeugung, die damals noch als radikale Perspektive galt.

1960 benutzte Edgerton in der freien Gesellschaft den gleichen methodischen Ansatz, um nachzuprüfen, wie es den aus den Anstalten entlassenen Patienten ging. Sein Bericht mit dem Titel *The cloak of competence: Stigma in the lives of the mentally retarded (Deckmantel der Kompetenz: Stigmatisierung im Leben der geistig Zu-*

---

[1] Edgerton, R./ Tarjan, G./Dingman, H. (1961). Freies Unternehmertum in einer Gefangenengesellschaft, in: *American Journal of Mental Deficiency, 66, 35 - 41.*

[2] Edgerton, R./Dingman, H. (1964). Gute Gründe für schlechte Aufsicht: Verabredungen in einer Klinik für geistig Zurückgebliebene, in: *The Psychiatric Quarterly Supplement, 38, 221 - 233*

[3] MacAndrew, C./Edgerton, R. (1966) Über die Möglichkeit von Freundschaft, in: *American Journal of Mental Deficiency, 70, 612 - 621*

rückgebliebenen)[4] entwickelte sich zu einem Klassiker auf dem Gebiet der Erforschung geistiger Behinderung. Edgerton stellte fest, daß die früheren Patienten ein völlig normales Leben führten. Obwohl sie einen anderen Lebensstil pflegten, konnte man nur wenigen von ihnen Rechtsbrüche vorwerfen, und die Sexualpraktiken der meisten bewegten sich deutlich innerhalb der Normen der Gesamtbevölkerung. Andererseits sah er, daß sie unmäßig viel Zeit dafür aufwandten, als »normal« betrachtet zu werden, und daß die erfolgreiche Anpassung ans gesellschaftliche Leben in hohem Maße davon abhing, daß barmherzige Samariter verfügbar waren.

1970 leitete Tarjan den Aufbau des Mental Retardation Research Center (MRRC), des Forschungszentrums für geistige Entwicklungsstörungen, an der Universität von Kalifornien in Los Angeles. Er war überzeugt, daß wirksame Programme für geistig Behinderte nur entwickelt werden konnten, wenn man zuerst ihr tägliches Leben und das, was sie bewegte, besser kennen lernte. Deshalb forderte er Edgerton auf, eine Forschungsgruppe für Sozialverhalten (SBG) am MRRC aufzubauen. Dessen Mitglieder führen seitdem die ethnographisch begründeten Forschungen fort, die Edgerton ins Leben gerufen hatte. Für jede dieser Studien nimmt man mit geistig zurückgebliebenen Männern und Frauen Kontakt auf und begleitet sie für längere Zeit. Der praxisorientierte Forscher bemüht sich dabei, zu einem Bestandteil des

---

[4] Edgerton, R. (1967): *The cloak of competence: Stigma in the lives of the mentally retarded.* Berkeley: University of California Press.

Lebens dieser Person zu werden, indem er an alltäglichen Verrichtungen wie Kochen und Spülen teilnimmt, aber auch an besonderen Anlässen wie Hochzeiten und familiären Zusammenkünften. Auch an den manchmal auftretenden Krisen nimmt er Anteil. Alles, was im Verlauf des Zusammenseins von Forscher und Patient geschieht, wird festgehalten, so daß mit der Zeit eine Sammlung mit umfangreichem Forschungsmaterial über alltägliche Ereignisse und die Anliegen von zurückgebliebenen Personen entsteht.

Zu meinem ersten Kontakt mit der Forschungsgruppe für Sozialverhalten kam es 1977, als ich als Studentin der Anthropologie am Unterricht des Labors für naturalistische Beobachtung teilnahm. Die Professoren gehörten alle dieser Forschungsgruppe an. Unter ihrer Anleitung lernten meine Kommilitonen und ich aus erster Hand, was es bedeutete, Ethnographie oder beschreibende Völkerkunde zu betreiben. Wir »hingen« an den Schauplätzen sozialen Verhaltens »herum« – in Clubs, Hamburgerbuden, Zahnarztpraxen, wo immer wir Einlaß erhielten – und beobachteten das menschliche Verhalten. Man brachte uns bei, wie man zuschaut, wie man mit Menschen zu deren eigenen Bedingungen Kontakt aufnimmt, wie man Forschungsunterlagen anfertigt und Daten analysiert. Ich war von den Möglichkeiten fasziniert.

Nach Abschluß des Kurses blieb ich mit diesen inspirierenden Lehrern in Verbindung. Jim Turner gestattete mir, ihn in sein Forschungsmilieu zu begleiten, eine Behindertenwerkstatt, in der er seit über zehn Jahren einmal wöchentlich Beobachtungen anstellte. Während ich ihm dabei zusah, wie er durch die Werkstatt ging und nacheinander von den Arbeitern begrüßt wurde, wie er ihnen allen zuhörte, wenn sie ihm von ihrem Leben und ihren Träumen erzählten, lernte ich etwas über die Geduld, die man als Ethnograph braucht.

Ein Jahr später genoß ich das Privileg, als Ronald Gallimores und Jim Turners Forschungsassistentin in die Forschungsgruppe für Sozialverhalten aufgenommen zu werden. Als ich vorschlug, den Fall meiner eigenen Tochter zu untersuchen, waren sie von dieser Idee sehr angetan. Über die ganze Dauer des Projektes hinweg behielten sie ihre Begeisterung, gaben mir Ratschläge bei Problemen der Praxisarbeit und ermutigten mich immer wieder. Nachdem Jim die UCLA verlassen hatte, unterstützte Ron mich weiter. Seine Freundschaft, seine hohen Anforderungen an die wissenschaftliche Arbeit und sein ausgeprägter Humor hielten mich in all den Jahren, die ich für den Abschluß von Nicoles Geschichte brauchte, praktisch auf den Beinen. Ohne seine und Jims Anleitung und Unterstützung hätte ich das Projekt niemals abschließen können.

Auch andere Mitglieder der Forschungsgruppe für Sozialverhalten haben dazu beigetragen, daß Nicoles Geschichte aufgeschrieben werden konnte. In den ersten Monaten nach meiner Ankunft fing mich Sharon Sabsay immer wieder an der Uni ab und forderte mich auf, über meine Tochter nachzudenken: »Wie hat sich, seit du hier bist, die Perspektive verändert, unter der du sie siehst? Was empfindest du dabei? Machst du dir auch Notizen?« In hohem Maße waren es diese Gespräche, die mich auf die Idee brachten, Nicole zu studieren. Gelya Frank und Lew Langness führten mich in die Methoden der Erforschung von Lebensgeschichten ein und nahmen sich Zeit, um mir die vielen Fragen zu beantworten, die ich nach allem stellte, was bei einem solchen Unterfangen eine Rolle spielte. Paul Koegel, Steve Daley und Cindy Bernheimer lasen zahlreiche Versionen des Manuskripts; alle gaben viele hilfreiche Kommentare und motivierten mich zum Weitermachen. Andrea Zetlin, die die Beziehungen zwischen Eltern und zurückgebliebenen Kindern studierte, zeigte sich interessiert und hilfreich und unterstützte mich, indem sie mir ihre Sichtweise darlegte. Besonders nützliche Anregungen stammten von Lori Stolze, die ihren Standpunkt als Mutter eines erwachsenen, geistig zurückgebliebenen Kindes einbrachte. Harold Levine, auch einer meiner Lehrer aus dem Seminar des Labors für naturalistische Beobachtung, bot mir fachmännische Anleitung, als ich damit anfing, meinen Berg aus Forschungsunterlagen sinnvoll zu ordnen. Und natürlich darf ich Bob Edgerton nicht vergessen, der während des gesamten Projekts interessiert blieb und mir Mut zusprach. Ich stehe tief in der Schuld all dieser Menschen.

Ich danke auch Dorothy Smith, Pete Tourtellotte, Warren Sherlock und Judy Bobrow, guten Freunden, die mir wichtige Ratschläge über das Schreiben und Veröffentlichen von Texten gaben, sowie den Mitarbeitern des Regional Centers Mark Dubie, Joan Daniels und Marcy Alemany. Den Doktoren Donald Glicklick und Leonard Lipman gebührt Dank, weil sie sich mitten in ihrem geschäftigen Leben die Zeit nahmen, mir Informationen zu geben.

Joan Carris fällt unter eine ganz besondere Kategorie, denn ohne ihre Hilfe hätte Nicoles Geschichte schlicht und einfach niemals erscheinen können. Meine Dankbarkeit für ihre redaktionelle Kritik ist grenzenlos.

Die Angehörigen meiner Familie haben sich alle einen Preis für ihr Interesse an Nicole und meinen Bemühungen um sie verdient, wie auch für ihr geduldiges Verständnis, wenn ich zu Hause bleiben und schreiben mußte, anstatt an ihren Freizeitvergnügen teilzunehmen. Mein Mann mußte in dieser Hinsicht nicht nur die Hauptlast tragen, sondern hatte auch stets ein offenes Ohr, wenn ich über Problemen des Schreibens verzweifelte. Seine Vorschläge haben mir häufiger, als ich im einzelnen Rechenschaft ablegen möchte, aus der Verzweiflung geholfen und weiteren Fortschritt ermöglicht. Großen Dank schulde ich auch meiner Schwester Camelia Berry, die mir Kartons voller Briefe zuschickte, die ich ihr in den fünfziger und sechziger Jahren geschrieben hatte. Sie erwiesen sich als unschätzbar hilfreich, um die frühen Jahre in Nicoles Leben zu rekonstruieren.

Melissa Behm vom Verlag Paul H. Brookes machte es zu einer Freude, dieses Buch zu veröffentlichen. Könnten doch alle Schriftsteller von ihren Herausgebern so behandelt werden!

Schließlich und vorrangig danke ich meiner Tochter Nicole für ihre Bereitschaft, der Gegenstand meiner Studie zu sein. Ich bin ihr dankbarer, als sie ahnen kann, weil sie mich so großzügig in ihrem Leben aufgenommen hat. Ein besonderes Dankeschön geht auch an Edward Brichant für die Erlaubnis, ihn zusammen mit Nicole zu beobachten.

Prolog

Nicole im Alter von zwei Jahren

Der Wolkenbruch war so schnell zu Ende, wie er angefangen hatte – typisch für die Regenzeit –, und die Sonne brannte wieder vom Himmel. Dampf stieg rings um den Truppentransporter vom Asphalt auf.

»Hat wahrscheinlich in Korea viel mitgemacht«, sagte Matt und musterte die alte DC-3. Er nahm unsere zweieinhalbjährige Tochter Nicole auf den anderen Arm. Seit dem Ende des Krieges vor fünf Jahren, 1953, dienten Truppentransporter solch profanen Zwecken wie der Beförderung von Militärangehörigen und ihren Familien zwischen den Vereinigten Staaten und Auslandsstützpunkten.

Flieger klappten die Treppen heraus, und wir stellten uns an, um an Bord zu gehen. Nicole streckte die Hand aus und tätschelte das Baby in meinen Armen. Zu ihrem Entzücken gab ihr Bruder ein glucksendes Geräusch von sich. Sie lachte und klatschte in die Hände.

Die Schlange wurde rasch kürzer, und bald saßen wir auf unseren Plätzen. Das Flugzeug rollte auf die Startbahn, hob ab und brachte uns fort vom Panamakanal und dem Armeeposten, der in den vergangenen dreieinhalb Jahren unser Zuhause gewesen war.

Nicole weinte in einem fort; die zahlreichen Veränderungen im alltäglichen Familienleben waren zuviel für sie. Schließlich trug jedoch die Erschöpfung den Sieg davon, und sie schlief auf Matts Schoß ein.

Während ich eine Decke über ihre zerbrechliche Gestalt breitete, stellte ich mir wieder Dr. McCall und das Gorgas Hospital vor. Schaudernd blickte ich zum Fenster hinaus und zwang mich, an andere, glücklichere Dinge zu denken – wie Los Angeles, wo wir in ein paar Stunden eintreffen würden. Matt und ich waren uns vor vier Jahren in Los Angeles begegnet. Wie sehr mir das jetzt rückblickend als glückliche Fügung erschien – ich, eine Tänzerin, deren Welt aus Ballettstudios und Theatern bestand, lernte Matt kennen, einen Leutnant, der Kampfpanzermanöver in der Wüste lehrte. Zwei Monate später hatten wir geheiratet.

Mein Hals wurde eng. Ich hatte Nicole in Los Angeles empfangen. Schloß sich nun der Kreis? Brachten wir sie nach Hause, damit sie dort starb? Das war es doch, was der Arzt gesagt hatte, nicht wahr? Daß sie vielleicht sterben würde.

Ich blickte zu ihr hinab – auf die dünnen blonden Haare und die zierlichen Formen von Nase und Mund –, und die Ereignisse von vor zweieinhalb Jahren stiegen erneut in mir hoch.

Das Karussell in meinem Kopf drehte sich langsamer, und ich schlug die Augen auf. Ein blendender Lichtring schien grell auf mich herab. Ich wandte mich ab. Nebelhafte Gestalten in Weiß bewegten sich in der Nähe.

Der Schmerz ist weg. Das muß der Entbindungsraum sein. Ich habe das Baby wohl bekommen.

»Sie haben ein kleines Mädchen«, sagte eine der Gestalten.

Ein Mädchen. Wie wunderbar!

»Ist sie gesund?« Wegen der abklingenden Narkose klangen meine Worte noch undeutlich. Es war die übliche Routinefrage. Es bestand kein Anlaß, davon auszugehen, daß etwas nicht in Ordnung war.

»Wir hatten ein bißchen Schwierigkeiten, die Atmung in Gang zu bringen, aber es scheint ihr gutzugehen«, sagte die nächststehende Gestalt durch ihre weiße Maske. Ich erkannte sie als den diensthabenden medizinischen Offizier von gestern abend wieder. »Sie ist allerdings sehr klein, obwohl keine Frühgeburt vorliegt ... Nur etwa vier Pfund.«

»Kann ich sie sehen?« bat ich. Nach dem Eindruck meiner kurzsichtigen Augen schien sie in der Schublade eines glänzenden Stahlschrankes zu liegen.

»Nur noch ein paar Sekunden«, sagte er. Er schloß seine Untersuchung ab, hob dann ein Bündel aus weißen Decken auf und legte es neben mich. Ich lachte vor Staunen über das Wunder, das Matt und ich geschaffen hatten.

Langsam arbeitete ich mich mit einem Finger in ihre geschlossene Faust vor.

»Hallo Nicole«, flüsterte ich, denn Matt und ich hatten uns schon vor Monaten auf diesen Namen geeinigt. Sie zuckte und wackelte, während ich sie betrachtete.

Der Arzt unterbrach uns. »Sie muß in einen Brutkasten, weil ihr Geburtsgewicht so niedrig ist.« Er hob sie hoch und reichte sie einer Schwester, die mit ihr verschwand.

Das war in Ordnung. Matt würde sie bald sehen. Ich schlief ein, bewegt von der Vorstellung, wie er sich dabei freuen würde.

Nicole und ich konnten drei Tage später nach Hause. Ich legte sie in ihren Babykorb, aber weil ich einfach nicht die Hände von ihr lassen mochte, nahm ich sie wieder heraus. Liebe zu dem winzigen Menschlein, das an meinem Hals schniefte, durchdrang mich ganz. Ich liebte meinen Mann über alles, aber dieses Baby erweckte etwas Urzeitliches.

Sie fing an zu schreien. »Ist schon in Ordnung«, sagte ich und tätschelte sie. »Du kannst tagsüber soviel weinen, wie du möchtest. Tue es bitte nur nicht nachts. Dein Vater arbeitet schwer und braucht seinen Schlaf.«

Daraus wurde nichts. Sie bestand darauf, alle zwei Stunden gefüttert zu werden, Tag und Nacht. Nach einer Woche schleppte ich mich nur noch mit tiefliegenden Augen durchs Haus. Matt übernahm stillschweigend die Aufgaben, die Fläschchen zu sterilisieren (als ich es aufgab, ihr die Brust zu geben, schlief sie zweieinhalb Stunden durch), einzukaufen und das Abendessen zu machen.

Aber sie legte an Gewicht zu. Sobald sie einen Monat alt war, brachten wir sie zur Untersuchung zu Dr. McCall, dem Kinderarzt am Gorgas Hospital. Nicole wog sechs Pfund. Ich lachte vor Freude – bis mir auffiel, was für ernste Gesichter die Schwester, der Arzt und Matt machten.

»Aufgrund ihres geringen Gewichts wird sie sich langsamer entwickeln, als es dem Durchschnitt entspricht«, sagte der Arzt. »Sie wird das nicht aufholen, ehe sie ein Jahr alt ist.«

Das leuchtete mir ein. Es erklärte, wieso Ellens Baby, Ben, Nicole so weit voraus war. Obwohl im gleichen Alter hatte er bereits kraftvoll auf dem Schoß der Mutter gesessen und sich umgesehen. Nicole dagegen war immer noch schwach, und man mußte ihr den Kopf halten. Ich war beruhigt.

Zwei Monate später wog sie zehn Pfund, konnte lächeln und sich aus eigener Kraft umdrehen. Obendrein konnte sie »sprechen«.

»Also, junge Dame, was möchtest du unternehmen?« fragte ich, während sie auf meinen Knien saß und mich anschaute. Sie hielt den Kopf jetzt aufrecht.

Sie öffnete den Mund, arbeitete mit den Lippen, holte Luft, und heraus kam ein »Uuuuuuuh«.

»Was möchtest du?«

Ihre Augen tränten, und das Gesicht wurde rot vor Anstrengung. »Uuuuuh«, sagte sie mit veränderter Betonung.

Wie der Arzt vorausgesagt hatte, verlief ihre Entwicklung weiter langsam. Erst mit acht Monaten konnte sie aufrecht sitzen. Als sie dann anfing herumzukrabbeln, hatte es den Anschein, als würde sie sich künftig immer auf allen Vieren bewegen.

Als sie mit achtzehn Monaten endlich laufen lernte, fand ich, daß sie es großartig machte, wenn man den langsamen Start berücksichtigte, aber als ich sie in der folgenden Woche zu ihrem Termin bei Dr. McCall brachte, zeigte er sich besorgt.

»Ich denke, wir sollten ein paar Tests machen«, sagte er. »Sie ist wahrscheinlich nur spät dran, aber ich möchte mich gerne vergewissern. Bringen Sie sie am Montag zu einer Kalzium- und Phosphor-Blutuntersuchung. Vielleicht übersehen wir etwas.«

Ich nickte wortlos, aber mein Herz hämmerte los. Was meint er damit? Was könnte los sein?

Wir hatten die Angst vor der eigentlichen Untersuchung bald hinter uns, als Nicole und ich am Montag wieder erschienen, aber das Warten auf die Ergebnisse schien endlos.

In der folgenden Woche rief Dr. McCall endlich an. Nicoles Kalzium- und Phosphorwerte waren in Ordnung.

Natürlich waren sie das! Meinem Kind fehlte doch nichts! Wieso war Dr. McCall so unfair gewesen und hatte uns beunruhigt?

Schließlich regte ich mich wieder ab. Im Herzen hatte ich großes Vertrauen zum ärztlichen Berufsstand. Diese Leute in ihren weißen Kitteln wußten, was sie taten, selbst wenn sie mir manchmal Angst machten.

Die Episode mit der Blutuntersuchung verblaßte in der Erinnerung, während Matt und ich erfreut miterlebten, wie Nicole jetzt, wo sie laufen konnte, neue Aktivitäten ausprobierte. Sie machte Fortschritte, wirkte aber auch müde. Ob das Klima etwas damit zu tun hatte, wußte ich nicht, aber sie wurde immer lustloser. Sie verlor Gewicht. Mit zweieinhalb Jahren wog sie nur achtzehn Pfund. Erkältungen und eine Grippe machten ihr zu schaffen. Ungeachtet der Verabreichung von Vitamin B und Lebertran verschlechterte sich ihre Verfassung kontinuierlich. Matt und ich behielten sie besorgt im Auge.

Nicole weinte über alles und nichts und wollte überall hingetragen werden. Manchmal mußten wir sie auf die Arme nehmen, weil sie so schwach war. Sie und ich wohnten fast schon in der Praxis des Kinderarztes.

Eines Tages nahm sich Matt frei und fuhr mit uns hinüber ins Gorgas Hospital. Dr. McCall zog Nicole aus und untersuchte sie sanft, wie er es schon so häufig getan hatte. Ich versuchte, sie nüchtern zu betrachten, und stellte erschrocken fest, daß sie abgesehen von ihrem fröhlichen Lächeln einem der Kinder in Konzentrationslagern ähnelte, von denen ich Bilder in der Illustrierten *Life* gesehen hatte – nur noch Haut und Knochen.

Als er fertig war, sank Nicole auf dem Schoß ihres Vaters in sich zusammen. Der Deckenventilator kämpfte nutzlos gegen die Hitze an.

»Wie lautet Ihre Prognose für Nicole?« fragte Matt den Arzt. Wieso in aller Welt stellte er diese Frage, dachte ich mir.

Dr. McCall zögerte. Er blickte erst auf seine Papiere und sah dann uns an.

»Sie ist geistig zurückgeblieben ... Sie kommt vielleicht nie über das geistige Stadium einer Fünfjährigen hinaus«, sagte er schließlich. Der Ventilator kreiste weiter. »Man kann nichts für sie tun«, ergänzte er bedauernd und nuschelte dann etwas über die häufig nur geringe Lebenserwartung von Zurückgebliebenen.

Ich war vollkommen überrascht. Zurückgeblieben?

Unser Kind – zurückgeblieben? Das hier passiert im Grunde gar nicht, dachte ich. Ich stürzte in ein inneres Loch, fiel immer weiter und erreichte keinen Grund.

Ein Ausweg? Es gab keinen Ausweg.

Ich hätte den Arzt am liebsten angeschrien: »Wie können Sie nur so ruhig sein? Sie haben gerade unser ganzes Leben umgekrempelt!«

Statt dessen schwieg ich benommen. Matt und Dr. McCall setzten ihr Gespräch fort. Als Matt aufstand, erhob auch ich mich. Er verließ den Raum, und ich folgte ihm. Wir erreichten unser Auto, und dann machte ich mich mit Nicoles Rezept allein auf den Weg zur Apotheke.

Irgendwo entlang des Bürgersteigs brach ich in Tränen aus. Ich flüchtete zurück zum Auto. Dort, in Matts Armen, strömten die ganze Ungläubigkeit und mein Mitleid für Nicole aus mir heraus.

»Es tut mir so leid«, entschuldigte sich Matt in einem fort. »Ich dachte, du hättest schon etwas vermutet ...« Er wußte es bereits seit Monaten, sagte er, hatte aber bis zur Geburt unseres neuen Kindes warten wollen, ehe er darüber sprach. Vor zwei Monaten war Nicoles kleiner Bruder David in unser Leben getreten.

Durch meine Tränen hindurch sah ich Nicole an, wie sie auf der Rückbank mit dem Fenstergriff spielte, ohne etwas von dem grausamen Urteil zu ahnen, das über sie gesprochen worden war. Wie konnte nur unser kostbares Kind dazu verdammt worden sein, zu einem dieser unheimlichen Pechvögel heranzuwachsen, die sabberten und dummes Zeug redeten?

Und schlimmer noch: Würde sie überhaupt je heranwachsen? Wir verloren sie vielleicht, wenn sie das nächste Mal krank wurde. »Zurückgebliebene leben oft nicht lange.« Das hatte der Arzt gesagt.

»Woher wußtest du es?« fragte ich Matt.

»Ich habe gesehen, wie lange sie für alles brauchte – den Kopf zu heben, sich aufzusetzen, zu gehen ...«

»Aber das lag doch daran, daß sie so schwach und klein war! Ja, sie war langsam, aber laut Dr. Spock[5] hat sie noch innerhalb normaler Fristen gelernt, zu laufen und sich aufzusetzen.«

»Es gab noch andere Hinweise darauf, daß etwas nicht stimmte«, fuhr Matt sanft fort. »Ihre Eßprobleme in den ersten Monaten. Wie sie sich gegen uns wehrt, wenn wir versuchen, sie in den Arm zu nehmen. Die Art, wie sie ganz steif wird und die Luft anhält, wenn ich sie auf dem Knie schaukle ...«

»Aber das ist einfach ihre Art!«

»Sandy, das ist alles nicht in Ordnung. Ich weiß nicht, was es zu bedeuten hat, aber normale Babys verhalten sich nicht so.«

Ich putzte mir mit Matts Taschentuch die Nase und blickte aus dem Auto hinaus.

»Du meinst, du hast wirklich nie daran gedacht, sie könnte zurückgeblieben sein?« fragte er.

»Nein.« Die roten Blüten an dem Hibiskusstrauch verwelkten in der Hitze. »Ich weiß nicht, warum. Vielleicht, weil sie mein erstes Kind ist.« Ich drehte mich zu ihm um. »Ob sie nun zurückgeblieben ist oder nicht, wir müssen sie am Leben halten, Matt! Wir fliegen nächsten Monat nach Hause und dort suchen wir uns einen Arzt, der sie stark macht und ihr hilft zu

---

[5] d.i. der Autor eines Standardwerks für Kindererziehung.

wachsen. Wer weiß? Vielleicht ist sie gar nicht zurückgeblieben. Vielleicht stellen wir fest, daß sie geistig ganz in Ordnung ist, wenn es ihr gesundheitlich besser geht und sie mit ihrem Wachstum aufholt ...«

»Sandy, bist du okay?« fragte Matt. Seine Stimme rief mich zurück ins Flugzeug und zu dem Dröhnen der Motoren, die uns nach Norden brachten.

»Oh Matt!« sagte ich und griff nach seiner Hand. »Wie halten wir das nur aus? *Andere* Leute haben behinderte Kinder ... aber wir doch nicht.« Ich dachte an die Frau des Obersten, die ich besucht hatte, kurz nachdem sie ein kleines Mädchen mit Gaumenspalte zur Welt gebracht hatte. »Ich schätze, man denkt einfach nicht daran, daß sowas passieren kann«, sagte sie zu mir. »Wir haben das Gefühl, uns stünde ein perfektes Kind zu. Wir hätten nicht so viel erwarten dürfen ...«

Wie kam es nur, daß *ich* so viel erwartet hatte?

Kapitel 1

Nein, nein, nein!

In Atlanta stiegen wir in eine kommerzielle Maschine um und flogen weiter nach Los Angeles. Matts Mutter Charlotte holte uns vom Flughafen ab. Ihr weiter, gemusterter Rock wirbelte um sie herum, während sie uns in ihren alten Studebaker scheuchte und uns zu unserem neuen Zuhause in Fort Howard fuhr.

»Einer meiner Freunde ist Physiotherapeut und kennt einen Arzt, der Kinder mit Wachstumsschwierigkeiten behandelt«, sagte sie, nachdem wir ihr von unserer Sorge um Nicole erzählt hatten. »Ich kann seine Telefonnummer besorgen, wenn ihr möchtet.«

»Wir können uns keinen zivilen Arzt leisten«, erinnerte uns Matt. »*Onkel Sam* ist leider nicht so großzügig.«

Am nächsten Tag brachten Matt und ich Nicole zum Kinderarzt des Stützpunktes. Er zeigte sich mitfühlend, äußerte sich aber ebenso düster wie Dr. McCall: »Es tut mir leid, aber wir können nichts tun.«

»Können Sie uns nicht an eines der großen Militärkrankenhäuser überweisen?« fragte Matt.

Der Arzt schüttelte den Kopf. »Nein«, antwortete er, »das hätte keinen Sinn.«

Nicole bekam ein paar Tage später eine Magengrippe. Die ganze Nacht über lag ich neben ihrer fiebernden Gestalt und hielt ihr den schlaffen Kopf, während die Würgekrämpfe sie schüttelten. Das ist vielleicht das Ende, sagte ich mir und versuchte, mich darauf vorzubereiten.

»Lieber Gott«, betete ich, »tue, was für dieses Kind das beste ist. Du weißt es am besten. Aber wenn Du sie jetzt zu Dir rufst, gib mir die Kraft, es zu ertragen.«

Am nächsten Morgen hob sie den Kopf und trank einen Schluck Wasser. Matt und ich entspannten uns. Aber wir hatten einen Wendepunkt erreicht. Ich rief Charlotte an, besorgte mir die Nummer des Arztes und vereinbarte einen Termin.

In der Woche darauf fuhren wir nach Hollywood und entdeckten die Praxis in einem alten, von Ranken überwucherten Wohnblock. Neben der Türglocke war ein kleines Schild angebracht: Dr. med. R. Read, Endokrinologe.

»Das Kind leidet eindeutig an einer Drüsenschwäche«, erklärte der korpulente Arzt, nachdem er Nicole in seinem umfunktionierten Eßzimmer untersucht hatte. »Bei meiner Behandlung werden Sie sofort einen Unterschied feststellen. Sie wird gesünder sein, zunehmen und zu wachsen beginnen.«

Neue Kraft durchflutete mich. Endlich weckte jemand *Hoffnung* in uns!

»Welche abschließende Prognose stellen Sie?« fragte Matt.

»Sie wird als Erwachsene ein normales Gewicht und eine normale Körpergröße haben und gegen Krankheiten so widerstandsfähig sein wie Sie oder ich.«

»Besteht die Möglichkeit, daß Ihre Behandlung sich auch auf die geistige Behinderung auswirkt?« fragte ich und hielt die Luft an.

Er verschränkte die Arme auf dem Bauch. »Da müssen wir abwarten. In manchen Fällen holen Kinder wie sie den Rückstand auf, aber ich kann nichts versprechen.«

Alles, was ich hörte, war, daß eine Chance bestand. Ich war überschwenglich vor Freude. Was für ein Glücksfall, daß wir diesen Arzt gefunden hatten!

Nicoles Behandlung begann am selben Nachmittag. In der Folgezeit fuhr ich dreimal pro Woche die achtzig Kilometer zur Praxis und wieder zurück, damit sie ihre Injektionen erhielt. Jeden Tag kämpften Matt und ich darum, daß unser widerstrebendes Kind zwanzig Pillen und zwei Sorten Tropfen – alles aus unbeschrifteten Behältern – zu sich nahm.

Die Behandlungskosten, von denen die Militärkrankenversicherung nichts übernahm, zehrten an Matts Sold. Gelegentlich führte das zu Spannungen zwischen uns. Zum schlimmsten Zwischenfall kam es wegen eines Spielzeugs.

»Woher stammt das?« wollte Matt wissen, als er eines Abends nach Hause kam. Der sechs Monate alte David schob ein Plastikauto in seinem Laufstall hin und her.

Ich war sprachlos. Matt hatte noch nie in diesem Ton mit mir gesprochen.

»Du kannst doch keine Spielsachen kaufen, wenn das Geld nicht für Lebensmittel reicht!« brüllte er.

»Es hat *zehn Cent* gekostet«, sagte ich, als ich die Stimme wiedergefunden hatte. »Kann ich nicht mal zehn Cent ausgeben, um meinem Sohn Spielsachen zu kaufen?«

»Nein!« entgegnete Matt und stürmte ins Schlafzimmer.

Derartige Ausbrüche waren allerdings selten. Wir fühlten uns Dr. Reads Programm so verpflichtet, daß ich keine Spielsachen mehr kaufte und Matt seine Sorgen über unsere finanzielle Lage für sich behielt.

Ein Jahr später, als Nicole vier wurde, fanden wir, daß unsere Mühen sich gelohnt hatten. Sie war über zehn Zentimeter gewachsen, hatte vier Pfund zugenommen und wurde etwas weniger von Krankheiten heimgesucht. Sie war stark genug, um mit den Zwei- und Dreijährigen der Nachbarschaft Dreirad zu fahren. Mit den Händen war sie allerdings noch schwach. Sie konnte kaum den Hebel des Toasters herunterdrücken, und die Toilettenspülung ging ganz über ihre Kräfte. (Zum Pech für unsere Wasserrechnung bereitete die Spülung ihrem kleinen Bruder überhaupt keine Probleme.)

Ein Zuwachs an Intelligenz war nicht so leicht zu erkennen.

»Sie kann nicht zurückgeblieben sein«, meinte Charlotte. »Hört doch, wie gut sie spricht.« Ich hörte zu, und meine Hoffnung stieg, denn ihre Aussprache war deutlich. Ihre Ausdrucksfähigkeit hinkte jedoch weit hinter der anderer Kinder gleichen Alters her. Mir war klar: Allmählich mußte ich mit der Möglichkeit rechnen, daß ihr Rückstand für immer bestehen würde.

Intellektuell konnte ich es akzeptieren, gefühlsmäßig jedoch nicht. Immer, wenn jemand das Thema geistige Behinderung ansprach, reagierte ich innerlich, als würde ich vom Dach eines zwanzigstöckigen Gebäudes gestoßen.

Eines Tages sprach mich die Mutter eines zwölfjährigen, zurückgebliebenen Mädchens an, die auf der anderen Straßenseite wohnte. Ich war beiden aus dem Weg gegangen, seit wir in die Gegend gezogen waren, denn ich wußte, daß die Mutter annehmen würde, auch Nicole wäre zurückgeblieben.

»Hi«, sagte sie, während ich vor dem Haus den Rasen goß. Sie kam über die Straße.

Mein Herz klopfte heftig los. Ich zitterte, und an den Händen und im Gesicht brach mir der Schweiß aus.

»Hallo«, sagte ich.

Sie kam durch unser Tor und begrüßte mich mit einem Lächeln. »Wußten Sie schon, daß hier in der Nähe eine neue Schule für Zurückgebliebene errichtet wird? Ich dachte, Sie wüßten es vielleicht gern, weil Ihre Kleine ja bald ins Schulalter kommt. Susan wird auch dorthingehen.«

Ich glaubte, ich würde gleich ohnmächtig.

»Entschuldigen Sie«, sagte ich. »Das Telefon klingelt.« Ich schaltete schnell das Wasser aus und flüchtete ins Haus.

»Wann um Himmels Willen mache ich nur Schluß mit diesem Unfug?« fragte ich mich, während ich zitternd hinter der Haustür stand. »Die Frau wollte nur freundlich sein. Und was sie gesagt hat, ist wahr – ich muß mich wirklich um Nicoles Einschulung kümmern.«

Ich versteckte mich auch weiter vor Susan und ihrer

Mutter, aber als Nicole viereinhalb war, brachte ich den Mut auf, mich mit dem Schulbezirksamt in Verbindung zu setzen. Dort vereinbarte man für mich einen Termin mit einer ihrer Psychologinnen, einer sorgfältig frisierten Frau, die den Eindruck erweckte, auch ein Erdbeben der Stärke 8,6 auf der Richterskala könnte sie nicht erschüttern. Sie hörte zu, während ich ihr meine Lage erklärte, aber ihre Augen folgten der mit einem Kittelchen bekleideten Nicole, die sich an den Schreibtischschubladen versuchte, nach Bleistiften tastete und auf diverse Stühle kletterte. David, inzwischen zu einem stämmigen Zweijährigen mit strahlenden Augen herangewachsen, saß in seinem Sportkinderwagen und beobachtete sie ebenfalls.

»Auf einer der Regelschulen haben wir eine Klasse für ›bildungsfähige, zurückgebliebene‹ Kinder mit einem IQ zwischen 50 und 75[6]«, sagte sie und behielt dabei weiter Nicole im Auge. »Dann haben wir noch eine nette neue Schule für die ›schulfähigen Zurückgebliebenen‹ oder Kinder mit einem IQ von unter 50. Ich bin mir noch nicht sicher, wo Nicole am glücklichsten sein würde.«

»Nicole, komm her«, befahl ich. Sie kritzelte auf den Papieren der Psychologin herum. Nicole ignorierte mich. Ich stand auf und packte sie fest an der Hand, woraufhin sie gleich einen ihrer Wutanfälle bekam. Ich hielt jedoch ihre Hand fest, setzte mich wieder und versuchte, mich trotz ihres Geschreis verständlich zu machen.

---

[6] 1973 senkte die *American Association on Mental Deficiency* die Obergrenze für eine Einstufung als zurückgeblieben auf 70.

»WIE SOLL ICH DANN VORGEHEN?« schrie ich.

»Ich denke, es wäre das beste, Nicole ein wenig Zeit zu lassen, weiter zu reifen, ehe sie auf die Schule kommt«, riet sie mir in ihrer unerschütterlichen Professionalität. Nicole lag auf dem Boden und strampelte und kreischte vor Wut, während ich weiter ihre Hand hielt. »Wenn sie sechs wird, machen wir ein paar Tests und wissen dann besser, wie wir sie einstufen müssen.«

Tödlich verlegen bedankte ich mich bei der Frau und verschwand mit meinen Kindern.

»Wird diese Mutter nicht mal mit dem eigenen Kind fertig?« Das dachte sie sich jetzt, wie ich wußte. Und die Wahrheit lautete: Ich wurde es nicht. Nicole war extrem dickköpfig geworden.

Selbst wenn es Zeit für ein Bad wurde, konnte ich fest mit einer Szene rechnen.

»Okay, Zeit fürs Bett! In die Wanne!« verkündete ich.

Nicole blieb auf dem Boden sitzen und öffnete und schloß die Hand um ein Stück Schnur.

Ich bückte mich, packte sie unter den Achselhöhlen und hob sie hoch. »Du und David, ihr könnt mit den Bechern spielen und ...«

»Nein! Nein! Nein!« Sie strampelte mit den Füßen in der Luft, während ich sie hochhielt.

»Wenn ich sage, daß es Zeit für ein Bad wird, dann *kommst* du auch!« sagte ich und schleppte sie ins Badezimmer. Sie riß sich los und lief schreiend in ihr Zimmer. Eine Lampe und diverse Spielsachen landeten krachend auf dem Boden.

Nicole verhielt sich auch in der Öffentlichkeit so.

Fremde erteilten mir in Supermärkten den Rat: »Sie braucht die Rute.« Woher stammte dieses aufsässige Verhalten? David begriff den Zusammenhang zwischen meiner Mißbilligung und seinem Fehlverhalten. Nichts jedoch half Nicole dabei, diese beiden Dinge zu verknüpfen – ob ich es nun erklärte, ihr etwas verbot, ihr den Hintern versohlte oder sie auf ihr Zimmer schickte. Wieso fand ich einfach kein Mittel, um sie zu bändigen?

In diesem Sommer erhielt Matt den Befehl, an der Universität von Arizona einen Aufbaukurs zu belegen. Wir rangen uns qualvoll zu der Entscheidung durch, daß er allein dorthinziehen mußte, weil Nicole bei Dr. Read in Behandlung bleiben mußte. Matt besorgte uns ein altes Haus in Soleado Beach, der Stadt, in der auch Charlotte wohnte, und packte seine Sachen.

Die Kinder und ich brachten ihn zum Bahnhof. David weinte, aber Nicole kreischte und klammerte sich an ihrem Vater fest. Ihre Hände und Arme waren inzwischen viel stärker als noch vor einem Jahr, und ich mußte sie regelrecht von ihm pflücken. Trennungen machten ihr immer schreckliche Angst.

Die Kinder und ich kehrten zu einem Leben ohne Matt nach Hause zurück. Da mein Tagesablauf jetzt nicht mehr von seinem Dienstplan abhing, ließ ich es langsamer angehen und widmete mich den Kindern. Wenn Essen und Anziehen zwei Stunden dauerten, machte es mir nichts aus. Zeit hatte keine Bedeutung mehr.

Jetzt, wo ich entspannter war, erwies sich Nicole als merklich kooperativer. Sie kuschelte sich an mich, wenn ich ihr und ihrem Bruder ihre Lieblingsgeschichten vorlas, und wir drei widmeten uns gemeinsam Arbeiten wie der Entfernung der Tapeten aus einem alten Büro. Ich schrieb Matt, daß die Arbeit an dem Büro genau das Richtige für Nicole war – destruktiv genug für ihren Geschmack.

Aber immer, wenn sie sich unter Druck gesetzt fühlte, kam die Dickköpfigkeit wieder zum Vorschein. Eines nachmittags, an einem Tag, an dem wirklich alles nur Denkbare schiefgegangen war, raste ich über den Freeway, um noch Dr. Read zu erreichen, bevor er die Praxis schloß. Beide Kinder verkündeten, daß sie aufs Klo müßten. Ich hielt schnell an einer Tankstelle und rannte mit beiden auf die Damentoilette. Ein paar Minuten später schleppte ich eine heulende und um sich schlagende Nicole zum Auto zurück. Auf dem Weg dahin erhielt sie Klapse auf den Hintern, mehr um die Umstehenden zu beeindrucken, als um ihr Verhalten zu bessern, aber ich erreichte damit nur, daß sie noch lauter brüllte und sich selbst biß. Als wir endlich alle drei im Auto saßen und die Türen zu waren, wandte ich mich an Nicole. Die Frustration brach sich Bahn, und ich schimpfte mit ihr.

»Du mußt lernen, daß du nicht immer die Toilette spülen kannst. Du mußt auch mal andere lassen.« Ich konnte kaum glauben, was ich da sagte. »Du hast Davids Pipi weggespült. Er durfte es dann auch mit deinem machen.« Während Nicole weiter tobte, setzte ich den Fuß aufs Gas und brauste los.

Sobald sie ihre Injektion erhalten hatte, beruhigte ich mich wieder. Wie nicht anders zu erwarten, tat sie das gleiche. Während ich geruhsam heimwärts zokkelte, lachte ich in mich hinein. Es war so offenkundig, wie ich dafür sorgen konnte, daß Nicole friedfertig blieb: Ich brauchte mich nur wie eine Schnecke zu bewegen und ihr meine ganze Zeit zu widmen.

Nur bestand der Nachteil bei diesem Verfahren darin, daß ich von Natur aus ein Energiebündel war und ich es allmählich überdrüssig wurde, den lieben langen Tag an einem langweiligen Knirps zu hängen. Da Nicole zu unstet war, um lange mit anderen Kindern zu spielen, und zu phantasielos, um sich selbst zu beschäftigen, folgte sie mir in einem fort – spülte Geschirr, wenn ich es tat, befingerte jedes Geschirrteil, das ich herausstellte, und bügelte auf ihrem Spielzeugbügelbrett neben mir. Dabei jammerte sie endlos über ein »Stück Schnur, Stück Schnur, Stück Schnur«.

Nichts bot wirklich einen Ausgleich für die Langeweile ihrer Gesellschaft – weder Charlottes Besuche (wenn sie mal Zeit fand zwischen ihrem Beruf und der Verwaltung ihrer Mietshäuser) noch die Besuche von Nachbarn, nicht mal meine Freude, wenn ich Davids wendigen Verstand in Tätigkeit erleben konnte. Nach zwei Monaten wurde ich katatonisch; die Augen waren glasig, der Unterkiefer hing mir herunter, und es fiel mir allmählich schwer, mich an meine Telefonnummer zu erinnern.

Ich war reif dafür, daß Matt zurückkehrte. Zu meinem Glück war er gleichermaßen reif, sein Exil zu beenden.

»Ich halte das nicht aus«, sagte er am Telefon. »Ich habe mir eine Armeekarriere gewünscht, aber sie ist es nicht wert, ohne meine Familie zu leben. Was hältst du davon, wenn ich den Dienst quittiere?«

»Toll! Wann kommst du nach Hause?«

Kaum war das Semester vorüber, da tauchte er wieder bei uns auf, die Entlassungspapiere in der Hand. Sofort beschleunigte sich der Lebensrhythmus. Nach wenigen Wochen bekam er bei der Techtron Corporation Arbeit. Sechs Monate später begann er an drei Abenden pro Woche ein Aufbauseminar an der Universität.

Nicoles Idylle war beendet. Matts Bedürfnisse erhielten Priorität – ich wärmte das Abendessen nachts wieder auf, wenn er spät nach Hause kam, tippte seine Papiere und sorgte dafür, daß die Kinder nicht in unser Schlafzimmer kamen, so daß er lernen konnte. Wir trafen eine Abmachung: Ich trug die volle Verantwortung für den Haushalt und die Kinder, bis er seinen Abschluß gemacht hatte, und dann würde er diese Aufgaben übernehmen, während ich aufs College ging.

Inzwischen war mein Experiment, eine selbstlose Mutter zu sein, beendet. Wir waren zu arm, um die Kinder einem Babysitter anzuvertrauen, also nahm ich sie überall hin mit. Ich zog sie in einem Wagen hinter mir her, als ich mich an Demonstrationen gegen überirdische Atomwaffentests beteiligte. Ich schob sie im Sportwagen vor mir her, wenn ich im Wahlkampf von Haus zu Haus zog. Sie begleiteten mich in Museen, in die Kirche, zu Freunden und in das Ballettstudio, wo ich lange vernachlässigte Fertigkeiten übte.

Trotzdem fühlte ich mich schuldig. Mein Tempo war für Nicole so anstrengend, daß ich sie nicht mehr bändigen konnte. Das letzte, was sie gebrauchen konnte, waren Anreize. Ich mußte es bleiben lassen oder verrückt werden. Was ich brauchte, war eine Zauberformel, die sie ungeachtet der Aktivität ihrer Eltern ruhig hielt.

Derweil drängte mich Davids Kinderarzt Dr. Bernstein, Nicole einmal in der endokrinologischen Abteilung des Clyde W. Griffeth Memorial Hospital untersuchen zu lassen. Dr. Bernstein war ein ortsansässiger Arzt, und in dem Jahr, in dem ich ihn kannte, hatte ich seine Meinung schätzen gelernt. Ich zauderte jedoch monatelang. Was immer ich im Hinblick auf Nicole an innerem Frieden gewonnen hatte, hing von Dr. Read ab, und da dieser uns erklärt hatte, seine Therapie wäre unorthodox, fürchtete ich, im Griffeth würde man sie in Frage stellen. Dr. Bernstein überzeugte mich schließlich mit dem Hinweis, daß das Griffeth Hospital gleitende Tarife berechnete; falls Nicole dort endokrinologisch behandelt würde, sparten wir eine Menge Geld. Ich rief an und vereinbarte einen Termin.

Am verabredeten Tag lieferte ich David bei Charlottes Tochter Vicky ab, die in einer Nachbarstadt lebte, wo er mit seinen sechs Vettern und Kusinen spielen konnte, und fuhr mit Nicole zum Griffeth. Ein freundlicher rothaariger Krankenhausarzt half mir, sie im Spielzimmer der Ambulanz unterzubringen – wobei wir auf die Unterstützung durch zwei Kinderpflegerinnen angewiesen waren – und dann zauberte er mich weg, um Nicoles Krankengeschichte aufzunehmen.

Als wir ins Spielzimmer zurückkehrten, nahm der Arzt Nicole mit in irgendwelche tief verborgene Winkel des Krankenhauses. Als ich ihr hinterherblickte, erinnerte ich mich an das letzte Mal, als ich sie in den

Armen eines Krankenhausangestellten in seinem weißen Kittel gesehen hatte.

Es war in Panama, zu dem Zeitpunkt, als Dr. McCall auf dieser Blutuntersuchung bestanden hatte. Ich konnte mir nicht denken, worum es dabei ging, nur daß es etwas mit ihrer verzögerten Entwicklung zu tun hatte; jedenfalls verschwand ein Labortechniker mit Nicole in einem Labor. Ich stand draußen auf dem Flur, wartete und hörte auf Nicoles Wimmern. Plötzlich brach sie in laute Schreie aus, von denen jeder in einem rauhen Krächzen des Schmerzes und der Angst endete. Das ging immer weiter, und jeder Schrei zerriß mir das Herz. Ich hatte noch nie solche Laute von einem Kind gehört. Dann wurde es still. Jemand tauchte mit einer Spritze voller Blut auf. Ich stürmte ins Labor und traf den Techniker dabei an, wie er breite Riemen löste, die Nicole mit gespreizten Gliedern auf einem Tisch festhielten. Sie hatte einen Verband am Hals.

»Wo haben Sie das Blut her?« wollte ich wissen.

»Aus ihrem Hals«, sagte er. »Aufgrund ihrer Größe war das die einzige Stelle, wo wir etwas entnehmen konnten.«

Ich zog Nicole an mich und wollte nicht glauben, daß jemand so barbarisch handeln konnte.

Im Griffeth würde man Nicole nur untersuchen. Ich wußte das, aber die Erinnerung an den Vorfall in Panama machte mich nervös.

Eine Stunde später holte mich ein Assistent ab.

»Wo ist Nicole?« fragte ich.

»Sie wird gerade angezogen«, antwortete er. »Sobald die Schwester fertig ist, bringt sie sie ins Spielzimmer.«

Er führte mich in ein Zimmer, wo ich mich mit einer Versammlung von Ärzten in Weiß konfrontiert sah. Panisch hielt ich nach dem beruhigenden Gesicht des rothaarigen Krankenhausarztes Ausschau. Er war da, aber in einer hinteren Reihe. Mir wurde schlecht, und mein Herz raste.

»Dr. Read ist ein Quacksalber«, verkündete ein pfeiferauchender Mediziner als Einleitung. Diese Bemerkung war so vernichtend für mich, daß mein eigenes endokrines System außer Rand und Band geriet und die Menstruation eine Woche zu früh begann. »Sie verschwenden Ihr Geld bei ihm.«

»Aber sie ist gewachsen ...«

»Das hätte sie ohnehin getan«, schnitt er mir das Wort ab. »Nicole leidet nicht an Drüsenschwäche.«

Ich wartete benommen eine Ewigkeit lang.

»Was schlagen Sie vor?« fragte ich kaum hörbar.

»Bei einem chronologischen Alter von fünfeinhalb ist sie in der geistigen Entwicklung einer Dreijährigen. Anstatt sich auf medizinische Lösungen zu konzentrieren, sollten Sie sich um eine behindertenspezifische Schulung kümmern.«

Er redete noch weiter, aber ich hörte ihn nicht mehr. Ich wollte ihn nicht mehr hören. »Ich verstehe«, sagte ich. »Danke.« Ich wandte mich ab und schlich aus dem Raum.

Ich hatte mich hingelegt, als Matt am Abend von der Arbeit nach Hause kam. »Was ist passiert?« fragte er und setzte sich neben mich. Ich erzählte ihm von dem Urteil über Dr. Read.

»Was denkst du? Sollten wir die Behandlung bei ihm abbrechen?« Er lockerte seine Krawatte.

»Wenn wir es täten, hätte ich das Gefühl, wir würden aufgeben«, sagte ich. »Ich weiß, daß sie nur so groß ist wie eine Zweieinhalbjährige, aber was wäre passiert, wenn sie die Zusätze nicht bekommen hätte? Wir wissen doch, daß sie kräftiger geworden ist.«

Er starrte die Krawatte an, die er inzwischen losgebunden hatte.

»Am meisten Sorgen macht mir ein Ende der ›Immunspritzen‹. Sie scheinen ihr wirklich zu helfen, wenn sie krank ist. Ich frage mich, was zum Teufel in diesen Dingern drin ist. Komisch, daß er es uns nicht sagen möchte.«

Matt pickte ein Stück Mull von der Krawatte. »Machen wir doch noch eine Zeitlang weiter«, sagte er.

Nicole und ich fuhren noch einmal ins Griffeth, diesmal, um einen Genetiker aufzusuchen. Man entnahm ihr Blut aus dem Arm und untersuchte es unter einem starken neuen Mikroskop. Sie litt nicht am Down-Syndrom (Mongolismus), informierte er mich – obwohl sie leicht asiatische Augen hatte –, da das für diese Krankheit typische Zusatzchromosom fehlte. Dies bedeutete, daß der Grund für ihre gebremste Entwicklung unauffindbar blieb. So enttäuschend diese Nachricht war, machte es mich doch glücklich, von ihm zu erfahren, daß Matts und meine Chancen, weitere gesunde Kinder zu bekommen, so gut waren wie die jedes anderen Paares.

Ein Jahr später, 1962, wurde die inzwischen siebenjährige Nicole getestet und im Kindergarten einer Regelschule aufgenommen. Im Jahr darauf kam sie in eine Klasse für bildungsfähige geistig Zurückgebliebene auf derselben Schule. Jeden Tag stieg sie in einem der Kleider, die ich für sie angefertigt hatte, in den Sonderbus, der sie abholte. Unter dem Kleid wärmte eine Strumpfhose in leuchtenden Farben ihre dürren Beine.

Die Strumpfhose verdeckte auch die wunden Stellen. Sie ging gern zur Schule, aber früh aufzustehen und sich unter Druck anzuziehen, das war mehr, als sie verkraften konnte. Sie reagierte darauf, indem sie sich Arme und Beine aufkratzte.

»Tuut!« ließ sich die Hupe des Sonderschulbusses vernehmen.

»Lieber Himmel!« rief ich. »Ist es schon viertel nach sieben?« Ich knallte die Tür des Kühlschranks zu und raste in Nicoles Zimmer. Sie saß auf dem Bett und hatte nur ihre Strumpfhose an. Allerdings verkehrt herum. Nicole hatte die Schultern kläglich hochgezogen, hielt einen Arm ausgestreckt und kratzte mit der anderen Hand daran.

Ich packte ihr Kleid und zog es ihr über den Kopf.

»Ich will es machen! Ich will es machen!« schrie sie laut.

»Keine Zeit mehr. Der Bus ist da. Wenn du aufstehen würdest, sobald ich dich geweckt habe ...« Ich stopfte ihre Füße in die Freizeitschuhe und band die Schnürsenkel zu. Sie kratzte ein Stück Schorf an ihrem Handgelenk auf.

»Ich hasse die Schule!« jammerte sie. Der Arm war inzwischen blutig.

»Tuuuuut! Tuuuuut!«

»Matt, der Bus soll warten! Sag Bescheid, daß sie

gleich kommt. Nicole, hör auf, dich zu kratzen! Okay, fertig. LOS!«

Sie schlurfte weinend zur Tür. Ich lief hinter ihr her, band ihr die Schärpe zu und band ihre blonden Haare zu einem Pferdeschwanz.

»Hier ist deine Lunchbox«, sagte Matt, begleitete sie zum Bus und half ihr die hohe Trittstufe hinauf.

»Wartet eine Minute!« Ich lief mit wehendem Morgenmantel und in Pantoffeln aus dem Haus und klebte ihr ein Heftpflaster auf den wunden Arm.

Sobald sie auf ihrem Platz saß, musterte sie uns finster. Sie war das kleinste Kind im ganzen Bus.

»Lächle!« rief ich, als der Bus anfuhr. Sie brachte ein schwaches Lächeln zustande. Alles, was Matt und ich zu sehen bekamen, waren zwei riesige zweite Zähne und die Lücke dazwischen.

»Sie macht bislang nur langsam Fortschritte im Rechnen und Schreiben«, sagte die Lehrerin der Behindertenklasse bei unserer ersten Besprechung. Ich reagierte kaum noch nervös darauf, denn inzwischen hatte ich Nicoles Behinderung akzeptiert. Die Zeit hatte einen Teil des Schmerzes gelindert, und Präsident Kennedys Interesse an den Zurückgebliebenen hatte dazu geführt, daß ein solcher Zustand nicht mehr so beschämend war wie früher.

»Ihre Bilder sind allerdings reizend«, fuhr die Lehrerin fort, eine ältere Frau, die einen zuversichtlichen Ton anschlug.

»Ja, nicht wahr?« pflichtete ich ihr bei. Nicoles Kunstwerke aus Filzstiften und Pastellfarben trafen inzwischen periodisch zu Hause ein. Im Gegensatz zu den Kritzeleien ihres Bruders waren sie sorgfältig ausgeführt. Formen in hellen Farben, einige kräftig umrissen, andere faszinierend unscharf, wirbelten und posierten über unsichtbaren Horizonten.

»Wir lassen einige davon rahmen«, schwärmte ich.

»Wie nett. Nicole ist im Unterricht eine einzige Freude. Sie fertigt nicht nur interessante Arbeiten an der Staffelei an, sondern hat auch reizende Manieren.«

Jetzt mal langsam! »Sie meinen, Sie haben keine Probleme mit ihr? Sie ist nicht bockig?«

»Oh, zuerst schon, aber sobald sie die in der Klasse geltenden Regeln erst mal richtig verstanden hatte, hat sie sich wunderbar angepaßt.«

Regeln! Das mußte die Zauberformel sein! Ich mußte Regeln aufstellen! Begeisterung packte mich – bis sie der Verwirrung wich. Was für eine Regel sollte ich im Hinblick auf Wutanfälle entwickeln, die aus der Wut über ihre eigene Unfähigkeit entstanden? Oder darin, daß ich sie zur Eile antrieb? Und was für eine Regel sollte sie daran hindern, sich weiter Arme und Beine wundzukratzen? Oder daß ihr Gelächter in Hysterie umschlug?

»Würde Ihnen eine Beratung helfen?« fragte die Lehrerin, die meine Bestürzung fühlte. Plötzlich empfand ich mich ganz und gar unzulänglich gegenüber dieser erfahrenen Pädagogin, die wußte, wie sie mit meinem Kind umgehen mußte.

»Eine Beratung?«

»Sie sollten die Kinderklinik aufsuchen. Die Psychologen dort beraten auch Eltern. Allerdings möchten sie Nicole bestimmt erst gründlich untersuchen –

was allerdings in jedem Fall eine gute Idee wäre, denn es würde Ihnen eine bessere Vorstellung von ihren Stärken und Schwächen vermitteln.«

Nicole, David und ich suchten im nächsten Monat die Klinik auf. Ein junger Psychologe befragte mich und holte dann Nicole aus dem Kinderhort ab, wo sie zusammen mit David Bilder ausgemalt hatte.

»In Ordnung, Nicole. Wenn du bitte mitkommen würdest ...«, sagte er fröhlich. Sie zog es allerdings vor, bei ihrem Bruder zu bleiben. Der Psychologe probierte es mit jeder Form von Überredungskunst aus seinem Handbuch. Endlich entfernte er sie körperlich von ihrem Bruder und trug sie ins Untersuchungszimmer. Etwa eine Stunde später kamen sie beide wieder zum Vorschein. Die Frisur des Psychologen war zerzaust, seine Krawatte saß schief und der Hemdschoß hing ihm zur Hälfte aus der Hose. Nicole trabte hinterdrein, wirkte ganz und gar nicht geknickt und nahm ihre künstlerische Tätigkeit an Davids Seite wieder auf.

Der Psychologe zog sich hinter seinen Schreibtisch zurück, strich sich das Haar glatt und informierte mich über seine Ergebnisse. »... minimale zerebrale Lähmung, kein neurologischer Schaden, minimale Bewegungsstörungen, verzerrte visuelle Wahrnehmung ...«

»Wir sollten ihr vor allem dabei helfen, Dinge korrekt zu benennen«, empfahl er. »Es fällt ihr schwer, konkrete Dinge mit abstrakten Ideen in Zusammenhang zu bringen. Man müßte ihr vermitteln, welche Namen zu den Formen von Raute, Rechteck, Kreis usw. gehören.«

»Ja, ja, ich versuche es«, sagte ich. Er wischte sich

das Gesicht ab, und ich harrte erwartungsvoll weiser Ratschläge, wie man mit dem Verhalten umgehen sollte, das er gerade erlebt hatte. Nichts dergleichen bekam ich zu hören.

»Ich habe Schwierigkeiten mit ihr«, probierte ich es. »Sie bekommt Wutanfälle. Haben Sie irgendeine Idee, wie ...«

»Sie hat eine negative Einstellung. Sie müssen ihr Liebe, Aufmerksamkeit und Disziplin vermitteln.« Er klappte seine Mappe zu.

Nichts weiter? Kein Zaubertrank? Nein, es schien ganz so, als hätte er dazu nicht mehr zu sagen.

»Oh ... Ich verstehe. Ja. Ich versuche es auch damit«, stammelte ich. Ich sammelte Nicole und David ein und schlich aus dem Gebäude. Weder er noch die Lehrerin hatten behauptet, ich wäre eine schlechte Mutter, aber genau so verstand ich ihre Äußerungen. Eine gute Mutter hätte gewußt, wie sie »Regeln« aufstellen konnte und wie sie ihrem Kind »Liebe, Aufmerksamkeit und Disziplin« vermittelte.

An diesem Abend rief die Mutter eines Mädchens aus Nicoles Klasse an und fragte, ob Nicole am nächsten Tag nicht zum Spielen kommen könnte. Ich sagte, es wäre mir eine Freude, sie hinzufahren.

Als wir vor Andreas Haus hielten, stürmte Nicole aus dem Wagen. Auf Nicoles Klingeln hin öffnete Andreas hochschwangere Mutter.

»Wie kommt das Baby da heraus?« fragte Nicole sie gerade, als ich vor der Tür eintraf.

»Es kommt durch ein Loch, das nur für Babys da ist«, sagte ich und hoffte, daß es sie zufriedenstellte. Das war aber nicht der Fall.

»Aus dem Knopf am Bauch?«

»Nein«, antwortete ich.

»Wo man Pipi macht?«

»Nein. Ein besonderes Loch.«

Nicole dachte nach. Es gab nur eine Möglichkeit, dieses Mysterium zu ergründen. »Kann ich dein Hinterteil sehen?« fragte sie Andreas Mutter.

»Ich finde, es ist jetzt Zeit für Milch und Plätzchen«, lautete die lachende Antwort. »Ich heiße Peggy«, erzählte sie mir, während wir zur Küche gingen. Ich stellte fest, daß sie sich so wie ich das Haar selbst schnitt in diesem Stil, der verkündete, daß weder die Zeit noch das Geld für den Friseur vorhanden waren. Ich fühlte mich ihr sofort verwandt.

»Ich heiße Sandy. Danke, daß Sie ihre Fragen so tolerant hingenommen haben. Ich weiß vorher nie, was sie sagen wird. Sie geht zu völlig fremden Menschen hin und stellt ihnen die peinlichsten Fragen.«

»Andrea tut das auch«, antwortete Peggy. Sie holte die Milch aus dem Kühlschrank.

»Andrea?« rief sie, als sie die Kühlschranktür zuklappte. »Andrea?« rief sie lauter. Keine Antwort.

»Oh Mist«, sagte sie. »Da haben wir es wieder.« Sie holte einen Schlüssel aus einer Küchenschublade, ging zur Badezimmertür und schloß sie auf.

»Andrea«, sagte sie mit süßer Stimme, »komm raus und spiel mit Nicole.« Andrea blieb jedoch fest im Duschvorhang eingewickelt.

Peggy holte tief Luft und straffte die Schultern. »Gehen Sie nur und machen Sie Ihre Besorgungen«, sagte sie zu mir. »Ich werde schon selbst damit fertig.«

»Sind Sie sicher?« fragte ich. Nicole steckte in Andreas Zimmer und warf systematisch alle Spielsachen der Gastgeberin nacheinander auf den Boden.

»Sicher. Wir kommen schon zurecht.«

Während ich zur Haustür ging, hörte ich der Diskussion von Mutter und Tochter zu. Sie war mir quälend vertraut. Nicole hatte nie diese Nummer mit dem Badezimmer durchgezogen, aber unsere täglichen Szenen verliefen genauso. Kämpften Peggy und ich womöglich mit ähnlichen Problemen?

Ich fuhr weg und dachte dabei über zurückgebliebene Kinder nach. Waren sie alle so schwierig? Ich hatte gedacht, geistige Entwicklungsstörungen bedeuteten nur eine geringe Intelligenz, aber brachten sie auch Verhaltensstörungen mit sich?

Je mehr ich darüber nachdachte, desto dringender wurde mein Bedürfnis, es herauszufinden. Schließlich wendete ich den Wagen und fuhr zur örtlichen Bibliothek. Bücher über Kinder, die am Down-Syndrom litten, waren leicht zu finden, aber über anderweitig geistig behinderte Kinder gab es nichts. Ich wollte gerade wieder gehen, als mir ein Buch über hirngeschädigte Kinder auffiel. Nach flüchtiger Prüfung mußte ich mich zusammenreißen, um nicht laut »Heureka!« zu rufen.

Hirngeschädigte Kinder, las ich, sind hyperaktiv, leicht abzulenken und hartnäckig – sie neigen dazu, etwas Bestimmtes zu tun oder zu sagen und es in einem fort zu wiederholen. Ja, ja! rief ich mir selbst zu, als ich mich an Nicoles monotones »Stück Schnur, Stück Schnur« erinnerte.

Ich las weiter. Diese Kinder ertragen nur schwer Abweichungen von der familiären Routine, haben nur eine geringe Frustrationsgrenze und verhalten sich manchmal derartig bizarr, daß sie autistischen Kindern ähneln. Ich schrie fast auf, so sehr traf es zu. Sie zerkratzen sich oft die Arme und Beine oder beißen sich, und sie rasten gefühlsmäßig aus, weil die Hirnrindenzellen beschädigt sind, die normalerweise Gefühle kontrollieren. Das erklärte, warum Nicoles Ausbrüche so endlos schienen und wieso ihr Lachen so häufig hysterisch wurde.

Ich konnte es kaum erwarten, Matt davon zu erzählen. Sobald die Kinder an diesem Abend im Bett lagen, unterbrach ich ihn beim Lernen und erzählte ihm von meinen Entdeckungen.

»Aber Hirnschäden resultieren doch aus Schlägen auf den Kopf?« fragte er und wandte sich von seinen Büchern ab.

»Nicht unbedingt. Solche Schäden können viele Ursachen haben. Sie treten vielleicht schon vor der Geburt auf oder während das Baby zur Welt kommt. Man kann nicht ins Gehirn blicken, also entdeckt man sie nur dann, wenn ein Kind solche Eigenschaften hat. Nicole hat sie. Also ... muß sie einen Hirnschaden haben.«

»Was ist mit ›Hirnschaden‹ gemeint? Und wie kommt es ...«

»Warte eine Minute. Die Wissenschaftler wissen nicht viel darüber, und mir ist es eigentlich egal. Wichtig ist mir eins: Jetzt weiß ich, daß nicht *ich* der Grund für ihr schlechtes Benehmen bin.«

Ich setzte mich aufs Bett, als mir plötzlich bewußt wurde, was Hirnschaden für den Betroffenen konkret bedeuten mußte. »Oh Matt, stell dir nur vor, wie schrecklich das Leben für Nicole sein muß – eine Gefangene all dieser verrückten Impulse in ihrem Gehirn!«

»Arme Kleine«, sagte er nachdenklich. »Schreibt irgendeiner dieser Autoren, wie man solchen Kindern helfen kann?«

»Ja. Geduld zeigen, entspannt bleiben, für ein friedliches Zuhause sorgen, eine feste Routine einhalten und sich nicht den Forderungen des Kindes beugen – alles, was mir schwerfällt. Es ist mir kaum möglich, Engel und Oberfeldwebel zugleich zu sein.«

»Ich sag dir was«, entgegnete er. »Sei du der Engel, und ich steuere den Oberfeldwebel bei.« Er zog mich heran und küßte mich. »Wie wäre es, wenn du jetzt wieder rausgehst? Morgen abend wartet eine wichtige Prüfung auf mich.«

Als Peggy in der nächsten Woche Andrea zu uns brachte, gab ich ihr das Buch, das ich gelesen hatte. Sie las es ebenfalls und fand, daß die Eltern der Klassenkameraden ihrer Tochter vielleicht ebenfalls gern darüber informiert würden. Wir luden sie zu einer Versammlung ein, erzählten ihnen von unseren Entdeckungen und fragten sie nach ihren Erfahrungen.

Dabei erfuhren Peggy und ich, daß zwar einige der Kinder unseren ähnelten, viele andere aber so passiv waren, daß die Eltern die ganze Zeit versuchten, sie zu etwas zu überreden. Unsere Kinder in Kategorien einzuordnen, erwies sich jedoch schnell als unwesentlich. Viel bedeutsamer war zu erfahren, daß keiner von uns allein war. Daher lohnte es sich für uns, solche Abende häufiger abzuhalten. Wir organisierten sogar gemeinsam ein Tagesferienlager für den Sommer, denn für bildungsfähige zurückgebliebene Kinder gab es überhaupt keine Angebote in den Schulferien.

Die Idee, daß bei Nicole ein Hirnschaden vorlag, war also hilfreich. Welche Auswirkungen würden sich jedoch bei ihr zeigen, während sie heranreifte? Die Antwort darauf würde erst die Zukunft zeigen.

Kapitel 2

Ist Mommy müde?

Als Nicole neun war und wie sechs aussah, brachte ich ein pummeliges kleines Mädchen zur Welt. Wir nannten sie Jill. David zeigte sich völlig niedergeschlagen, weil noch eine Frau ins Haus gekommen war, aber Nicole war hellauf begeistert. Sie bettelte andauernd darum, das Baby halten zu dürfen, es zu füttern und die Windeln zu wechseln, und wenn ich sie für kurze Zeitspannen als Babysitter einsetzte, war sie entzückt.

Das »Bemuttern« paßte perfekt zu ihren übrigen häuslichen Interessen. Mit einer Ausdauer, die sogar Granit pulverisiert hätte, drängte sie sich in meine Haushaltsführung. Ich wußte, ich hätte ihre Forderungen mit Bestimmtheit ablehnen sollen, aber es war leichter nachzugeben.

Also senkte ich das Bügelbrett ab und sah nervös zu, wie Nicole das heiße Eisen unbeholfen packte und auf den Hemden ihres Vaters hin und her schob. Bevor wir schließlich auf Kunststoffgeschirr umstiegen, zerbrach sie das Geschirr in einer allabendlichen Wasserflut, die die Los-Angeles-Talsperre entleerte. Sie machte Plätzchen, während ich ihr widerwillig Posten für Posten die Zutaten vorlas und dann wieder das durchnäßte Mehl aus den Schubladen und die verschüttete Milch aus dem Kühlschrank entfernte.

Wenn ich Zeit hatte, darüber nachzudenken – was selten war –, freute ich mich darüber, daß sie diese Fertigkeiten erlernte. Ich fühlte mich verpflichtet, ihr bei der Entwicklung jedes Potentials zu helfen, das sie vielleicht hatte. Niemand hätte ihren Stolz übersehen können, wenn sie ein frisch gebügeltes Hemd aufhängte, mir zum Muttertag das Frühstück servierte oder sich um ihre kleine Schwester kümmerte.

Gleichzeitig war ich traurig. Sie würde nie in der Lage sein, diese Fähigkeiten in einem eigenen Haushalt zu entfalten, denn sie würde bis zu unserem Tod bei Matt und mir bleiben. Diese Aussicht wäre deprimierend für mich gewesen, hätte sie nicht gewünscht, bei uns zu bleiben. Immer, wenn wir davon sprachen, daß David und Jill von zu Hause fortgehen würden, sobald sie erwachsen waren, packte Nicole in Panik einen von uns.

»Ich muß doch nie fortgehen, oder?« fragte sie mit ängstlichem Blick.

»Nein, Schatz. Du bleibst immer hier bei Daddy und Mommy«, sagten wir dann, und sie war beruhigt.

Matt und ich wünschten uns, unsere Sorgen hätten ebenso leicht beschwichtigt werden können. Wir litten an etwas anderem: Schuldbewußtsein. Es war unser ständiger Begleiter.

»Hallo!« grüßte ich Matt, als er von der Arbeit kam. Er schloß die Tür hinter sich und lehnte sich an den Rahmen. Jill ließ ihre Töpfe und Pfannen stehen und watschelte hinüber, um ein Bein ihres Vaters zu packen.

»Rauf«, kommandierte sie.

»Wie war dein Tag?« fragte ich. Er sah müde aus.

»Nicht so gut ...« Er hob Jill hoch, drückte sie kurz und setzte sie wieder ab.

Nicole blieb auf der Couch im Wohnzimmer sitzen, über eine Strickarbeit gebeugt, die ich für sie begonnen hatte. Die Zungenspitze zwischen die Zähne geklemmt, führte sie eine Nadel durch eine Masche, packte beide Nadeln mit einer Hand, umwickelte sie mit dem Faden – wobei sie genügend Begeisterung an den Tag legte, um einen Ford T anzukurbeln – und versuchte dann, eine neue Masche zu stricken. Das gelang ihr auch – aber sechs oder acht andere Maschen ließ sie dabei fallen.

»Ieeeeh!« kreischte sie voller Wut auf sich selbst. Sie sprang von der Couch, lief zu mir und hielt mir das Garn und die Nadeln hin. »Mach es ganz!«

»Was ist passiert?« fragte ich Matt, ohne mich um sie zu kümmern. »Hast du den Vertrag nicht bekommen?«

»Mach es *sofort* ganz!« beharrte Nicole.

»Gleich«, antwortete ich, ganz auf Matt konzentriert.

»SOFORT! SOFORT! SOFORT!« Sie warf sich auf den Boden und trommelte mit den Fersen darauf.

Matt versuchte zuerst, sie zu übertönen, aber dann riß ihm der Geduldsfaden.

»Verdammt noch mal!« explodierte er, packte sie grob am Arm und zerrte sie hoch. »Unterbrich deine Mutter und deinen Vater nicht andauernd, wenn sie miteinander reden!« Er versohlte ihr so kräftig den Hintern, daß ihr die Knie nachgaben. Eine Sekunde lang blickte sie mit vor Schreck geweiteten Augen zu ihm auf, dann lief sie jammernd in ihr Zimmer.

Jill wimmerte vor Angst. Matt sah mich benommen an. »Oh mein Gott, ich habe es wieder getan«, flüsterte er. »Ist sie okay? Habe ich sie verletzt?«

Er lief ihr nach. Für ein paar Minuten überließ ich die beiden sich selbst und folgte ihm dann, mit Jill auf der Hüfte. Nicole saß auf Matts Schoß, hatte ihm die Beine um seine Taille gelegt und vergrub den Kopf an seinem Hals.

»Es tut mir leid, Süßes«, sagte er und drückte sie an sich. »Es tut mir so leid ...«

Später am Abend schlichen Matt und ich ins Schlafzimmer und klammerten uns aneinander. Wir taten das oft. An diesem Abend war es Matt, der den Trost brauchte. Meistens war ich es. »Wir müssen einfach geduldiger sein«, entschlossen wir uns dabei immer, wobei wir voller Schuldgefühlen wußten, daß wir es nicht schaffen würden.

Wir wünschten uns, Nicole würde aufhören, sich solche Mühe zu geben. Jedesmal, wenn sie beschloß, etwas zu lernen, trieb sie sich selbst und alle in ihrer Umgebung zur Raserei, bis sie es geschafft hatte.

Und doch ermöglichte es ihr diese Moral, ansonsten unüberwindliche Hindernisse zu meistern. Manchmal sahen wir ihr ehrfürchtig dabei zu.

Sie war entschlossen, schwimmen zu lernen. Ich nahm sie und David ins Schwimmbad mit, trug sie für den Unterricht ein, setzte mich Tag für Tag zu den anderen Müttern und sah zusammen mit ihnen zu, wie ein sonnengebräunter junger Atlas die umherrudernden Arme und Beine seiner diversen Schüler unter Kontrolle brachte. Sogar Nicole entwickelte einen gepflegten Freistil. Als jedoch der Tag der Prüfung für das Schwimmabzeichen kam, machte ich mir Sorgen. Ich wußte, wie sehr sich Nicole wünschte, das Abzeichen zu erhalten, aber ich wußte auch, wie schwach sie war.

Der Lehrer erklärte seinen Schülern die Anforderungen, und einer nach dem anderen stellten sie sich ihnen. Nachdem sich David mit Erfolg zu seinem Abzeichen durchgeplanscht hatte, erhielt Nicole das Startzeichen. Ihre Arme durchschnitten das Wasser präzise, und ihre Beine schlugen einen winzigen Schaumklecks, während sie sich ihren Weg zu der angegebenen Stelle bahnte, wo sie sich umdrehte und auf dem Rücken lag, während der Ausbilder bis zehn zählte. Dann drehte sie sich erneut um und nahm wieder Kurs auf den Beckenrand. Sie bewegte die Arme jetzt langsamer, und die Beinarbeit wurde unregelmäßig. Man konnte erkennen, daß sie Mühe hatte. Ich knirschte mit den Zähnen und ballte die Fäuste, während ich ihr meine Energie schickte, aber sechzig Zentimeter vor dem Rand gab sie auf und berührte den Boden. Ein Stöhnen stieg von den Seitenlinien auf. Die übrigen Mütter hatten ihr ebenso kräftig die Daumen gedrückt wie ich.

»Nächstes Jahr schaffst du es. Du wirst dann stärker sein«, tröstete ich sie, als ich sie nach der Stunde an mich drückte. Sie war enttäuscht, aber ich konnte ihr vom Gesicht ablesen, daß sie im nächsten Sommer wieder dabeisein würde.

Kein Fehlschlag konnte sie entmutigen, wenn sie an

etwas interessiert war. Sie schleppte mich aus dem Haus, damit ich ihr das alte Fahrrad hielt, wenn sie aufstieg, um die Straße hinunterzuzuckeln. Sie hielt uns alle damit auf Trab, ihr die Rollschuhe zu schnüren. Die Stürze, die ihr passierten, hätten jeden anderen entmutigt. Nicht jedoch Nicole. Ich brachte sie zu unserem Kinderarzt, damit er ihre Schnitte und Abschürfungen reinigte, und bat ihn um Beruhigungsmittel – nicht für sie, sondern für mich.

»Das war nur ein Scherz«, erklärte ich Dr. Bernstein, während er Nicoles Arm verband. »Sie wissen ja, daß ich gegen die Einnahme überflüssiger Medikamente bin.«

»Wieso verabreichen Sie ihr dann weiter diese ganzen Drüsenzusätze?«

Er hatte mich in der Falle.

Dr. Bernstein war nie mit unserer Entscheidung einverstanden gewesen, die Behandlung bei Dr. Read fortzusetzen, die jetzt sieben Jahren andauerte. »Wie Sie wissen, werde ich Ihnen so lange weiter zusetzen, bis Sie mir erlauben, Nicole aus dieser Therapie zu nehmen«, sagte der Kinderarzt.

»Schon allein die Vorstellung macht mir Angst ...«

»Es wäre nur für zwei Monate. Danach machen wir ein paar Blutuntersuchungen und finden heraus, ob sie wirklich an Drüsenschwäche leidet.«

Matt und ich besprachen uns. Diesmal entschieden wir uns, Dr. Bernsteins Empfehlung zu folgen.

Dr. Read war entrüstet, als wir ihn davon informierten, aber er schickte Dr. Bernstein eine Liste der Inhaltsstoffe von Nicoles Medikamenten. Ich unterzeichnete auch Freigabeformulare im Griffeth Hospital, damit sämtliche Unterlagen Nicoles zur Verfügung standen. Dr. Bernstein las sich all das durch.

»Wissen Sie, was das für ›Immunspritzen‹ sind, in die Sie so großes Zutrauen haben?« fragte er, als Nicole und ich zwei Wochen später in seinem Sprechzimmer saßen. »Nicole fühlt sich besser, weil sie aus 95 Prozent Kortison bestehen. Kortison überdeckt Symptome.«

»Sie scherzen wohl!«

»Sobald wir Nicole davon und von dem ganzen übrigen Trommelfeuer an Hormonen entwöhnt haben, damit sich ihr Körper auf eigene Füße stellt, wird sie sehr gut klarkommen, denke ich – so gut wie jedes andere schwächliche Kind.«

»Ich kann es nicht glauben!« antwortete ich erstaunt.

»Im Griffeth denken sie, daß sie eine normale Körpergröße erreichen wird, wenn auch später als normal«, fuhr Dr. Bernstein fort und blätterte dabei in Nicoles Unterlagen aus dem Krankenhaus. »Auch die Geschlechtsreife wird wohl verspätet eintreten.«

Ich war immer noch von der Kortisongeschichte erschüttert. »Denken Sie, daß ihr irgend etwas davon genützt hat?«

»Möglicherweise – anfangs. Wir werden es nie genau erfahren.«

»Mom, laß uns gehen.« Nicole zerrte in einem fort an mir. »Mom, Mom, ich will gehen, Mom.« Erwachsenengespräche waren langweilig für sie.

»Ja«, sagte ich. Ich sah sie an und dachte an die Berge von Apfelmus, grau gefärbt von zermahlenen Pillen, die sie verzehrt hatte, und an die Hunderte von

Fahrten zu Dr. Read, die sie ertragen hatte. »Und weißt du, was wir jetzt machen? Wir fahren zum Spielzeugladen, und du kannst dir aussuchen, was du haben möchtest ... na ja, alles, was unter zehn Dollar bleibt. Wir werden feiern!«

Nicole rannte die Straße hinunter zum Spielzeugladen. Ich bedankte mich bei Dr. Bernstein und folgte ihr langsam, wobei ich entsetzt daran dachte, wieviel Zeit, Geld und Energie wir investiert hatten. Wieso hatten wir uns den Ratschlägen Dr. Bernsteins und der Ärzte im Griffeth so beharrlich widersetzt? All die kleinen Antworten verblaßten neben der einen großen: Die Behandlung war der greifbare Beweis, daß wir etwas taten, um Nicole zu helfen. Vielleicht hatte nicht Nicole Dr. Read gebraucht, um die zurückliegenden sieben Jahre zu überstehen, vielleicht waren Matt und ich es gewesen.

»Nicole?« rief ich, als ich das Spielzeuggeschäft erreichte. Sie gab lautstark ihren Standort bekannt, und ich fand sie dabei, wie sie die Puppen betrachtete. Sie blieb vor einer Kreatur stehen, deren Preis um die Hälfte reduziert war und die die Bezeichnung »Arme kleine Pearl« trug. Das schlichte Gesicht war von glatten Haaren umrahmt, und die Puppe trug ein zerlumptes Kleid und schwarze Strümpfe. Das Begleitheft erläuterte, daß man sie in eine »Hübsche Pearl« umwandeln konnte, indem man sie saubermachte, das Haar zu Locken drehte und ihr das kuschelige rosa Kleid und die weißen Strümpfe und Schuhe anzog, die dazugehörten. Nicole drückte die Puppe auf dem ganzen Heimweg fest an sich.

Matt sah ihr am Abend dabei zu, wie sie die Puppe

anzog, und seine Augen füllten sich mit Tränen. »Die zwei passen zusammen, nicht wahr?« sagte er ganz leise.

Nicole wußte, daß sie anders war. Sie merkte, daß die anderen Kinder auf dem Hof mit ihr spielten, sie aber oft abwiesen, wenn sie zu ihnen nach Hause ging. Sie hatte auch gehört, wie sich Kinder über sie lustig machten.

»Was heißt ›Dummi‹?« fragte sie mich eines Tages.

Ich fuhr absichtlich damit fort, die Lebensmittel zu verstauen. »›Dummi‹ ist eine häßliche Art zu sagen, daß jemand zurückgeblieben ist«, antwortete ich leichthin. Ich wollte ihr bei diesem Gespräch die Führung überlassen.

»Wieso nennen andere Kinder mich so?«

Ich hörte mit meiner Arbeit auf. »Weil du zurückgeblieben bist«, sagte ich und umfaßte ihr Gesicht mit den Händen. »Zurückgeblieben sein ist wie eine Behinderung. Weißt du noch, daß du schon blinde oder verkrüppelte Kinder gesehen hast? Na ja, du bist ähnlich behindert, nur ist es dort oben in deinem Kopf. Es fällt dir schwer zu denken. Deshalb hast du auch Schwierigkeiten beim Rechnen und Lesen.«

Sie entzog sich meinen Händen, stand da und blickte auf den Knopf an ihrem Pullover hinab, den sie verdrehte. Sie drehte ununterbrochen daran.

»Wieso lachen sie über mich, wenn sie das sagen?« Sie sah ruckartig auf und machte ein entrüstetes Gesicht, wobei sie die Stirn über der Brille zusammenzog, die sie seit kurzem trug. »Ich möchte sie verhauen.«

Oh lieber Gott, was soll ich jetzt nur sagen? Was

könnte ich ihr nur sagen, das ihr in irgendeiner Form gegen diese Grausamkeit helfen würde?

»Sie sollten dir eher leid tun«, sagte ich. »Kein Kind, das sich über blinde oder verkrüppelte oder zurückgebliebene Kinder lustig macht, ist irgendeiner Beachtung wert.« Ich bezweifelte, daß meine Worte viel von dem Schmerz der Zurückweisung und des Spottes gelindert hatten.

Und jetzt, als Matt und ich ihr dabei zusahen, wie sie die arme kleine Pearl anzog, sahen wir uns erneut mit ihrer Bürde konfrontiert.

Wir setzten Nicoles Endokrinzusätze langsam ab, und sie litt an keinerlei nachteiligen Auswirkungen. Sie wurde weiterhin kräftiger, größer und schwerer.

Auch in der Beziehung zu anderen Menschen bekam sie immer mehr mit.

Eines Tages saß sie niedergeschlagen auf einem Küchenstuhl, die Lunchbox zu ihren Füßen. Sie hatte sich rechtzeitig für den Bus angezogen ... beinahe.

»Gut gemacht. Binde dir die Schuhe zu, und du bist ganz fertig«, sagte ich, während ich Jills Haare von Hafermehl reinigte und Matt einen kurzen Kuß gab, ehe er zur Tür hinausging.

»Ich kann sie nicht zubinden«, sagte Nicole.

»Wieso nicht?« fragte ich und griff nach Jills Milchbecher, damit er nicht ganz umkippte. »David!« rief ich. »Vergiß nicht dein Entschuldigungsschreiben!«

»Weil ich nur ein armes kleines zurückgebliebenes Mädchen bin«, schniefte Nicole. Sie kratzte sich an einer verkrusteten Narbe.

Was war das? Selbstmitleid?

»Bind endlich die Schuhe zu. ›Zurückgeblieben‹ heißt nicht ›hilflos‹!« raunzte ich und wischte die verschüttete Milch auf.

Sie band sich die Schuhe zu. Und sie nutzte ihre Behinderung nie mehr aus, um mein Mitgefühl zu erwecken.

Obwohl sie gesundheitlich und beim sozialen Verständnis Fortschritte machte, trat beim Lernen in der Schule fast ein Stillstand ein. Mit zwölf konnte sie einfache Additions- und Subtraktionsaufgaben lösen; sie zog Striche auf einem Papier und zählte sie dann zusammen oder nahm einige weg. Gedruckte Worte blieben jedoch rätselhafte Schnörkel. Wir konnten nicht glauben, daß jemand mit einem so umfangreichen Wortschatz nicht mal ein klein wenig lesen konnte, aber der Code blieb unentschlüsselt.

Da sie sich verzweifelt wünschte, lesen und schreiben zu können wie ihre Eltern und ihr Bruder, schrieb sie Briefe. Sie diktierte ihre Nachricht, ich schrieb sie so klar und deutlich auf, wie ich konnte, und sie zeichnete sie mit peinlicher Sorgfalt nach, die Nase fast auf dem Papier, den Mund vor lauter Konzentration geöffnet. »Liebe Oma, danke für die Schürze. Ich mag sie. Das war es schon. Alles Liebe, Nicole.«

Neidisch sah sie ihrem zehnjährigen Bruder dabei zu, wie er etwa einmal wöchentlich ganze Bücherstapel aus der Bibliothek anschleppte. Sie wußte, daß Lesen nicht das einzige war, was ihm leichtfiel. Er konnte Fahrradfahren, ohne die Hände zu benutzen. Er konnte in Spielen der Baseball-Kinderliga Flugbälle fangen – gelegentlich. Er konnte sogar den »Elefanten-Boogie« auf dem Klavier spielen. Um die Kränkung noch zu vertiefen, durfte er Dinge tun, die ihr verboten waren. Das war zuviel, und sie ließ es ihn bei jeder Gelegenheit zu spüren.

Als Charlotte uns eines Tages dabei half, das Schlafzimmer neu zu streichen, fragte David seine Großmutter, ob er ihr neues Tonbandgerät benutzen durfte. Sie zeigte ihm, wie man es bediente, und wandte sich wieder Farbe und Pinsel zu. Er schaltete das Gerät ein und hielt einen ungleichmäßigen »Elefanten-Boogie« (die leichteren Teile schneller) für die Nachwelt fest. Nicole hörte ihm zu.

»Ich möchte ›Oh beautiful for spacious skies‹ singen«, verkündete sie davon inspiriert.

»Nein.«

»Ich möcht' es singen ... Ich möcht' es singen ... Ich möcht' es singen ...«, trällerte sie.

»Okay, okay, OKAY!« stimmte David zermürbt zu.

Nicole nahm das Mikro zur Hand. »Oh be-ootiful for spay-shus skies«, begann sie mit zittriger Stimme. Rasch gewann sie Zuversicht. Mit ihrem »Ah-MEER-i-ka! Ah-MEER-i-ka!« hätte sie ein komplettes Orchester übertönt.

»Und jetzt singen David und ich ›Jingle Bells‹«, erklärte Nicole ihrem Radiopublikum.

»Das tun wir nicht. Gib mir das Mikro, Nicole.« Seine Stimme verriet den Schmerz, den ihm die tausend Male bereiteten, die er solche Szenen schon durchlebt hatte.

Nicole genoß die Macht ihrer Position und hielt das Mikro nur um so fester umklammert.

David entriß es ihr. »Okay«, wandte er sich an sein Radiopublikum. »alle *bases* sind besetzt ... Koufax wirft einen schnellen Ball, ganz hoch. Mays VERPASST! Die Menge tobt ...«

»*Dir* werd' ich's zeigen!« Nicole ging auf das Klavier los, hämmerte darauf herum und kreischte: »Blablablablabla!« David schaltete das Tonbandgerät aus. Er wußte, wann er besiegt war.

Nicoles Beziehung zu Jill unterlag zu dieser Zeit ähnlichen Schwankungen. Mit drei hatte sich das niedliche Baby zu einer weiteren bestimmenden Persönlichkeit im Haus entwickelt. Zwischen beiden kam es zu schrecklichen Auseinandersetzungen.

Trotzdem erlebten die Kinder auch gute Augenblikke. David beschützte Nicole sehr fürsorglich, wenn sie gemeinsam zum Strand gingen. Er reparierte ihre Fahrradreifen und akzeptierte gutherzig die Niederlagen, die sie ihm beim Kartenspiel *Memory* verpaßte. Aus irgendeinem Grund erinnerte sie sich besser als er daran, wo die passenden Karten steckten.

In ähnlicher Weise hatten sie und Jill gemeinschaftliche Geheimnisse. Viele Jahre später erst fand ich heraus, daß Jill, wenn ich sie in ihrem Zimmer zu Bett gebracht hatte, wieder durch den Flur ins Zimmer ihrer Schwester schlich und sich dort unter dem Bett versteckte, woraufhin sich beide zusammen das Abendprogramm in Nicoles Fernseher anschauten.

Der Fernseher war die Zauberformel. Ich hatte endlich das lang gesuchte Wunder gefunden, das Nicole ruhig hielt. Es funktionierte sogar – solange sie davorsaß.

Eigentlich waren es zwei Wunder. Das andere war Valium. Ich schämte mich, daß ich so tief gesunken war, um beide zu benutzen, aber ich war verzweifelt.

»Ich halte es nicht mehr aus!« war ich ein paar Monate zuvor eines Abends herausgeplatzt. Matt konnte meinem Ton entnehmen, wie erregt ich war, und schloß rasch die Schlafzimmertür, damit wir unter uns waren.

»Ich kann ihre ständigen Streitereien mit Jill und David nicht mehr aushalten! Es macht mich krank, daß sie auf alles überreagiert ...«

»He, beruhige dich ...«

»Sag mir nicht, daß ich mich beruhigen soll! Wie würde es *dir* gefallen, dir jede Minute des Tages anhören zu müssen, wie sie ihre Probleme bei dir abläd? Wie würde es *dir* gefallen, den lieben langen Tag immer wieder gestört zu werden, um ihr die nächste Zutat zu einem Rezept vorzulesen? Wieviel Spaß würde es *dir* wohl machen, ihr zu sagen, daß sie den Saum wieder auftrennen muß, weil sie die falschen Stücke zusammengenäht hat, obwohl du nur zu gut weißt, daß sie kreischen und sich die Haut aufkratzen wird, wenn du es ihr sagst?«

»Es tut mir leid«, sagte er. »Ich wünschte, ich könnte mehr helfen. In ein oder zwei Jahren bin ich mit dem Kurs fertig ...«

»Das ist zu spät!« Ich packte eine schmutzige Socke, die auf dem Bett lag, und schleuderte sie Richtung Wäschekorb. »Ich werde ihr einen Fernseher kaufen.«

Matt versuchte, ein Lächeln zu unterdrücken.

»Und«, verkündete ich, »ich werde Dr. Bernsteins Valiumrezept einlösen. Ob elektronisch oder chemisch, dieses Kind wird ruhiggestellt. Wenn sie so aufgekratzt ist, daß es mit der Glotzkiste nicht mehr geht, dann kriegt sie den Tranquilizer.«

Matt grinste. »Ich dachte, dieser Tag würde nie kommen ...«

»Oh Matt!« rief ich. »Mach dich bitte nicht lustig darüber! Ich fühle mich schrecklich, wenn ich sie wegschicke und zu einsamen Stunden vor dem Fernseher verdonnere.«

»Mach dir keine Sorgen«, sagte er. »Ich bin sicher, daß du sie trotzdem viel zu sehen bekommen wirst.«

Wir glaubten, sie würde hingerissen reagieren, wenn sie den Fernseher zum Geburtstag erhielt, aber als sie das Verpackungspapier heruntergerissen hatte, wirkte sie verwirrt und verletzt. Sie erkannte das Geschenk als das, was es war – ein Symbol dafür, daß sie anders war. Der Fernsehkonsum von Jill und David würde weiterhin reguliert werden, während sie davon verschont blieb. Das gefiel ihr nicht. Sie wollte wie ihre Geschwister behandelt werden. Und doch gab es Vorteile. Ihre Schwester und ihr Bruder beneideten sie jetzt, und sie genoß die Möglichkeit, sich endlos »I Love Lucy« und »Bewitched«[7] anzusehen.

Für ein paar Stunden pro Tag war das Problem gelöst, sie zu unterhalten und ruhigzustellen. Allerdings entstand ein neues, beinahe noch schlimmeres Problem – das von zwei Maßstäben, einen für Nicole und einen für David und Jill.

»Nein, du darfst jetzt nicht fernsehen.«

»Wieso nicht? Nicole tut es auch.«

Ich scheuchte sie ein ums anderemal aus Nicoles Zimmer, aber sie fanden immer Möglichkeiten, sich

---

[7] »Verliebt in eine Hexe«

wieder hineinzuschleichen, ohne daß ich es mitbekam, wie Jill uns Jahre später gestand.

Einmal im Monat allerdings, wenn wir meine schon betagten Eltern besuchten, konnte ich in meiner Wachsamkeit nachlassen. Sie waren kurz zuvor aus Oklahoma nach San Diego umgezogen. Opa duldete überhaupt nicht, daß sich irgendeines der Kinder seinem prachtvollen Farbfernseher näherte. »Ich lasse nicht zu, daß die Reklamefritzen in meinem Haus Kinder verführen«, knurrte er.

Trotzdem genossen die Kinder die Fahrten dorthin. Meine Mutter servierte ihnen das beste Essen, das sie seit dem letzten Besuch bekamen, und danach trieb ihr agiler Opa, trotz des Ruhestandes immer noch ganz der Professor, sie über die Straße und die Klippen hinunter zu den Gezeitentümpeln. Sie hockten sich dort auf die glatten schwarzen Steine, während er ihnen vom Meeresleben in den Wasserstrudeln zu ihren Füßen erzählte.

Wieder zu Hause, erging sich derselbe Professor in einer Darstellung der allerneuesten Piratenakte amerikanischer Großkonzerne, während sich die Kinder selbst unterhielten – David hämmerte mit Opas altem Schläger ständig einen Tennisball an die Garagentür, Nicole setzte am Spülbecken die Küche unter Wasser, und Jill schrubbte den Klavierhocker mit einem Reiniger.

Wenn wir abends wieder fuhren, ließen wir eine Spur aus Sand und nasser Strandkleidung zurück. Trotz der von uns angerichteten Verwüstungen hießen uns meine nachsichtigen Eltern im nächsten Monat wiederum willkommen, obwohl wir schon eine gemurmelte Bemerkung über den Klavierhocker zu hören bekamen.

Zwischen ihrem zwölften und sechzehnten Lebensjahr wuchs Nicole auf einen Meter fünfundfünfzig heran. Sie wurde so kräftig wie wir anderen auch, obwohl es ihr immer am schlechtesten ging, wenn eine Virusgrippe die Familie niederwarf. Sie schaffte das Schwimmabzeichen und legte sich ein perfektes Lächeln zu – nachdem sie fünf Jahre lang Zahnspangen getragen hatte.

Und sie eroberte neue Welten. Unter den wachsamen Augen ihres Bruders verbrachte sie Stunden im Meer und attackierte die Wellen mit ihrer Luftmatratze. Sie schleppte einen zwölf Kilo schweren Rucksack mit in die regnerischen High Sierras und wärmte vergnügt ein Chili-Makkaroni-Abendessen auf, während sich der Rest der Familie kläglich unter einem Segeltuch zusammendrängte. In einer lokalen Aufführung von *Hänsel und Gretel* trat sie als Engel auf, der Feenstaub verstreute.

Sie war sogar Zwischenspielerin in einer regulären Softballmannschaft für Mädchen. Die Schnelligkeit des Spiels verwirrte sie oft, aber zu unserer Verblüffung verhalf sie ihrem Team im letzten Inning der Playoffrunde zu Platz eins. Ohne sich um das irrsinnige Gebrüll ihrer Familie zu kümmern, traf sie in Sekundenbruchteilen so perfekte Entscheidungen über ihre Würfe, daß sie dreimal dazu beitrug, den Gegner aus dem Spiel zu werfen.

Also waren Erfolge zu verzeichnen. Nicht jedoch in theoretischen Fächern. Als sie 1971 mit sechzehn auf die High-School kam, konnte sie nach wie vor nicht lesen und hatte Schwierigkeiten damit, Münzen zu identifizieren. Ihre Moral blieb jedoch unbeeinträchtigt. Nachdem sie ein paar Monate in der neunten Klasse war, schrieb ihr Lehrer eine Einschätzung für ihre Schülerakte. Ein paar Jahre später bekam ich sie zu sehen:

> Beziehung der Schülerin zu Gleichaltrigen und Erwachsenen: Nicole ist auf dem Campus bei allen bekannt, sowohl beim Sekretariats- und Verwaltungspersonal als auch der Schülerschaft.
> *Verhalten der Schülerin im Unterricht: Nicole diskutiert gerne mit jedem in Rufweite.*
> *Generelle Fortschritte der Schülerin einschließlich der Anpassung an das schulische Leben: Nicole ist dabei, sich anzupassen, und die Schule tut es ebenfalls.*

Als ergänzenden Kommentar fügte er hinzu: Die beiden Schüler, die den größten Teil seiner Zeit beanspruchten, waren der Junge, der gerne Füllfederhalter auseinandernahm und sich von oben bis unten mit Tinte vollspritzte, und Nicole. »Nicole interessiert sich für alles«, notierte er. »Sie sagt genau das, was sie denkt, und überlegt sich angestrengt, wie sie in Positionen gelangt, aus denen heraus sie andere kommandieren kann.«

Es macht vielleicht den Anschein, als hätte sich Nicole zu einer freundlichen, unbezähmbaren Dynamikerin entwickelt – vielleicht ein wenig selbstbezogen, aber jemand, der gut zurechtkam. Die Wirklichkeit sah viel trauriger aus.

Zum einen diente ihr sozialer Überschwang dazu, ihre Einsamkeit zu kompensieren. Sechs Monate später wurde sie noch einsamer; Matt wurde versetzt, und wir zogen aus Soleado Beach in ein Haus in den Santa-Monica-Bergen. Ich hatte mir die neue Schule sorgfältig ausgesucht, dabei aber nicht berücksichtigt, welche sozialen Folgen eine Sonderschulklasse hatte, deren Schüler aus vierzig Kilometern Umkreis kamen. Zunächst war ich noch bereit, fast fünfundzwanzig Kilometer weit zu fahren, nur um einen Klassenkameraden für den Nachmittag mitzunehmen, aber allmählich brachte ich Ausreden vor, um es nicht mehr tun zu müssen. Dadurch blieb Nicole in unserer Wohnsiedlung in den Bergen isoliert. Wie in Soleado Beach waren die meisten Kinder aus der Nachbarschaft freundlich zu Nicole, wenn sie Jill und David besuchten. Einige luden sie sogar in den elterlichen Swimmingpool ein, aber sie wußte, daß sie nur geduldet wurde.

Um Gesellschaft zu finden, spazierte Nicole durch die neue Gegend – und anscheinend auch durch das Schulgelände –, wie sie es in der alten Heimat getan hatte. Jeder, ob Kind oder Erwachsener, männlich oder weiblich, der nett zu ihr war, wurde zum Gegenstand ihrer überschwenglichen Aufmerksamkeit. Ihre Besuche bei den Nachbarn bekümmerten mich, und doch tat ich kaum etwas, um sie zu entmutigen. Ich brachte es nicht übers Herz. Obendrein hätte ich mich um sie kümmern müssen, wenn sie zu Hause geblieben wäre.

Das war der Rest der traurigen Wirklichkeit. Ich war ausgebrannt. Ich hatte es satt, ihr Rezepte vorzulesen, sie vor Enttäuschung kreischen zu hören, wenn sie etwas falsch zusammengenäht hatte, mich schuldig zu fühlen, weil ich nicht mehr Geduld aufbrachte. Ich war wütend über ihr zwanghaftes Verhalten: Ihr Zimmer sah aus wie die städtische Müllkippe, außer wenn sie in sechsmonatigen Abständen beschloß, alles so ordentlich wegzupacken, daß sie sogar ein Lineal benutzte, um die Socken in den Schubladen gleichmäßig zu stapeln. Ich war es überdrüssig, daß sie mich öffentlich in Verlegenheit brachte, wenn ich im Supermarkt an der Kasse anstand und sie quer durch den Laden rufen hörte: »He, Mom! Was für Rasierklingen benutze ich? Schlitz?« Ich hätte sie am liebsten erwürgt, wenn sie bis ein Uhr früh vor dem Fernseher hockte und am nächsten Morgen nicht rechtzeitig für den Schulbus aus den Federn kam, oder wenn sie mir gönnerhaft den Kopf tätschelte und gurrte: »Ist Mommy müde?«

Oder wenn sie ihren Vater absichtlich quälte.

»Nicole, leg den Löffel hin«, bat er sie, während sie damit auf dem Tisch trommelte. Matt montierte gerade Regale an der Wohnzimmerwand.

Sie starrte zum Fenster hinaus und machte einfach weiter.

»Nicole!« wiederholte er schärfer.

Sie starrte und trommelte weiter. Sie war zu sehr in Gedanken »verloren«, um ihn zu hören.

»NICOLE!« schrie er.

Sie hörte immer noch nicht auf, und ihr Gesicht verzerrte sich, als sie sich bemühte, das süffisante Lächeln zu unterdrücken.

Matt legte den Hammer weg und ging zu ihr hinüber.

Sie hörte auf. »Hm? Was?« fragte sie, als erwachte sie gerade aus einer Trance.

Und am meisten ging mir die Zeit gegen den Strich, die es erforderte, ihr vorzulesen: »Ein halber Becher Milch.« Und dann zu warten, während sie den Meßbecher suchte, die Milch holte, fragte, welcher Strich für »½« stand, dann zuviel einfüllte und Milch über die ganze Anrichte vergoß, mich bat dann nachzusehen, ob sie den Becher korrekt gefüllt hatte, die Milch aufwischte und mich nach der nächsten Zutat fragte. Also fand ich Ausreden, um ihr keine Rezepte mehr vorlesen zu müssen.

»Ich bin zu beschäftigt«, sagte ich.

Unsere Beziehung war so angespannt, daß wir meistens nur noch Kurzschlußreaktionen austauschten.

»Stell das Wasser ab!« kreischte ich, wann immer sie den Wasserhahn in der Küche anfaßte.

»Hör auf, mich anzuschreien!« brüllte sie, kaum daß ich »Wasser« gesagt hatte.

Und ich schloß die Augen vor den Szenen zwischen ihr und den Geschwistern. Weil ich keine Möglichkeit fand, sie zu unterbinden, hatte ich jeden Versuch aufgegeben.

Unser Familienleben war deshalb oft ein Alptraum. Die Spannungen waren so stark, daß, wenn wir auf dem Flur aneinander vorbeigingen, Nicole sich Arme und Beine aufkratzte, Matt vor Asthma keuchte und ich mich am Nesselausschlag kratzte. Matt und ich erwarteten voller Verzweiflung, den Rest unseres Lebens so zu verbringen. Was wir auch an Erfolgen erlebten, es würde nie reichen, das Alltagsleben bei den Kaufmans auszugleichen.

Eines Wochenendes kamen meine Eltern mit dem Zug zu Besuch. Sie erzählten mir später, daß sie schokkiert gewesen waren. Nach dem Abendessen hörte ich sie in ihrem Zimmer miteinander reden. Schließlich tauchte Mutter wieder auf und bat mich, mit ihr solange aufzubleiben, bis alle anderen im Bett lagen. Um elf Uhr abends saßen wir allein am Küchentisch.

»Sandra, Liebes«, begann sie, nahm die Hände von ihrem bedruckten Kleid und legte sie sanft auf meine. Wenn sie das tat, wußte ich immer, daß sie besorgt war. »Hast du dir je überlegt, Nicole in ein Internat zu schicken?«

»Darauf kannst du wetten. Vorzugsweise am Nordpol.«

»Ich meine es ernst, Liebes. Du hast keine Kraft und keinen Willen mehr, um mit ihr zu arbeiten. Sie hat keine Freunde. Wenn sie in einem Internat wäre, erhielte sie die Aufmerksamkeit, die sie braucht, und sie hätte ein soziales Leben. Du könntest sie am Wochenende nach Hause holen oder sie besuchen, aber während der Woche könntet ihr beide euch voneinander erholen. Sie braucht das ebensosehr wie du.«

»Tut sie das? Über ihre Sicht der Dinge habe ich noch nicht nachgedacht«, sagte ich und schirmte die Augen vor dem grellen Licht der Deckenlampe ab.

»Auch Matt, David und Jill brauchen die Erholung von ihr. Seit zehn Jahren besucht Matt neben seiner Vollzeit-Arbeit die Abenduni. Er hat es verdient, danach in ein friedliches Heim zurückzukehren. Und deine Kinder brauchen eine ausgeglichenere Mutter.

Genau wie du sind sie gegenüber Nicole kurz angebunden, und das überträgt sich auch auf ihr Verhalten anderen Menschen gegenüber.«

Sie hatte recht. Wir brauchten den Frieden, den Nicoles Abwesenheit bringen würde. Bei den wenigen Malen, die sie bislang allein außer Haus gewesen war, hatten wir übrigens entdeckt, daß wir tatsächlich freundlicher miteinander umgingen. Ich sehnte mich nach mehr.

»Ich werde mich nach speziellen Internaten erkundige«, sagte ich. »Versprochen!«

Nachdem meine Eltern abgereist waren, erfuhr ich, daß es solche Schulen tatsächlich gab, und an einem kalten Märztag fuhr ich los, um mir die mit den besten Empfehlungen anzusehen.

Sunny Haven lag achtzig Kilometer entfernt in einer felsigen Wüstengegend. Es wirkte entmutigend trostlos, aber ich sagte mir, daß ein bleifarbener Himmel jede Landschaft trist aussehen läßt.

Eine lebhafte junge Lehrerin mit einem Zopf, der ihr über den Rücken hing, zeigte mir die Schule und erzählte von den Tanzveranstaltungen, Wanderungen, Busfahrten und Theateraufführungen, die im Laufe des Jares stattfanden. Überall, wo wir auftauchten, kamen männliche und weibliche Schützlinge zwischen zwölf und fünfundsechzig – viele von ihnen hatten die typischen Down-Syndrom-Gesichter – zu ihr, um sie zu umarmen. Nicole würde es hier gut haben, dachte ich mir. Hier, wo sie zu den Klügeren gehören würde, könnten Gleichaltrige zu ihr aufsehen. Wie wundervoll für ihr Ego!

Und doch war mir irgendwie klar, daß sie es nicht

so sehen würde. Während ich zum Auto zurückging, stellte ich mir vor, wie Matt und ich sie mitsamt ihren Koffern herfuhren und ihr Auf Wiedersehen sagten ..., und meine Augen brannten. Auf der Fahrt nach Hause fühlte ich mich immer zerrissener. Ab wann, schluchzte ich innerlich, wiegen die Bedürfnisse der übrigen Familienangehörigen schwerer als die des behinderten Kindes? Sobald dieses Kind sie böse macht? Ist es richtig, ein behindertes oder chronisch krankes Kind zu Hause zu behalten, solange die anderen Kinder ein elterliches Rollenmodell von Freundlichkeit und Geduld vor Augen haben? Ich wußte es nicht. Ich glaubte nicht, daß ich es je wissen würde. Mir war nur klar, daß unsere Familie in einer Situation feststeckte, in der keiner gewinnen konnte.

Ich dachte an einen Nachmittag neulich zurück, als Nicole durch die Umgebung gestreift und mit einem verkrüppelten Mädchen in ihrem Kinderwagen zurückgekehrt war. Das Mädchen trug schwere Stützschienen an den Beinen. Trotz dieser Hilfsmittel konnte sie jedoch nicht aufrecht stehen. Sie fiel immer wieder hin, wenn sie versuchte zu gehen. Sie ließ auch alles fallen, was Nicole ihr gab. Ich war tief gerührt von Nicoles Zärtlichkeit gegenüber dem armen Geschöpf, denn das Kind war nicht nur körperlich und möglicherweise auch geistig behindert, sondern obendrein sehr anspruchsvoll.

»Mach meine Stützen zu ... Mach meine Stützen auf ... Hol mir ein Glas Wasser ... Hilf mir, da rüber zu gehen ... Heb mich hoch«, forderte sie Nicole jammernd auf.

Was war mit den Eltern dieses Kindes? Tief in ihren

Seelen mußten sie es als eine Prüfung betrachten, die sie zu bestehen hatten, überlegte ich mir. Und doch behielten sie das Mädchen zu Hause. Waren sie zu *ihr* immer freundlich? fragte ich mich.

Als Matt und ich an diesem Abend gemeinsam Geschirr spülten, erzählte ich ihm von Sunny Haven. Ich verbarg sorgfältig meine Gefühle und erzählte ihm von der Anlage, dem Leben dort und der Aura der Liebe, die diese Einrichtung umgab. Er hörte intensiv zu, und als wir mit dem Geschirr fertig waren, setzte er sich und sah schweigend die Aufnahmeunterlagen durch. Einige Augenblicke später legte er sie auf den Tisch.

»Ich kann es nicht«, sagte er heiser. »Sie ist meine Tochter.«

Die Entscheidung war getroffen. Nicole würde einmal irgendwo einen Platz brauchen, wenn wir gestorben waren, aber zunächst würden wir uns weiter plagen. Matt nahm mich in die Arme. Wir hielten uns lange gegenseitig fest, während wir, wie schon so oft in all den Jahren, den Entschluß faßten, geduldiger zu sein und mehr Zeit mit Nicole zu verbringen. Ich hoffte, daß meine Mutter es verstehen würde.

Kapitel 3

Alle schreien mich an!

Kurz bevor Nicole 1972 siebzehn wurde, hatte ich meine erste Besprechung mit ihrem Lehrer auf der Santa Monica Mountains High School. Auf dem Weg zu seinem Klassenzimmer wappnete ich mich. Falls er es wagen sollte anzudeuten, daß ich mit Nicole zu Hause arbeiten müsse, würde ich wieder hinausgehen. Ich hatte es satt, vom Schulpersonal Schuldgefühle eingeredet zu bekommen, von Leuten, die keine Ahnung hatten, was es bedeutete, mit einer nicht abgeschirmten elektrischen Ladung zusammenzuleben. Der letzte Lehrer, den ich gesprochen hatte, hatte es doch tatsächlich gewagt, mir folgenden Vorschlag zu unterbreiten: Da Nicole bislang einfach nicht lesen lernte, sollte ich doch eine »hübsche kleine Schachtel« mit Wörtern anfertigen, die Nicole »gefielen«, Wörtern, die zu lernen ich ihr helfen sollte – wie beispielsweise *Vorsicht*, *Starkstrom* und *Gift*.

Bei der Erinnerung an meine Wut verkrampfte sich mir der Magen, als ich das Klassenzimmer betrat und dem Lehrer die Hand schüttelte. Er war riesengroß, besonnen und freundlich, und er lächelte viel. Er hielt mir eine Ansprache über seine Lehrmethoden und erzählte mir dann von Nicoles Leistungen im Unterricht. Ich hörte ihm kaum zu, da ich angespannt darauf wartete, daß er mich indirekt kritisierte. Er tat es nicht.

»Wissen Sie«, sagte ich schließlich, »ich hatte mich gegen mögliche Ratschläge gewappnet, als ich hereinkam. Sie hatten allerdings keine für mich.«

Seine Fröhlichkeit fand ein plötzliches Ende. »Wie könnte ich?« fragte er ganz bescheiden. »Ich betreue Nicole nur fünf Stunden am Tag, Sie die übrigen neunzehn.«

Also so was, dachte ich mir.

Ich erzählte ihm von Sunny Haven. Er hörte zu und nickte. Er kannte die Schule. »Sie hat einen ausgezeichneten Ruf«, sagte er aus luftiger Höhe. »Ich freue mich jedoch, daß Sie sich anders entschieden haben ...« Wir spazierten inzwischen durchs Klassenzimmer, nahmen die verschiedenen Unterrichtsmaterialien in Augenschein und blieben nun vor einer Kartonuhr stehen, mit deren Hilfe er die Uhrzeit erklärte. »Sehen Sie, ich halte es absolut für möglich, daß Nicole letztlich auf eigenen Füßen steht.«

Ich zog die Brauen hoch.

»Ich habe schon junge Leute kennengelernt, die weniger Fähigkeiten als Nicole hatten und schließlich das Elternhaus verlassen haben. In ein paar Jahren könnte sie in einer der neuen Einrichtungen wohnen, in der vier oder fünf zurückgebliebene Erwachsene von einer Hausmutter betreut werden. Aber sie würde auf eigenen Füßen stehen.«

Ich setzte mich auf einen der Stühle und starrte ihn mit offenem Mund an.

Er lächelte, erheitert über mein Unbehagen. »Ich

denke auch, daß sie einen Job annehmen kann. Deswegen lasse ich sie jeden Tag in der Schulcafeteria arbeiten. Sie erkennt bereits Fünfzig-Cent-Stücke und wechselt sie gegen zwei Vierteldollars.«

Ich mußte lachen. Mit siebzehn konnte meine Tochter gerade eben ein Fünfzig-Cent-Stück wechseln, und doch redete dieser ernsthafte Lehrer von einem unabhängigen Leben für sie.

»Woher haben Sie diese ganzen verrückten Ideen?« fragte ich ein wenig gereizt.

»Sie gehören alle zu einem neuen Erziehungsmodell, das wir ›Normalisierung‹ nennen. Es ist aus der Bürgerrechtsbewegung entstanden und beruht auf der Überzeugung, daß die Behinderten das Recht haben, ein möglichst normales Leben zu führen.«

Dagegen konnte ich wohl kaum etwas einwenden. Mein ganzes Leben lang hatte ich an diesem Prinzip festgehalten. Aber ein eigenständiges Leben? »Seien wir doch realistisch«, konterte ich. »Wer wird ihr helfen, wenn sie Probleme bekommt? Ihr Vater und ich sind auch nicht ewig da, und ich möchte nicht, daß meine übrigen Kinder mit der Sorge für Nicole belastet werden.«

»Das werden sie nicht. Im ganzen Staat werden Regionalzentren gegründet, um zurückgebliebene Menschen bei ihrem Leben innnerhalb der Gesellschaft zu unterstützen. Wenn Nicole den High-School-Abschluß macht, wird es auch in der Nähe eines geben. Sie erhält einen Berater zugeteilt, der dafür verantwortlich ist, sich um jedes ihrer Probleme zu kümmern. Ihr ganzes Leben lang kann sie auf diese Unterstützung zurückgreifen.«

»Aber was, wenn sie keine Arbeit findet? Wovon soll sie leben?«

»Wenn sie achtzehn wird, kommt sie für das SSI-Programm in Frage, also die ergänzende Einkommenssicherung[8]. Auch auf Medi-Cal[9] hat sie ein Anrecht.«

Ich fuhr langsam nach Hause und setzte mich in die Küche, um über diese Informationen nachzudenken. Matt ließ seine Hausaufgaben liegen und gesellte sich zu mir. Wir litten wahre Tantalusqualen bei dem Gedanken, daß Nicole von zu Hause weggehen würde. Falls das wirklich möglich war, konnten Matt und ich allein alt werden. Nicole brauchte nie ins freundliche Gefängnis von Sunny Haven zu ziehen und konnte statt dessen in einem eigenen Haushalt Geschirr spülen, kochen und bügeln – wie andere junge Frauen auch.

Trotzdem waren wir entsetzt, wenn wir daran dachten, was sie vorher noch alles zu lernen hatte. Sie mußte nicht nur fähig sein, Wechselgeld herauszugeben, sondern genügend Verständnis für Geld entwikkeln, um damit umgehen zu können. Sie mußte aufhören, Fremde wie Freunde zu behandeln. Falls das Ziel war, daß sie auch eine Arbeit aufnahm, dann mußte sie die Uhrzeit beachten und vorausplanen lernen, damit sie rechtzeitig ins Bett kam, um am Morgen darauf aufzustehen und zur Arbeit zu gehen. Und

---

[8] SSI = Supplemetal Security Income

[9] »Medi-Cal« ist die kalifornische Variante von »Medicaid«, einer staatlichen amerikanischen Krankenversicherung für sozial Schwache. Anm. d. Übers.

wichtiger noch: Sie mußte lernen, Druck auszuhalten, ohne zu explodieren.

Wir bezweifelten, daß sie das schaffen konnte. Wir fragten uns, ob sie überhaupt auf eigenen Füßen stehen wollte. Falls sie uns jedoch so leid war, wie meine Mutter gesagt hatte, freute sie sich vielleicht darauf, zusammen mit anderen jungen, zurückgebliebenen Erwachsenen in einem örtlichen Wohnheim unterzukommen. Über ein völlig eigenständiges Leben für sie würden wir uns später Gedanken machen. Schließlich war noch reichlich Zeit. Sie würde die High-School besuchen, bis sie einundzwanzig war.

Egal wie das ausging, Matt und ich waren uns einig, daß wir einen Wendepunkt erreicht hatten. Ab jetzt wollten wir für sie dasselbe Ziel anstreben wie ihr Lehrer: Sie sollte ein Mitglied der normalen Gesellschaft werden.

Zum Glück war Matt mit der Universität fast fertig und konnte mithelfen, Nicole auf diesen großen Schritt vorzubereiten. Er hatte alle Examen bestanden. Jetzt brauchte er nur noch seine Dissertation abzuschließen, einen Forschungsbericht von der Länge eines Buches.

Es wurde aber auch Zeit! Ich war jetzt vierundvierzig und hatte immer noch kein eigenes Leben gehabt. Wie ein hungernder Flüchtling, der über Bildern von Lebensmitteln brütet, blätterte ich im Veranstaltungskatalog des örtlichen Colleges und dachte darüber nach, welches Hauptfach ich belegen wollte. Kunstgeschichte? Literatur? Biologie? Es war mir egal. Ich wollte nur endlich anfangen.

Im Januar 1974 war Matts langer Kampf bestanden.

Wir standen alle vor dem Auditorium der Universität und machten Bilder von ihm mit schwarzer Robe und Doktorhut. Er blinzelte in einer Mischung aus Unglauben und Stolz, und wir taten das gleiche.

»Du bist doch jetzt mehr bei mir, ja?« fragte ihn Nicole, als Charlotte, Vicky und ihre sämtlichen Kinder mit uns zu einem Restaurant in der Nähe marschierten, um dort zur Feier das Tages zu Mittag zu essen. Ein Passant hätte das Mädchen in Kamelhaarmantel, braunem Kordträgerkleid und weißen Kniestrümpfen für etwa dreizehn gehalten.

»Das bin ich ganz bestimmt, Nicole«, antwortete Matt und tätschelte die Hand, die sie ihm in den schwarzen Ärmel geschoben hatte. »Daddy hat sein Studium abgeschlossen. Jetzt ist deine Mutter an der Reihe.«

Ich hatte mich bereits zum Frühjahrssemester eingeschrieben. Dabei waren mir allerdings Zweifel gekommen. Es war mir peinlich, zusammen mit anderen Studenten, die meine Kinder hätten sein können, in Seminaren zu sitzen. Ich hielt mich sowieso nicht gescheit genug fürs College; schließlich hatte ich mich seit Jahren auf nichts Schwierigeres mehr konzentrieren können als Rezepte für Schokoladenkuchen. Obendrein war ich müde. Ich war jeden Morgen schon wieder müde, kaum daß ich fünfzehn Minuten auf war.

Als der erste Tag des Semesters anbrach, weigerte ich mich zu fahren. Matt schob mich fast zur Tür hinaus.

Einen oder zwei Monate später freute ich mich, daß er stark geblieben war. An einem Seminar nahm noch eine Frau meines Alters teil, und die jüngeren Studenten erwiesen sich als freundlich. Die schönste Entdekkung war, daß mein Konzentrationsvermögen und meine Energie proportional zu der Entfernung von Zuhause stiegen. Jeden Tag fühlte ich mich entschieden munterer, sobald ich den Campus erreichte. Ich trabte dann so schnell ins Seminar, daß mir der Rucksack auf dem Rücken hüpfte.

Vielleicht hatte mein Studienbeginn nichts mit der Veränderung in Nicole zu tun, aber es kam immer seltener zum täglichen Krach mit ihr. Irgendwie war sie reif genug geworden, um einzusehen, daß auch ich Bedürfnisse hatte. Wie Matt, David und Jill bemühte sie sich darum, Respekt für mein Bedürfnis nach Weiterbildung zu zeigen. Manchmal half sie mir, indem sie ein einfaches Abendessen kochte, aber meistens unterstützte sie mich dadurch, daß sie mich in Ruhe ließ. Sie sah fern und stellte Makrameegürtel und Topflappen als Geschenke für das nächste Weihnachten her. Sie paßte auch auf die Kinder im Haus gegenüber auf.

Zuerst war Jill wegen dieser Kinder besorgt. »Mommy«, sagte sie, »die sind echt gemein. Die Mutter ist nett, aber die Kinder machen sich über Nicole lustig.«

»Tun sie das? Sie hat sich nie bei mir beschwert.« Ich wollte gerade zum College gehen und entdeckte Jill dabei, wie sie durch das Fenster neben der Haustür schaute. Sie hatte Nicole gesehen und war kurz stehengeblieben, um zuzusehen, wie sie von gegenüber nach Hause gelaufen kam.

Nicole platzte in ihrem verkrumpelten, orangefarbenen und rosa Badeanzug zur Tür herein. Sie war klatschnaß und bestens gelaunt. Als sie unerwartet hilflose Beute an der Haustür entdeckte, bückte sie sich und schüttelte ihre tropfnassen Locken.

»NIIIIICOLE!« quietschte Jill, als sie mit Wasser vollgespritzt wurde. Nicole war von der Reaktion ihres Opfers entzückt und machte sie weiter naß.

Jill sah ihren Fehler ein, verdrehte die Augen und wartete resigniert, bis sich der Schalk ihrer Schwester ausgetobt hatte und Nicole glucksend die Treppe hinauf verschwunden war.

Jill wischte sich mit dem Saum ihres zu großen T-Shirts Gesicht und Arme ab. »Ich schätze, deshalb nimmt sie das alles auf sich. Niemand sonst läßt sie jeden Tag in ihrem Pool schwimmen.«

Dieses Arrangement verhalf Nicole zu einem vergnüglicheren Sommer, aber auch während des restlichen Jahres schien sie mehr im Frieden mit sich und ihrem Los zu sein. Ein oder zweimal machten sich High-School-Schüler im Bus dermaßen über sie lustig, daß sie weinend nach Hause kam, aber meistens wirkte sie recht zufrieden. Matt und ich fühlten uns ermutigt.

Wir diskutierten einige Zeit lang über ihre SSI-Berechtigung und fragten uns, ob wir den Antrag in ihrem Namen stellen sollten. Wir hatten Gewissensbisse, wenn wir daran dachten, Geld für eine Tochter anzunehmen, die es zu Hause gut hatte, aber eines Tages brauchte sie es vielleicht. Eintausendfünfhundert Dollar – die Schecks würden so lange kommen, bis ihr Bankkonto diesen Betrag erreicht hätte – würden sie in den ersten Jahren eines eigenständigen Lebens absichern.

Ich nahm sie mit zum Sozialamt und füllte den Antrag aus, und innerhalb weniger Monate traf der erste Scheck ein. Wir zeigten ihn Nicole.

»Oh toll, toll!« zwitscherte sie und kasperte herum. »Ich denke, ich esse ihn.« Sie steckte sich eine Ecke in den Mund und kaute darauf herum.

»So viel Geld bekommst du jeden Monat«, erklärte ich ihr, ohne mich um die angedrohte Scheckvernichtung zu kümmern. »Es kommt alles auf ein besonderes Sparkonto.« Sie wußte, was ein Sparkonto war. Sie hatte bereits eines für ihr Taschengeld und wußte, daß der Kassierer ihr immer half, »das Papier« auszufüllen, wenn sie Geld abheben wollte.

Nicole und ich gingen zur Bank. Wir setzten uns vor den Schreibtisch der Sachbearbeiterin, und Nicole ernannte sie unverzüglich zu ihrer besten Freundin. Ich füllte die Formulare aus.

»Ich kaufe mir einen Farbfernseher«, vertraute Nicole lautstark der neuen Freundin an.

»Nicht mit diesem Geld«, sagte ich und unterschrieb.

»Wieso nicht? Die Dame gibt mir immer mein Geld.«

»Weil«, antwortete ich, »du meine Unterschrift brauchst, bevor du von diesem Konto abheben kannst.« Ich gab die Formulare zurück.

Nicole sprang auf. »Das ist gemein!« verkündete sie allen, die sich in der Bank aufhielten. »Denkst du, ich wüßte nicht, wie man mit Geld umgeht? Denkst du, ich würde alles ausgeben?«

Da kannst du drauf wetten, dachte ich mir, lächelte die Sachbearbeiterin matt an und zog mich aus der

Bank zurück, während Nicole mit mir schimpfte. Ich kam mir vor wie im Scheinwerferlicht.

»Das Geld ist für etwas, was später mal wichtig wird«, erklärte ich ihr auf der Fahrt nach Hause immer wieder. Ich wußte, daß sie mit dieser Erklärung nicht zufrieden war, aber es war noch zu früh, um von ihrem möglichen Auszug zu sprechen.

Als wir zu Hause eintrafen, hatte sie anscheinend resigniert. Sie kehrte zu ihrem Makramee und ihrem Schwarzweißfernseher zurück, und wir staunten. Sie war entschieden umgänglicher geworden.

Leider erwies sich diese Verbesserung nur als befristet, als Ruhe vor dem nächsten Sturm. Als Nicole zwanzig war, wurde Matt zum Hauptsitz von Techtron zurückversetzt, und wir zogen erneut nach Soleado Beach. Nicole trat wieder in die alte Sonderschulklasse ein, erneuerte Bekanntschaften zu alten Freunden und lernte einige neue kennen, die sie fortan mit dem Fahrrad besuchte.

»Wohin fährst du?«

»Zu Shelley.«

»Wann kommst du zurück?«

»In sechs Minuten und zwei Stunden.«

»Du bist um fünf wieder da! Sag mir, wo die Zeiger stehen, wenn es fünf ist«, verlangte ich und sah nach, ob sie ihre Uhr auch anhatte.

»Der große Zeiger steht auf der Fünf und der kleine aufrecht«, rezitierte sie. »Nein, der kleine Zeiger steht auf der Fünf ...«

»Zeig es mir«, sagte ich. Sie deutete auf die Zeiger und demonstrierte mir eine korrekte Fünf-Uhr-Ablesung, ehe sie aufbrach.

Ich lernte schnell, daß ihre Zielangabe und mein Zeitrahmen nur Verhandlungen waren, die sie ertrug, um zur Tür hinaus zu kommen. Sie ging, wohin es ihr beliebte, und kam nach Hause, wenn ihr der Sinn danach stand – egal, wie sehr wir mit ihr schimpften oder sie bestraften.

Sie war schon immer nach eigener Musik marschiert, aber diese Art von Trotz konnten wir nicht dulden. Ich rief Peggy an, Andreas Mutter, und explodierte förmlich vor Ärger. »Sie wissen doch, woran es liegt, nicht wahr?« fragte sie, als ich lange genug pausierte, um Luft zu holen.

»Nein. Woran?«

»Der Pubertät.«

»Mit zwanzig?«

»Wieso nicht? Alles andere hat sich bei unseren Kindern auch verspätet.«

Als ich mir die Zeit nahm, darüber nachzudenken, entdeckte ich auch andere Symptome. Die langen Telefonate. Der geflüsterte Wortwechsel mit einer Freundin über Jungen. Die Experimente mit der Frisur. Die Empfindlichkeit, was die eigene Privatsphäre anging. Sogar die Bekräftigung der Eigenständigkeit. Die nicht zurückgebliebenen Töchter unserer Freunde gingen alle aufs College oder lebten auf eigenen Füßen, und Nicole ließ uns unmißverständlich wissen, daß sie vorhatte, ihnen nachzueifern. »Ich kann es gar nicht mehr erwarten auszuziehen!« schnauzte sie. Matt und ich brauchten uns keine Sorgen mehr zu machen, ob sie wirklich von zu Hause weggehen wollte.

Nicole bestand darauf, mehr allein zu unternehmen. Ironischerweise führte das nur dazu, daß wir uns noch mehr um sie kümmern mußten. Besonders, wenn es mit Telefonaten zu tun hatte.

Die schlimmsten Vorfälle waren die Versuche, per Telefon Fahrgemeinschaften zu Go-Getter-Veranstaltungen zu vereinbaren. Go-Getters war ein Verein für entwicklungsgestörte junge Erwachsene, dem Nicole beigetreten war, und die Mitglieder wechselten einander mit den Rundrufen ab.

Eines Tages rief Andrea an, um Nicole über die Fahrpläne zu einem Kegelausflug zu informieren. Das Gespräch begann recht freundschaftlich.

Andrea: Wir holen dich ab, und dann holen wir Roger.
Nicole: Das ist blöd. (Roger wohnte am anderen Ende der Hauptstraße. Bill, der nur zwei Blocks weiter zu Hause war, wurde immer direkt nach Nicole abgeholt.)
Andrea: Ist es nicht!
Nicole: Doch, ist es. Ihr müßt dann den ganzen Weg zurückkommen, um Bill zu holen.
Andrea (ungeduldig und überzeugt, daß Nicole sie absichtlich provozierte): Er ist doch im Auto!
Nicole: Jetzt schon?
Andrea (lauter): Nein, Dummes! Heute abend!
Nicole (verwirrt und wütend): Das ist unmöglich.
Andrea (schreit): Nein, ist es nicht!
Nicole (schreit): Ist es doch!

Nicole hörte, wie der Hörer am anderen Ende hingeknallt wurde. Sie tat das gleiche. »Das ist gemein!« schrie sie. »Das ist so gemein!«

Sie marschierte in die Küche und fing an, mit den Schranktüren zu knallen. Ich rief Peggy an, die mir erklärte, daß Bills Mutter die Fahrgemeinschaft fuhr. Andrea war davon ausgegangen, daß Nicole das wußte.

Nicole und ihre Freunde ließen ständig entscheidende Informationen aus, wenn sie miteinander redeten. Sie verwendeten auch die Zeiten falsch und mißverstanden Nachrichten wie »Dann in zehn Minuten hier« als »Wir sind in zehn Minuten dort«. So waren die Eltern ständig damit beschäftigt, verärgerte Sprößlinge zu besänftigen.

Die Radtouren und die Forderung, ihre Angelegenheiten selbst zu regeln, erwiesen sich allerdings als unbedeutend, verglichen mit dem eigentlichen Problem, das Nicoles Pubertät mit sich brachte – dem ihrer erwachenden Sexualität. In den Jahren, die Matt und ich jetzt schon nervös in die Zukunft blickten, hatte uns nichts größere Sorgen bereitet. Es ging dabei nicht um die Moral. Was wir fürchteten, war eine Schwangerschaft.

Als mit fünfzehn ihre Periode einsetzte, schlug eine Freundin von mir, die normale Kinder hatte, vor, ich sollte Nicoles Eileiter verschließen und sie somit sterilisieren lassen.

»Sie braucht es ja nie zu erfahren«, steckte mir die Freundin zu.

Dürfen Eltern so etwas legal tun, fragte ich mich damals. Falls ja, war die Idee verlockend. Nicole hätte sexuelle Intimität genießen können, und Matt und ich hätten uns keine Sorgen zu machen brauchen. Etwas in mir schreckte jedoch davor zurück, in Bezug auf ihre Fortpflanzungsfähigkeit Gott zu spielen. Dann verdrängte ich die ganze Frage erst einmal.

Jetzt, wo sie am Telefon mit jungen Männern flirtete, konnten wir dem Thema nicht mehr ausweichen. Etwas mußte geschehen, ehe sie ins Leben hinausging. Zum Glück blieb uns noch etwas Zeit. Sie würde noch etliche Jahre nach der High-School zu Hause leben, und in dieser Zeit blieben gesellschaftliche Anlässe auf die gut beaufsichtigten Go-Getter-Veranstaltungen beschränkt.

In ihrer gesamten High-School-Zeit hatte sie nur ein Rendezvous. Der junge Mann war ein Klassenkamerad, der sie auf den Schülerball ihres Abschlußjahres begleitete. (Nicole hatte ihn wahrscheinlich darum gebeten. Das traute ich ihr jedenfalls zu.) Matt und ich waren an diesem Abend sehr von Nicole beeindruckt. Vor der Veranstaltung genossen sie, ihr Begleiter und zwei weitere Paare, alles sehr prachtvolle Erscheinungen in dunklen Smokings und schönen Abendkleidern, ein Abendessen bei Kerzenlicht, von Nicole zubereitet – Steaks, Bratkartoffeln, Salat und Erdbeeren mit Sahne. Als sie zum Gartentor hinausging, sah sie ganz wie süße sechzehn aus, schmal und elegant in ihrem langen Kleid im Empire-Stil, mit ihrem strahlenden Lächeln und den hochgesteckten blonden Locken.

Wir erfuhren nicht viel davon, wie der Ball ablief, denken aber, daß sie einige schöne Stunden hatte. Viele Jahre später fiel ein Farbfoto aus ihrem Sammelalbum. Es zeigte Nicole und ihren Begleiter vor einer Palme und einem farbenprächtigen Sonnenuntergang. Nicole saß auf dem Schoß des jungen Mannes, hielt seinen Kopf umklammert und küßte ihn ins erstaunte Gesicht.

Sie besuchte die High-School bis wenige Tage vor ihrem einundzwanzigsten Geburtstag im Juni 1976. Zu ihrer Enttäuschung mußte sie auf die eigene Abschlußfeier verzichten, um die ihres Bruders an der Greenfield Academy in Massachusetts zu besuchen, an der er seine gesamten Studienjahre verbracht hatte. Zu diesem Anlaß reiste die ganze Familie nach Osten. Nicole betrachtete David inzwischen als ihren großen Bruder. Mit seinen achtzehn Jahren war er ein hochaufgeschossener Kerl mit tiefer Stimme. Sie sah zu ihm auf, sowohl wortwörtlich als auch im übertragenen Sinn. Nicole und die zwölfjährige Jill gingen weiter aufeinander los, aber die Streitigkeiten mit David waren vorüber.

Als Geburtstagsgeschenk und zum Ausgleich dafür, daß sie die eigene Abschlußfeier versäumt hatte, luden Matt und ich, sobald wir nach Kalifornien zurückgekehrt waren, Nicole nach Disneyland ein, ihrem liebsten Ausflugsziel. Sie brachte einen jungen Mann namens Edward mit, der, wie sie es ausdrückte, auf der High-School »nett« zu ihr gewesen war. Er hatte die Klasse für Schüler mit Lernschwierigkeiten im angrenzenden Klassenzimmer besucht, und jeden Tag hatten sie nach dem Mittagessen miteinander geplaudert, während sie auf die Öffnung der Klassenzimmer warteten, jeder in seiner Schlange.

Wir fuhren also landeinwärts in die nächste Stadt, um Edward aus der Wohnung abzuholen, wo er mit seiner Mutter und zwei Brüdern zusammenlebte. Er war ein zierlicher Bursche mit dunklem Gesicht – ein

Frankokanadier, wie er uns bei einer der seltenen Gelegenheiten erklärte, an denen er an diesem Tag den Mut fand, etwas zu sagen. Er verriet auch, daß er neunzehn war und gerade die Schule abgeschlossen hatte, so wie Nicole. Wir bekamen allerdings wenig von ihm zu sehen. Oder von Nicole. Sie packte ihn an der Hand und schleppte ihn von einer Disney-Attraktion zur nächsten, um nur alle zwei Stunden kurz bei uns im Restaurant aufzutauchen, wo Matt und ich Eistee tranken und lasen.

»Ich finde das Lied ›It's a small, small World' einfach *toll*!« quietschte sie, als beide sich auf einen schnellen Hamburger zu uns gesellten. »It's a small world after all, it's a small world after all ...« sang sie und brach in Gelächter aus. Die Fahrt durch die Phantasiewelt belebter Puppen aus aller Welt war schon immer ihre liebste Beschäftigung gewesen.

Edward ignorierte sie. Er war mehr an dem etwas entfernten Matterhorn interessiert, wo kreischende Passagiere auf dem Weg nach unten durch Tunnel sausten. Von unserer Position aus sah der Berg ganz nach Pappmaché aus.

»Möchtest du wieder aufs Matterhorn?« fragte Nicole Edward, während sie einige seiner Fritten mampfte.

»Ja«, nuschelte er.

»Okay, das machen wir nach den Piraten der Karibik.« Edward aß langsam und verzehrte nur drei Viertel seines Essens. So schnell wie möglich schleppte ihn Nicole wieder weg.

Matt füllte mein Eisteeglas auf, und ich widmete mich wieder meinen Studienunterlagen. Ich lernte andauernd. Ich war so süchtig danach, daß ich mich sogar für die Sommerferien-Seminare eingeschrieben hatte.

»Wieder Anthropologie, wie ich sehe«, kommentierte Matt, als er einen Blick auf meinen Lesestoff geworfen hatte, während er den Schirm über unserem Tisch zurechtrückte.

»Das ist ein Buch von Margaret Mead über ihre Feldforschungen in Neuguinea.« Ich zeigte ihm den Einband meines Taschenbuchs. »Hör dir das mal an: Sie hat entdeckt, daß die Papuas ...«

Matt lachte in sich hinein. »Das ist so toll an Anthropologie als Hauptfach. Es ist so praktisch. Mögliche Arbeitgeber werden sich gegenseitig umrennen, um dir Jobs anzubieten, sobald du deinen Abschluß gemacht hast.«

»Sei nett zu mir«, schniefte ich. »Ich kann auch nichts dafür, daß es mich so fasziniert, Menschen zu studieren, um die Welt mit ihren Augen zu sehen. Genau das hat Margaret Mead getan, und ich werde es auch eines Tages tun. Irgendwo. Irgendwie. Du wirst schon sehen!«

Matt setzte sich. »Ich hoffe, daß es dir gelingt, falls du das wirklich möchtest«, sagte er, nachdenklich geworden durch meine Ernsthaftigkeit. »Ich hoffe nur, du mußt nicht so weit weg wie Margaret Mead.«

Wir beobachteten, wie Nicole und Edward sich an den voll besetzten Tischen vorbei ihren Weg zu uns bahnten. Beide grinsten. Sie trugen schwarze Mützen mit großen Mickey-Maus-Ohren.

»Was hältst du von Edward?« fragte Matt.

»Ich würde ihm gern die schmutzigen Fingernägel

und die Zähne putzen, aber ansonsten ist er ganz süß. Sie scheinen gute Freunde zu sein.«

»Daddy!« schrie Nicole. In fast zwanzig Metern Umkreis drehten sich alle um. Ohne sich um die Leute zu kümmern, brach Nicole in heiseres Lachen aus, erfreut über die Vorstellung, daß sie uns mit den unmöglichen Ohren schockierte. Als sie bei uns am Tisch eintraf, hatte sie völlig die Beherrschung verloren. Sie lachte hysterisch.

»Hör auf!« kommandierte Matt. Sie lachte weiter. »Nicole, hör auf!« sagte ich mit Bestimmtheit. Ihr Körper bebte, und das Lachen wurde lautlos. Sie flehte mich mit den Augen an wie eine Ertrinkende.

Ich versetzte ihr eine Ohrfeige. Benommen fiel sie auf einen Stuhl. Die erschrockenen Blicke der Leute ringsherum brannten sich in mich hinein.

Ich hielt Nicoles Hand fest, als das Lachen wieder laut wurde, und dann so lange, bis das unbeherrschte Kichern allmählich erstarb. Edward musterte sie neugierig.

»Es tut mir leid«, sagte sie und schluckte den letzten Rest Heiterkeit hinunter. »Ich konnte nicht anders.«

»Es schon okay, Liebes. Tut mir leid, daß ich dich geohrfeigt habe.«

Wir saßen alle schweigend da, bis sie sich wieder ganz beruhigt hatte. Matt sah nach, welcher Programmpunkt als nächstes auf sie und Edward wartete und ob sie noch genug Geld bei sich hatten, und sie zogen wieder los. Edward schlurfte hinter Nicole her, während sie sich den Weg um die Tische herum suchte. Langsam wandten die Leute sich wieder ihren eigenen Angelegenheiten zu.

»Ich bin fertig, völlig fertig«, sagte ich. »Ihr ist es schon immer schwergefallen, ihre Gefühle zu beherrschen, aber ich dachte, es wäre besser geworden.«

»Ist es auch. Vor ein paar Jahren noch war sie so aufgeregt, daß sie auf dem ganzen Weg nach Disneyland gebrochen hat und auch hier nicht damit aufhören konnte. Sowas passiert ihr nicht mehr.«

Ohne richtig hinzusehen, starrte ich ein Kleinkind an, das versuchte, von seinen amüsierten Eltern ein Foto zu machen. »War es falsch, sie zu ohrfeigen?«

Matt blickte auf seinen Eistee hinab. »Was passiert ist, ist passiert. Ich weiß nicht, was ihr sonst Einhalt geboten hätte.«

Nach diesem Tag nahm die Anzahl der Telefongespräche zwischen Nicole und Edward exponentiell zu. Wenn ich sah, wie sie das Telefon in ihr Zimmer holte und die Tür schloß, dachte ich mir, daß die Beziehung nicht so platonisch sein konnte, wie ich zunächst geglaubt hatte. Allmählich war ich dankbar dafür, daß Edward gute acht Kilometer entfernt lebte und genügend Steigungen zwischen seinem und unserem Zuhause lagen, um auch die energischste Radfahrerin abzuschrecken.

Der Sommer 1976 war nicht nur deshalb erwähnenswert, weil Nicole romantische Gefühle hatte. Seit August gehörte sie zur arbeitenden Bevölkerung.

Dazu kam es, weil sie einem neuen Wohltäter begegnete. Sie hatte in ihrem Leben schon etliche kennengelernt, Leute, die sich so unermüdlich für sie einsetzten, daß man sie nur als Heilige bezeichnen kann. Dazu gehörte auch die Aufsicht der Cafeteria, die auf der Santa Monica Mountains High School mit Nicole zusammengearbeitet hatte. Unermüdlich zeigte diese Frau Nicole, wie man ein Fünfzig-Cent-Stück von einem Vierteldollar unterscheidet und in einer geschäftigen Küche arbeitet, ohne konfus zu werden.

Der neue Wohltäter hieß Daniel Gold. Er war der Großvater der Cafeteria-Aufsicht und bot Nicole sowohl eine Teilzeitstelle in seinem Restaurant als auch einen Ausbildungsplatz an. Daniel Gold war ebenfalls behindert; vor ein paar Jahren hatte man ihm den Kehlkopf entfernt.

Nicole zog ihre neue Arbeitskleidung – einen blauen Kittel und eine rote Seemannskrawatte – an, steckte ihre Haare in ein Netz und meldete sich in The Chowder Bowl, einem der Schnellimbißrestaurants unweit des Fischereipiers. Wenig später kämpfte sie mit einer Reihe Toaster, einem Bratrost und drei Friteusen – und mit Mr. Gold. Er konnte sehr zornig werden, und er stellte schnell fest, daß er in Nicole eine ebenbürtige Gegnerin hatte. Ihre Unfähigkeit und ihre Wutanfälle strapazierten seine Geduld außerordentlich. Bebend vor Zorn konnte er seinen Gefühlen trotzdem keinen verbalen Ausdruck geben, also schrieb er Nicole Briefe – die sie leider nicht lesen konnte.

»Zwei Burger Nummer eins, ohne Zwiebeln!« rief eine Serviererin. Es war ein heißer Tag, und das Geschäft lief gut. Haufenweise drängten sich hungrige Kunden an die über zwölf Meter lange Theke. Auf der anderen Seite flogen uniformierte Beschäftigte hin und her, retteten Shakes aus surrenden Mixmaschinen, rissen Cokes aus dem Coke-Automaten, spießten Maiskolben aus dem Dampfkochtopf auf und schöpften Muschelsuppe in Schalen. Alle paar Sekunden klingelte eine der Kassen.

Im Zentrum des Sturms stand Nicole, wandte den Kunden den Rücken zu, die Beine fest eingepflanzt wie die Stützpfeiler der San Francisco Bay Bridge. Sie blickte mit zusammengekniffenen Augen zu der Serviererin hinüber und fuhr dann damit fort, Gurken auf eine Reihe von Papptellern zu legen. Ein paar fielen auf den Boden. Vor ihr verschrumpelten ein halbes Dutzend Hamburgerfleischstücke auf dem Bratrost.

Daniel Gold legte das Telefon auf. Er lief zu Nicole hinüber, riß einen Korb voller brutzelnder brauner Stäbchen hoch, die einmal Fritten gewesen waren, und deutete mit dem Finger auf die Schaltuhr.

»Ich *habe* sie eingestellt!« log Nicole. Daniel Gold winkte ab und kippte die braunen Stäbchen in den Abfalleimer. Gleich danach klatschte er die Hamburger auf die Papierteller.

Er schwitzte heftig, formte mit den Lippen übertrieben ein lautloses »zwei«, hielt zwei Finger hoch, fuchtelte damit vor Nicole herum und deutete mit der anderen Hand auf die Gurkendose.

»Ich hab nicht genug Zeit, um zwei abzuzählen!« schrie Nicole.

Daniel Gold wurde dermaßen rot, daß er fast platzte. Er warf sich herum und stürmte in sein Büro. Qualm stieg aus den Toastern auf.

»Einen Schinken-Käse-Pfannkuchen!« rief eine weitere Serviererin. Nicole war so sehr damit beschäftigt, verbrannte Brötchen wegzuwerfen, daß sie es nicht hörte.

Danield Gold tauchte wieder auf und kritzelte etwas auf einen Notizblock, den er Nicole vor die Nase hielt.

»Ich habe es dir *immer wieder* gesagt«, stand dort. »Entweder legst du zwei Gurken auf jeden Teller, oder du wirst gefeuert!«

Für sie war das nur sinnloses Gekritzel.

»Nicole! Wo sind meine Burger?« rief die erste Serviererin.

»Alle schreien mich an!« kreischte Nicole und hielt sich die Ohren zu. Die Schaltuhr einer Friteuse klingelte los, und Mr. Gold gestikulierte heftig in die entsprechende Richtung.

Zum Glück kannten wir Menschen, die wir um Hilfe bitten konnten. Sobald Mr. Gold Nicole den Job angeboten hatte, hatte ich Nicole im neuen Regionalzentrum in unserer Nähe eingetragen, und ein temperamentvoller junger Berater namens Gordon Wade sprang jetzt für sie ein und vermittelte. Er mobilisierte auch die Rehabilitierungsstelle. Matt und ich waren jedem dankbar, der sich so einsetzte.

Wir waren entschlossen, ihr die Stelle zu sichern. Gordon erklärte, daß diese Entscheidung auch Risiken hatte: Nach neun Monaten in einer Beschäftigung stand Nicole keine ergänzende Einkommenssicherung mehr zu, und ein neuer Antrag würde sich später als schwierig, wenn nicht unmöglich erweisen. Obwohl uns das Sorgen machte, zogen wir das reguläre Gehalt vor. Es schien uns eher »normal«, als staatliche Schecks zu beziehen.

Nicole war von Gordon begeistert. Sie rief ihn jeden Tag an, um ihm von ihren Problemen zu erzählen. Der Gegenstand ihrer Diskussionen blieb vertraulich, aber

Gordon berichtete uns, daß sie sich allen Versuchen widersetzte, sie zu einer Schulung zu überreden, bei der geistig zurückgebliebene junge Menschen in den »nötigen Fertigkeiten für ein eigenständiges Leben« unterrichtet wurden. Von dieser Art Schulung erhielt sie zu Hause schon zuviel, vielen Dank.

Jeden Tag mühte sich Matt, ihr diverse Dinge zu erklären – wie man mit dem Bus fuhr, wie man die Verantwortung dafür übernahm, jeden Tag zur Arbeit zu gehen, und wie man vorausplante, damit die Arbeitskleidung auch gewaschen wurde. Obendrein versuchte er ihr beizubringen, wie sie ihr Geld vernünftig einteilen konnte.

»Wo sind deine Quittungen?« fragte er, als sie in ihrem Zimmer zusammensaßen.

»Ich weiß nicht«, kicherte Nicole.

»Wieviel Geld hast du noch übrig?«

»Ich weiß nicht mehr.«

»Wo ist deine Geldbörse?«

»Ich finde sie gleich«, sagte sie, ernüchtert durch die zunehmende Gereiztheit ihres Vaters. Sie wühlte in dem Kram auf ihrem Bett herum.

»Wo ist dein Gehaltsscheck?« Matt wurde vor lauter Ärger jetzt lauter.

Ihre Lautstärke stieg ebenfalls. »Ich hab ihn irgendwo hingelegt.«

Endlich fand sie die Börse, und Matt zählte das Geld nach. Nicole fehlten sechzehn Dollar. »Du bist einfach unverantwortlich!« schimpfte er. »Du kannst nicht auf eigenen Füßen stehen und dich so benehmen. Dir bleibt ja nicht genug Geld zum Essen. Dein Geld verschwindet einfach.«

Stille.

»Oma Charlotte schuldet mir noch einen Dollar«, brachte Nicole zögernd hervor.

Stille.

»Oh, ich weiß ja, wo es ist!« sprudelte sie hervor und verriet damit, wie wenig sie von dem verstand, worum es hier ging. »Ich habe als Babysitter sechs Dollar verdient.«

»Dann sind das noch sechs Dollar *mehr*, für die du keine Belege hast.«

»Nein, nein! Du verstehst das nicht! Ich hab sechs Dollar *extra* bekommen!«

Ich war von Matts Geduld beeindruckt. Ich hatte meine schon lange verloren.

»Ich möchte ausziehen«, forderte Nicole jeden Tag.

»Fein. Sobald du uns davon überzeugst, daß du dich selbst um deine Angelegenheiten kümmern kannst, darfst du ausziehen.«

»Ich möchte aber jetzt ausziehen. Ich weiß, wie das ist, wenn man allein lebt. Edward erzählt mir davon.«

»Edward wohnt bei seiner Mutter«, konterten wir und ließen ihr Argument nicht gelten.

Wir fanden bald heraus, daß sie ihre neue Kenntnis des Busfahrens dazu benutzte, um Edward zu besuchen. Selbst wenn sie eigentlich in der Chowder Bowl sein sollte, machte sie Umwege zu ihm. Sie gab ihm obendrein Geld.

Ihre absichtliche Sabotage von Matts Unterrichtsprogramm war schlimm genug, aber wegen ihrer lässigen Einstellung mir gegenüber traf mich fast der Schlag. Nachdem ich stundenlang rasend vor Sorge gewesen war, weil ich keine Ahnung hatte, wo sie steckte, kam sie oft einfach hereinspaziert und erkundigte sich schnodderig: »Hi, Momsy, hattest du einen schönen Tag?« Wenn ich dann wissen wollte, wo sie gesteckt hatte, log sie. Und doch erwartete sie von mir, das Abendessen für sie aufzubewahren, ihre Wäsche zu erledigen (sie hatte nie genug »Zeit«, um sich um ihre Uniform zu kümmern), die Töpfe und Pfannen zu schrubben, obwohl das ihre Aufgabe war, telefonische Nachrichten für sie entgegenzunehmen und sie zu den Go-Getter-Treffen zu chauffieren.

»Ich ertrage das nicht mehr!« beklagte ich mich wutschäumend bei Gordon. »Sie schubst mich in den Dreck und spaziert noch über mich hinweg. Ich lasse mir das nicht mehr gefallen!«

»Sie können sich keinen Stolz leisten«, warnte er mich. »Sie wird fortgehen, und vielleicht sehen Sie sie nie wieder.«

Ich schluckte und kehrte zu den Töpfen und Pfannen zurück.

»Ich weiß was! Wir dekorieren ihr Zimmer neu, als Überraschung zum zweiundzwanzigsten Geburtstag«, erklärte ich Matt, nachdem ich Nicoles Demütigungen ein Jahr lang ertragen hatte. »Es wird ihr so gefallen, daß sie zu Hause bleiben möchte, und dann können wir sie besser kontrollieren.«

Er war bereit, es mit allem zu probieren, was ich vorschlug. Während Nicole im Juni für eine Woche im Zeltlager war, beizte er unbehandelte Möbelstücke und strich Korbstühle an, während ich nähte. Die neue Ausstattung begeisterte uns regelrecht. Nicole hatte jetzt ein charmantes Teenagerzimmer, komplett mit Schlafcouch und Kissen, Schreibtisch, hübschen Vorhängen, einem Fenstersims für Pflanzen – und sogar einem dekorativen Regal für ihren heißgeliebten Krimskrams.

Es schien ihr zu gefallen, als sie nach Hause kam. »Wo habt ihr die Kissen her?« fragte sie und begutachtete die Ösenborten an einem davon.

»Ich habe sie gemacht«, gluckte ich.

»Wirklich? Sie sind süß.«

Matt und ich drückten uns selbst die Daumen.

Kaum einen Monat später murmelte sie etwas davon, daß sie eine »Schlafzimmerausstattung« von Edwards Bruder kaufen wollte – ein Doppelbett und eine riesige Frisierkommode mit einem gleichgroßen Spiegel darauf.

»Sie kostet nur sechzig oder vierzig Dollar«, erklärte sie blasiert.

»Nicole«, sagte ich, »du hast schon neue Möbel. Du hast aber keine sechzig oder vierzig Dollar. Dein Zimmer ist zu klein für solche Sachen.«

Sie bedachte mich mit einem Blick, den ich schon vor langer Zeit fürchten gelernt hatte.

»Du wirst«, erklärte ich mit Nachdruck, »dieses Schlafzimmer nicht, ich wiederhole, *nicht* kaufen. Hast du mich verstanden?«

Sie drehte sich um und stampfte die Treppe hinauf.

Im August flogen Matt und ich für einen Monat nach Europa, zusammen mit Charlotte und Jill. David hatte einen Job und besuchte nebenher die Sommerseminare an der UCLA. Nun kehrte er aus der Wohnung, die er sich mit einem Freund teilte, nach Hause zurück, um auf Nicole aufzupassen. Er wußte, daß es eine Herausforderung werden würde, und wurde nicht enttäuscht.

An einigen Tagen hielt er ihre Aktionen in kurzen Notizen fest:

Samstag: Kam von der Arbeit nach Hause, entdeckte Edward in Nicoles Zimmer. Nicole hatte Bademantel an. Strafpredigt.
Sonntag: Kam um halb zwölf abends nach Hause. Edward in Nicoles Zimmer. Er hatte den Bus »verpaßt«. Nicole wollte, daß er die Nacht hier verbringt. Keine Chance. Ich habe ihn nach Hause gebracht.
Montag: Nicole abends um elf von Edward zurück statt um zehn, wie ich es ihr gesagt hatte. »Der Film hat länger gedauert«, sagte sie. / Stellte fest, daß sie 2 Dollar Kleingeld aus meinem Zimmer geklaut hat. Strafpredigt. / Sie hat den ganzen Gehaltsscheck an einem Tag verpulvert und wollte mir nicht sagen, wofür.
Dienstag: Nicole krank. Gott sei Dank.
Mittwoch: Ich war über Nacht in meiner Wohnung. Ich denke, Edward hat die Nacht bei Nicole verbracht, kann es aber nicht beweisen.
Donnerstag: Nicole hat den ganzen Tag damit zugebracht, ein riesiges Bett, eine Frisierkommode und einen Spiegel in ihr Zimmer zu schaffen. Habe keine Ahnung, wo ihre eigenen Sachen geblieben sind.

David war überglücklich, als wir wieder nach Hause kamen. Nicole hatte so ihre Zweifel. Ich warf einen

Blick in ihr Zimmer und bekam gleich Nesselausschlag.

»Sicherlich haben andere Eltern die gleichen Probleme«, sagte ich zu Matt und kratzte mich. »Gehen wir doch mal zu einigen Elterntreffen. Vielleicht lernen wir etwas.«

Eine Zeitlang nahmen wir also wieder an den Go-Getters-Elternversammlungen teil, aber die Diskussionen drehten sich immer nur darum, wie man widerspenstige Söhne und Töchter dazu bewegte, zu kochen, zu bügeln und zu waschen. Keine Hilfe von dieser Seite.

Inzwischen war es soweit, daß Nicole nachts zu jeder beliebigen Zeit kam oder ging. In manchen Nächten kam sie überhaupt nicht nach Hause.

Matt und ich waren ganz aufgebracht vor Sorge. Befürchtungen, was ihren Job und das Geldsparen anging, waren vergessen, wenn wir uns mit dem Gedanken quälten, daß sie vielleicht an irgendeiner Straßenecke niedergestochen wurde, während sie um zwei Uhr früh auf einen Bus wartete. Der Alptraum schlechthin war eine mögliche Schwangerschaft. Ich wollte verdammt sein, wenn ich noch ihre Kinder am Hals haben wollte! Ich schleppte sie zu meinem Gynäkologen, und wir beide taten unser Bestes, um ihr eine Abbindung der Eileiter schmackhaft zu machen.

»Aber ich mag Babys«, wimmerte Nicole, als sie begriff, daß sie danach nie mehr Kinder haben konnte. »Ich möchte ein Baby haben. Sie sind so süß und knuddelig.« Ich umklammerte meine Handtasche, hin- und hergerissen zwischen dem Mitleid mit ihr und der eigenen Verzweiflung.

Der Arzt machte sich daran, ihr die verschiedenen Methoden der Empfängnisverhütung zu erläutern. Nicoles Augen wurden glasig, und sie gähnte. Es war nutzlos, damit fortzufahren. Ich war sowieso überzeugt, daß man ihr nicht trauen konnte, auch nur eine dieser Methoden anzuwenden.

Gordon strampelte sich derweil rund um die Uhr ab, um Nicole klarzumachen, daß sie auf eine Katastrophe zusteuerte – mit ähnlich geringer Wirkung. Er vereinbarte wöchentliche Treffen mit einem Geldberater bei uns zu Hause. Nicole kam nicht. Er tauchte um halb acht morgens auf, um sie persönlich zu einer Familienberatungsstelle zu bringen. Nicole war nicht da. Das einzige, was Gordon bislang geschafft hatte, war, Daniel Gold zu überreden, daß er sie als Angestellte in seinem Schnellrestaurant behielt.

Eines Abends kam Nicole nach Hause, einen riesigen Plastikmüllsack über der Schulter. Wir waren gerade mit dem Essen fertig. Kaum war sie zur Tür herein, da nahmen Matt und ich sie wie üblich in die Zange.

»Wieso kommst du so spät? Wo warst du? Du solltest doch um sieben zu Hause sein. Was hast du nur getrieben?«

Sie warf sich auf einen der Stühle, streckte die Beine von sich und lehnte sich an. Sie hatte die Kniestrümpfe bis zu ihren Sportschuhen heruntergerollt, so wie sie es gern tat. Ihr enges neues T-Shirt war vorne mit dem Spruch verziert: »Anschauen ist umsonst. Anfassen nicht.«

»Ich mußte zwei Stunden auf den Bus warten ... oder vielleicht waren es nur fünfzehn Minuten.«

»Was steckt in dem Sack?«

»Zeug«, erklärte sie rätselhaft und unterband damit jede weitere Nachfrage.

»Dir ist doch wohl klar, daß du bestraft wirst!« warnte ihr Vater sie.

»Ich ziehe aus«, sagte sie.

»Wie bitte?«

»Ich ziehe aus.« Ihre Mandelaugen funkelten vor Trotz.

»Ich bin über einundzwanzig. Ich habe mit einem Polizisten gesprochen; er sagte, ihr könntet mich nicht daran hindern, und ich habe der Dame fünfundsechzig gezahlt.«

Matt und ich legten vorsichtig unsere Gabeln hin.

»Welcher Dame?«

»Der Dame mit der Wohnung.«

»Wo? Welcher Wohnung?«

»An der Straße, wo der Bus wendet. Die Dame hat es aufgeschrieben.« Sie brachte einen zerknüllten Zettel mit einer Anschrift darauf zum Vorschein.

»Du kannst unmöglich eine Wohnung mieten!« ereiferte ich mich. »Du hast nicht genug Geld für die Grundreinigung und die erste Monatsmiete und ...«

»Doch, habe ich. Ich hole es mir von dem Konto, wo diese Schecks drauf sind. Du hast gesagt, daß es für später ist.«

Aber ja doch, du verschlagener kleiner Racker, dachte ich. Du läßt wirklich keinen Trick aus! »Ja, das Geld ist für eine eigene Wohnung gedacht. Aber du bist noch nicht soweit!« rief ich. »Du kümmerst dich nach wie vor nicht um Empfängnisverhütung. Du verpulverst deinen Gehaltsscheck immer noch, sobald du ihn in den Fingern hast. Du treibst dich nachts nach Lust und Laune herum.« Ich hatte das Gefühl, daß ich mit mir selbst redete. »Du gehst nur zur Arbeit, wenn dir danach ist. Du ißt nicht richtig, wenn ich dir nicht die Mahlzeiten zubereite ...«

»Wenn du auf einer eigenen Wohnung bestehst«, mischte sich Matt an, »dann suchen wir uns lieber eine, die nicht so weit weg ist. Zu dieser hier ist es eine halbe Stunde Fahrt.«

»Nein, ich mag sie. Ich hab sie selbst gefunden.«

Matt und ich wußten, daß es nutzlos war, mit ihr zu streiten.

Am folgenden Sonntag luden wir die Schlafzimmerausstattung in einen Lieferwagen und fuhren landeinwärts zu der Adresse, die sie uns gegeben hatte. Sie sagte, sie würde direkt von der Arbeit mit dem Bus dorthinkommen und uns treffen.

Es war eine etwas heruntergekommene Gegend mit kleinen Wohnblocks. Wir steuerten an der richtigen Adresse in eine Einfahrt voller Schlaglöcher, und Nicole kam um die Ecke eines ausgebleichten Stuckgebäudes geflitzt.

»Hier rein, Daddy, hier rein!« quietschte sie.

»Beruhige dich, Nicole«, sagte er, weil er fürchtete, sie könnte wieder hysterisch werden.

Unter ihrer aufgeregten Anleitung trugen wir alles in das schmuddelige Zimmer im Erdgeschoß, das sie gemietet hatte. Ich zeigte ihr, wie man den alten Herd bediente, und half ihr ganz unruhig, das Doppelbett zu machen. Edward stand schweigend daneben und sah uns zu.

»Versprich mir jetzt, daß du niemanden in deine

Wohnung läßt, okay? Und daß du immer die Tür abschließt!«

»Mach ich, Mommy«, sagte sie.

Es wurde Zeit zu gehen. Ich zögerte noch und arrangierte Blumen, die ich aus unserem Garten mitgebracht hatte, in einem alten Marmeladenglas. Als ich es auf die Anrichte stellte, dachte ich an den Kinderarzt am Panamakanal zurück. Ich konnte seine Worte heute noch so deutlich hören wie damals vor zwanzig Jahren, als er sie ausgesprochen hatte:

»Sie kommt vielleicht nie über das geistige Stadium einer Fünfjährigen hinaus.« Seine Prognose hatte sich als richtig erwiesen. Bei ihrem letzten kalifornischen Leistungstest hatte Nicole die Werte eines Erstkläßlers erreicht. Und hier war sie und wollte auf eigenen Füßen stehen. Ich fragte mich, ob Psychologen dieses Ausmaß an Chuzpe hätten messen können.

Wir gingen hinaus zum Lieferwagen, sie und ich, jede den Arm um die andere gelegt.

»Rufst du mich morgen an?« fragte sie. Die alte Angst vor Trennungen war noch da. »Aber komm nicht her, bis ich dich einlade«, warnte sie mich, ehe ich antworten konnte.

Ich küßte sie auf die Stirn. Matt und ich stiegen in den Lieferwagen. Während er ihn aus der Einfahrt zurücksetzte und sich vorsichtig in den Verkehr einfädelte, konnten wir einen letzten Blick auf Nicole werfen, die winkend an der Tür zu ihrem neuen Heim stand, Edward an ihrer Seite.

»Was denkst du?« fragte ich Matt. »Ob die ersten Schwierigkeiten heute abend oder morgen auftreten?«

»Vielleicht hält sie bis morgen durch«, sagte er.

Der erste Anruf kam am nächsten Morgen. Nicole hatte eine Schabe gesehen. Am Abend fand sie ihre Busfahrkarte nicht. Am Morgen darauf rief sie beunruhigt an, weil sie von irgendwoher Gasgeruch wahrnahm.

»Ist die Zündflamme im Herd an?« fragte ich.

»Was ist die Zündflamme?«

»Erinnerst du dich an die kleine Flamme an der Rückseite des Grills, die ich dir gezeigt habe? Sieh mal nach, ob sie brennt.«

»Nur eine Minute. Ich seh nach.«

Ich wartete. Und wartete. War sie ohnmächtig geworden? Es verging so viel Zeit, daß ich schon im Telefonbuch blätterte, um Notrufnummern nachzuschlagen. Dann hörte ich die Toilettenspülung.

»Entschuldige«, sagte sie. »Ich mußte mal. Ja, die kleine Flamme ist da.«

»Riechst du immer noch Gas?«

»Ja. Ist echt schlimm.«

»Dann such die Vermieterin und ...«

»Okay. Warte eine Minute ...«

»NICOLE!«

»Was?«

»Leg erst auf und ruf mich dann zurück.«

Tags darauf verbrannte sie sich die Hand. Und so ging es weiter. In unserem Haus herrschte ohne Nicole selige Stille, aber meine Arbeitsbelastung hatte sich verdoppelt. Jetzt unterbrachen mich ihre Anrufe bei allem, was ich tat, und ich mußte jeweils neunundzwanzig Kilometer hin- und zurückfahren, um sie zu retten.

Sie traf weiterhin keinerlei Anstalten, eine Familienberatungsstelle aufzusuchen, ihre Ausgaben zu planen oder regelmäßig zur Arbeit zu gehen. Als ich herausfand, daß Edward bei ihr eingezogen war, explodierte ich.

»Sie verdient kaum genug für sich!« beschwerte ich mich bei Matt. »Er hat einen normalen Intelligenzquotienten. Wieso besorgt er sich nicht eine Arbeit?«

Am nächsten Tag lernte ich für eine Prüfung, als Nicole wegen eines Geldstreits mit ihrer Vermieterin anrief. Ich raste hinüber, klärte die Angelegenheit mit der Vermieterin, stampfte in die Wohnung meiner Tochter und riß Nicole zu mir herum, damit sie mich ansah. Edward huschte ins Badezimmer.

»Schau mal, Nicole, ich hab deine Schwierigkeiten satt. Ich habe dir gesagt, daß du nicht bereit warst, schon auszuziehen, aber du hast ja darauf bestanden. Wir haben dich gebeten, mehr in unsere Nähe zu ziehen, und du hast es abgelehnt. Okay. Du hast dir dein Bett gemacht. Jetzt lieg auch drin.« Kaum hatte ich das gesagt, da wußte ich, daß ich in Schwierigkeiten war.

»Mein Bett ist nicht gemacht«, sagte sie mit einem Ausdruck völliger Verwirrung, während sie sich das Knäuel aus Laken und Decken ansah.

Ich hätte am liebsten mit dem Kopf gegen die Wand geschlagen und geweint.

Nach sechs Monaten gab sie endlich nach, und wir brachten sie (und Edward) in einem alten Zweifamilienhaus unter, das Charlotte gehörte. Jetzt dauerte die Fahrt nur noch sechs Minuten. Wir gerieten jedoch weiterhin aneinander, egal wo sie wohnte.

Jedesmal, wenn ich sie traf, ließ ich eine Tirade vom Stapel. »Wieso hast du dir keine Quittung geben lassen? Wann gehst du endlich zur Familienberatung? Gehst du morgen zur Arbeit oder nicht? Wann spülst du dieses schmutzige Geschirr? Kein Wunder, daß du dick wirst. Sieh nur, was du im Schrank hast – lauter Junk food!«

Sie fauchte zurück: »Ich hab die Quittung verloren! Ich gehe nächste Woche zur Beratung. Ich war letzten Freitag krank. Das Spülmittel ist mir ausgegangen. Edward mag nur Twinkies[10] und Kartoffelchips essen.«

Mit der Zeit rief sie seltener an, bis ich soweit war, daß ich bei ihr anrief. Sie zeigte sich abweisend. Sie war nicht daran interessiert, von mir zu hören.

»Endlich«, seufzte ich Matt gegenüber. »Wir sind sie los.«

Nicole bedeutete für mich nur endlosen Ärger. Sollte sie doch ihr Leben ruinieren. Ich hatte nicht vor, die Einzelteile aufzusammeln.

---

[10] Kuchen mit Cremefüllung. Anm. d. Übers.

Kapitel 4

Ich kann es doch!

Ich hatte endlich den Freiraum, mein eigenes Leben weiterzuführen. Nach dem Wechsel zur Universität von Kalifornien *wohnte* ich für die nächsten anderthalb Jahre praktisch im Fachbereich Anthropologie.

Manchmal stieß ich auf David, wenn ich über den Campus ging. Die Vorstellung seiner angeblichen Armut war stets so überzeugend, daß ich ihn zum Mittagessen einlud – vorausgesetzt, er gönnte mir einen Blick auf die jüngsten architektonischen Entwürfe in seiner Mappe.

Mit David oder Jill zusammenzusein war immer lustig. Oh, sie bereiteten mir auch Kummer und von Zeit zu Zeit regte ich mich unnötig über sie auf, aber sie heranwachsen zu sehen, war eine Belohnung. Wenn meine Kommilitonen mich fragten, ob ich Kinder hätte, redete ich nur zu gern über sie.

»Hier sind Bilder von David«, sagte ich und kramte Fotos hervor. »Er ist auch hier auf der UCLA. Und diese hier, die den Eindruck erweckt, sie würde den Hund würgen, ist Jill. Sie ist vierzehn und kann es gar nicht mehr erwarten, die Zahnspangen loszuwerden.«

Die Fotos wurden gebührend in Augenschein genommen, und ich wartete auf die unvermeidliche nächste Frage. »Hast du nur die zwei?«

»Nein«, antwortete ich und steckte die Brieftasche weg. »Ich habe noch eine zurückgebliebene ältere Tochter. Ich habe kein Bild von ihr.«

»Oh.« (Mitleidiger Ton.) »Wohnt sie zu Hause?«

»Nein. Sie hat eine eigene Wohnung.«

»Echt?« (Starkes Interesse im Ton.)

»Wie hast du Frage drei bei der Prüfung beantwortet?« fragte ich, um das Thema zu wechseln. Ich wollte auf keinen Fall meine Gelassenheit aufs Spiel setzen, indem ich über Nicole sprach. Die UCLA war meine Zuflucht vor all dem.

Aber nicht für lange.

»Einer meiner Professoren sucht eine Forschungsassistentin«, erzählte ich Matt und Jill eines Abends, kurz nachdem ich meine Prüfung zum Bakkalaureus bestanden hatte.

»Du bewirbst dich doch, oder?« fragte Matt und blickte von seinem Buch über den Anbau von Zitrusfrüchten auf. Er hatte angefangen, Orangenhaine im San Joaquin Valley zu kaufen, und jeden Abend arbeitete er sich in das Geschäft mit Zitrusfrüchten ein.

»Ich weiß nicht. Wenn er mich nimmt, komme ich vielleicht nicht gleich in die Feldforschung, letztlich aber doch, und zwar genau hier in Los Angeles. Das ist die gute Seite.«

»Und welches ist die schlechte?« fragte Jill.

»Der Professor erforscht geistig zurückgebliebene Erwachsene, die in der Gesellschaft leben.« Der Gedanke beunruhigte mich zutiefst. Ich war dreiundzwanzig Jahre mit geistiger Behinderung konfrontiert gewesen und konnte auf jede weitere Minute verzichten.

»Bewirb dich trotzdem«, sagte Matt, ohne zu zögern. »Sonst sitzt du vielleicht schon im Schaukelstuhl, wenn die nächste offene Stelle in der Anthropologie ausgeschrieben wird.«

Ich füllte die Bewerbungsformulare aus. Als ich erfuhr, daß man mich angenommen hatte, waren meine Gefühle gemischt. Ich landete in einer Ecke des Forschungszentrums für geistige Entwicklungsstörungen und leistete Schreibtischarbeit, während Feldforscher auf dem Weg zu Abschlußbefragungen ihrer »Informanten« an mir vorbeihuschten; das waren die Männer und Frauen, die sie erforschten. Ich fand heraus, daß das zweijährige Forschungsprojekt nicht nur dem Ende zuging, sondern es vielleicht Jahre dauerte, bis die Mittel für ein neues bewilligt wurden. Das beendete meine Hoffnungen auf eigene Feldforschungen für einige Zeit.

Als ich an meinem Schreibtisch saß und enttäuscht vor mich hinbrütete, rief Nicole an. Es erstaunte mich, von ihr zu hören, aber ich wußte natürlich genau, was sie wollte.

»Nein, Nicole«, sagte ich, »ich erlaube dir nicht, das restliche Geld von diesem Sparkonto abzuheben, nur damit du dir einen Motorroller kaufen kannst.«

»Wieso nicht?«

»Das habe ich dir bereits erklärt. Obwohl es scheint, als hätten alle anderen jungen Leute in der Stadt Motorroller, hast du nicht das nötige Urteilsvermögen, um einen zu fahren. Obendrein ist es illegal, einen ohne Führerschein zu fahren, und einen Führerschein kannst du nur machen, wenn du in der Lage bist, die Verkehrsregeln zu lesen und zu verstehen.«

»Jill fährt ihren Motorroller ohne Führerschein!« schleuderte mir Nicole entgegen.

Das letzte, was ich in meiner derzeitigen geistigen Verfassung gebrauchen konnte, war eine unverschämte Tochter, die mich auf meine Inkonsequenz hinwies.

»Ich habe noch Arbeit zu erledigen und kann jetzt nicht weitertelefonieren«, knurrte ich und legte auf.

Ich ließ mich nach vorn sinken, die Ellbogen auf dem Tisch, die Stirn auf den Handballen. Neben meiner Enttäuschung über die ausbleibende Feldforschung war ich krank vor Schuldgefühl und Traurigkeit, was Nicole anging. Überall in meiner Umgebung sah ich die Freundschaften, die zwischen Feldforschern und ihren Informanten entstanden waren. Nicole hatte in mir keine solche Freundin. In den anderthalb Jahren, seit sie von Zuhause fortgegangen war, hatte sie sich immer weiter aus meinem Leben entfernt. Ich wollte sie nicht verlieren, aber immer, wenn wir miteinander redeten, taten wir es im Streit, und ich wußte einfach nicht, wie ich aus diesem Teufelskreis ausbrechen konnte.

Vielleicht sollte ich Nicole als Informantin annehmen, scherzte ich mir selbst gegenüber. Dann könnten auch wir Freundinnen sein. Je mehr ich darüber nachdachte, desto ernsthafter zog ich die Idee in Erwägung. Wieso nicht? Die Gedanken fuhren in meinem Kopf Karussell. Auf diese Weise könnte ich doch Feldforschung betreiben. Nicole wäre mein persönliches Forschungsprojekt.

Aber konnte ich schlagartig neutral werden? Eine Feldforscherin mußte es sein. Konnte ich die wissenschaftliche Distanz wahren, wenn ich erfuhr, daß sie nicht Tag für Tag zur Arbeit ging? Oder wenn sie mir erzählte, sie wäre schwanger? Konnte ich mich zurücklehnen und sie betrachten, ohne zu werten, wenn ich herausfand, daß sie stahl oder Drogen nahm? Nein. Unmöglich.

Dann fiel mir das Material ein, das nur darauf wartete, erschlossen zu werden. Nicole könnte mir von ihrem Leben erzählen, und ich würde es mit ihren Worten wiedergeben. Na, das wäre einmalig! Ich sah es schon gedruckt vor mir: »Autobiographie einer behinderten Tochter«. Wie Nicole das gefallen würde! Als frischgebackener Profi, der scharf darauf war, publiziert zu werden, ging es mir nicht anders.

Damit war die Sache entschieden. Meine Schreibtischarbeit war für den restlichen Nachmittag vergessen, während ich mir überlegte, wie und wann ich an sie herantreten sollte.

Ein paar Tage später war Nicoles vierundzwanzigster Geburtstag, und die Familie führte sie zum Abendessen aus. Nach dem Essen fuhr ich sie und Edward zu Nicoles Zuhause zurück. (Sie wohnte nach wie vor im Zweifamilienhaus ihrer Großmutter Charlotte.) Edward stieg aus, aber ehe Nicole ihm folgte, bat ich sie, noch zu bleiben und für eine Minute allein mit mir zu reden. Sie wurde sofort ängstlich.

»Du möchtest wissen, ob ich schwanger bin ... Du möchtest, daß ich mich sterilisieren lasse!« sagte sie argwöhnisch. Weitere Vermutungen folgten, Ausdruck der Erwartung, daß ich sie wegen irgend etwas ausschimpfen würde. Ich wies alles zurück und konnte sie schließlich soweit beruhigen, daß sie sich auf den Beifahrersitz setzte.

An die Tür gedrückt, so weit von mir weg wie nur möglich, saß sie dann da und musterte mich.

»Nicole, du weißt, daß ich jetzt an der UCLA arbeite«, begann ich. Da ich wußte, wie empfindlich geistig zurückgebliebene Menschen reagieren, wenn man sie als zurückgeblieben bezeichnet, wählte ich meine Worte mit Bedacht. »Die Professoren interessieren sich für die Geschichte behinderter junger Menschen – von Menschen wie dir –, und ich habe mich gefragt, ob du gern hättest, daß ich dir helfe, deine Geschichte aufzuschreiben. Wir würden zusammen daran arbeiten. Wer weiß? Vielleicht wird sie eines Tages sogar veröffentlicht.«

Sie entspannte sich. Der Köder war geschluckt.

»Wie lang wäre sie? Wer würde das Geld kriegen?« fragte sie.

»Ich habe keine Ahnung, wie viele Seiten es würden. Ich kann auch nicht versprechen, daß sie wirklich veröffentlicht wird, aber falls doch, kriegst du alles Geld, das für uns dabei herausspringt.«

»Ich wäre so stolz darauf«, sagte sie. »Es würde Opa so sehr gefallen.«

Ich war verwirrt. Er war meiner Mutter kürzlich gefolgt und gestorben. »Wieso?«

»Er war Schriftsteller«, erklärte Nicole. Mein Vater hatte ein paar Bücher geschrieben. Sie wollte darauf hinaus, daß auch sie Autorin würde.

Sorgen mischten sich jetzt in die anfängliche Begeisterung. »Müßte ich ... alles erzählen?«

»Nein. Du bräuchtest mir nur zu erzählen, was du möchtest.« Ich versprach ihr auch, daß sie das Recht haben würde, die abschließende Fassung zu zensieren.

Sie dachte darüber nach. Langsam verzerrte sich ihr Gesicht.

»Du hast die ganze Zeit nur Angst, daß ich schwanger bin ... oder du möchtest, daß ich mich sterilisieren lasse!« schrie sie. »Du meinst, ich könnte mich nicht um ein Baby kümmern, aber ich kann es doch!«

Nein, kannst du nicht! hätte ich sie am liebsten angeschrien, aber ich beherrschte mich. »Ich weiß, daß du es kannst«, sagte ich leise.

Sie hörte mir gar nicht zu. »Du hast gesagt, du würdest mich verstoßen, wenn ich ein Kind kriege. Du würdest dein eigenes Enkelkind nicht lieben!« jammerte sie. Ich wandte sanft ein, daß ihre Anschuldigungen nicht stimmten, und versuchte, ihr Interesse an meinem Forschungsprojekt neu zu wecken. Ich hatte kein Glück. Sie war viel zu fasziniert von dem eigenartigen Phänomen, daß ich ruhig dasaß, anstatt ihr eine Strafpredigt zu halten. Das löste einen Sturzbach lange schwelenden Grolls aus.

»Edward hat gesagt, wenn ich schwanger würde, würde er keine Abtreibung zulassen! Ich weiß, wie man für Babys sorgt. Ich arbeite als Babysitterin, manchmal für ganz kleine. Ich habe mich mal um ein echt kleines Kind gekümmert, das Baby einer Freundin von uns. Sie ist schwarz, und das Baby ist schwarz. Edward sagt, ich könnte gut mit Babys umgehen.«

Ich stellte mein eigenes Anliegen zurück und hörte

mitfühlend ihren Klagen zu. Nach fünfundvierzig Minuten war sie endlich erschöpft. Sie öffnete die Wagentür. Ich bat sie ein letztes Mal darum, über eine Zusammenarbeit mit mir nachzudenken.

»Ich sag dir Bescheid«, antwortete sie und traf Anstalten, die Treppe zu ihrer Wohnung hinaufzugehen. »Ich muß drüber nachdenken.«

Na, so viel zu meiner tollen Idee, dachte ich auf der Heimfahrt. Nach dem Sturzbach von Vorwürfen, den ich zu hören bekommen hatte, war ich überzeugt, daß sie niemals mit dem Projekt einverstanden sein würde.

Trotzdem hoffte ich weiter. Für den Rest der Woche wartete ich auf ihren Anruf. Er kam nicht.

Am Samstag rief ich sie an. Fünfzehn Mal wählte ich die Nummer. Ständig war besetzt. Um vier Uhr nachmittags nahm sie endlich ab.

»Ich hatte das Telefon rausgezogen, damit ich ein bißchen Ruhe hatte«, erklärte sie gähnend.

Ich mußte mich enorm beherrschen, um meine Verärgerung nicht zu zeigen. »Ich habe mich gefragt, ob du dich entschlossen hast, mit mir zusammenzuarbeiten«, sagte ich, als ginge es ums Wetter.

»Nein. Ich hab keine Zeit.«

Ich fragte sie noch einmal, ob sie ihre eigene Geschichte nicht einmal gedruckt sehen wollte, aber diesmal reizte es sie nicht.

»Womit bist du so beschäftigt?« wollte ich wissen, um Zeit zu schinden, während ich mir eine neue Strategie ausdachte.

»Ich fange mit Nachhilfeunterricht an.«

»Nachhilfeunterricht?«

Sie erklärte es mir nur zu gern. Da ich mich weigerte, das Geld von ihrem Sparkonto für den Kauf eines Motorrollers abzuheben, solange sie keinen Führerschein besaß, hatte sie die wohlmeinenden Leute von der Rehabilitierungsstelle dazu überredet, ihr Nachhilfeunterricht in den Verkehrsregeln zu bezahlen. Sobald sie die nur mündlich abgenommene Prüfung bestanden hätte, erhielte sie den Motorrollerführerschein.

Ich war sprachlos. Nicoles Entschlossenheit, wenn nicht sogar Findigkeit, war unwerfend. Nach all der Zeit hätte ich daran gewöhnt sein sollen, aber ich war es nicht. Ich versteckte meine Verblüffung jedoch und reagierte mit einem dermaßen uninteressierten »Oh!«, daß sie mir von ihrem Traum erzählte, wie sie mit Helm und Stiefeln den Highway hinunterbrauste, Edward auf seinem Motorroller neben ihr.

»Hast du nicht nächste Woche ein paar Stunden Zeit, damit ich ein Gespräch mit dir aufnehmen kann?« fragte ich, als der Wortschwall verebbt war.

Bis dahin hatte sie noch nicht gewußt, daß ich plante, unsere Gespräche aufzunehmen, und sie sah darin nur einen weiteren Grund, meinem Plan nicht zuzustimmen. Das Tonbandgerät selbst jedoch faszinierte sie in gewisser Weise.

»Kann ich das Tonbandgerät haben und selbst reinsprechen?« fragte sie.

»Klar«, sagte ich, dankbar für jedes Zeichen von Interesse. »Ich bringe es gleich rüber.«

Das Zweifamilienhaus, in dem Nicole wohnte, lag in Strandnähe. Als wir sie ursprünglich dort untergebracht hatten, hatte sie zunächst die winzige, möblierte Wohnung im Untergeschoß bezogen. Sechs Monate später wurde die geräumigere Wohnung über der Garage frei, und sie und Edward zogen dort ein.

Das Haus lag in einer beliebten Gegend, in der überwiegend junge Singles wohnten, die die nahegelegenen Kneipen, Ethnocafés und ausgeflippten Kleidergeschäfte frequentierten. Als ich den Wagen vor Nicoles Haus parkte, drangen rhythmische Klänge von Rockmusik vom Balkon eines Nachbarn herüber, und Strandbesucher strömten im Sommersonnenschein vorbei: schlanke Mädchen in Bikinis, Kids auf Skateboards und gebräunte Muskelberge mit Bier in Plastikbechern.

Nicole öffnete die Tür in ihrem verblaßten gelben Morgenmantel. Sie sah aus, als wäre sie gerade erst aufgestanden. Hinter ihr war es dunkel in der Wohnung, und der Fernseher lief. Er lenkte Nicole so ab, daß sie kaum meiner Erklärung zuhörte, wie das Tonbandgerät funktionierte. Ihre Begeisterung dafür, etwas daraufzusprechen, war anscheinend verschwunden.

»Stell dir vor, du würdest mit einem Fremden reden«, erklärte ich ihr, als ich Anstalten traf, wieder die Treppe hinunterzugehen. »Und sprich ruhig über alles, was du möchtest.«

Am nächsten Morgen, einem Sonntag, erhielt ich überraschenderweise doch einen Anruf von Nicole, die mich aufforderte, ihrer Aufnahme zuzuhören. Ich vernahm ein Klicken und ein paar Sekunden später eine selbstbewußte Stimme.

»Ich bin aus Moms und Dads Haus ausgezogen, als ich so neunzehn oder einundzwanzig war. Ich hab dann allein gewohnt, und es hat mir total gut gefallen. Dann hab ich auf der High-School einen Typen kennengelernt. Und dann waren wir auf der Schule ein ganzes Jahr befreundet. Und dann sind wir miteinander ausgegangen und hatten eine schöne Zeit und haben uns viel gesehen, und ich hab ihn oft zu Hause besucht, und dann hat er mich eingeladen, auf die ›Abschlußfete‹ zu gehen, aber ich konnte nicht, weil mein Bruder Greenfield besuchte – das liegt in Massachusetts –, und ich mußte entweder zur Abschlußfeier meines Bruders gehen oder zu meiner eigenen. Und ich hab zu Edward gesagt – das ist der Typ, mit dem ich gehe –, daß ich nach Greenfield gehen würde, zur Abschlußfeier meines Bruders.

Als ich dann mit meiner Mutter und meinem Vater aus Greenfield nach Hause kam, hab ich immer noch dort gewohnt. Ich hab dann Edward angerufen, weil ich bald Geburtstag hatte, und ihn gefragt: ›Möchtest du zu meinem Geburtstag mit nach Disneyland?‹ Und er sagte: ›Heh, Ja, klar.‹ Und wir sind hingefahren. Und dann haben wir ihn zu Hause abgeholt, zu Hause bei seiner Mom, und dann sind wir ... Als wir mit der letzten Tour in Disneyland fertig waren, sind wir ... Das war, als ich zwanzig oder einundzwanzig wurde ... Ich weiß es nicht mehr genau ...

Er hat mir einen Ring geschenkt, einen echt schönen Schmetterlingsring. Und er hat mich gefragt: ›Ich denke, ich liebe dich.‹ Und ich war echt total glücklich, richtig glücklich ...

Ich hab immer noch zu Hause gewohnt, (aber) ich bin so zwei oder drei Monate später ausgezogen. Und als ich dann ausgezogen bin, bin ich in ein Haus gezogen, das meiner Großmutter gehörte. Und sie hat es mir für hundertfünfzig vermietet, denke ich wenigstens ... Ich weiß es nicht mehr genau ...

Ich hab unten am Strand in der Chowder Bowl gearbeitet. Ich war Schnellimbißköchin. Und zu der Zeit bin ich immer noch mit Edward gegangen, und er hatte große Probleme. Er hatte sehr schwierige Probleme. Erstens hatte er keinen Job. Zweitens hatte er kein Geld für sich. Drittens wohnte er bei seinem älteren Bruder mit dessen Freundin. Und sie haben ihn ernährt, haben ihm einen Platz gegeben, wo er wohnen konnte. Er hatte früher einen Job, wo auch sein Bruder gearbeitet hat. Dann hat er damit aufgehört, weil es zu gefährlich war. Und er hat ein bißchen Geld und ein bißchen Einkommen nach Hause gebracht, aber er hat immer noch ... Es war nicht sehr viel. Er fühlte sich total gedemütigt, nervös und ganz ärgerlich, und er hat mir leid getan. Und deshalb habe ich ... Er ist rübergekommen und hat mich besucht. Ich hab ihn sozusagen ernährt, ihm Geld gegeben, wenn er was brauchte. Ich hab alles getan, was ich konnte ...«

Nicoles Stimme brach ab. Ich hörte, wie Edward im Hintergrund sagte, sie würde alles »verkehrt herum« erzählen. Sie fand auch gleich, daß er wahrscheinlich recht hatte.

»Ist schon okay, Nicole«, beruhigte ich sie. »So ist es dir eingefallen, und darauf kommt es an. Das hast du wirklich toll gemacht.« Heh, vielleicht kommt dieses Projekt schließlich doch in Gang, jubelte ich. Ich war so ungeduldig, mehr zu hören, daß ich ihr ein Gespräch am gleichen Nachmittag vorschlug.

»Wie fändest du es, wenn du herüberkommst und

deine Wäsche erledigst? Und während deine Sachen in der Maschine sind, könntest du mir mehr von deiner Geschichte erzählen.«

Dieser Vorschlag erwies sich als unwiderstehlich. Nicoles Kleidung drehte sich wenig später in meinen Waschmaschinen, während sie in meinem Schlafzimmer auf dem Boden saß, die nackten Beine mit den Cowboystiefeln gekreuzt, und über den Motorroller schwätzte, den sie kaufen wollte, sowie über das, was sie gestern abend gekocht hatte. Ich ließ sie reden, bis ich Tonbandgerät und Notizbuch bereit hatte, und dann unterbrach ich sie, um sie zu befragen.

»Sag mal, Nicole, woran erinnerst du dich aus deiner Kindheit?« fragte ich in meinem besten Feldforscherton.

Sie musterte mich ein paar Sekunden lang und sprach mich dann mit der Würde an, die man Dummköpfen gegenüber an den Tag legt. »Wieso sollte ich dir Sachen erzählen, die du besser weißt als ich? Das ist blöd.« Sie streckte die Beine vor sich aus und überlegte, ob sie sich einen gelben oder einen blauen Motorroller kaufen sollte.

Ich war niedergeschmettert. Immer wieder bemühte ich mich darum, sie zu überreden, daß sie mir von ihrem Leben erzählte. Nichts gelang. Sie wollte nur über diesen Motorroller reden, was mich zum Wahnsinn trieb, und über irgendeinen albernen Auflauf, den sie sich ausgedacht hatte. Nach zwanzig Minuten schaltete ich das Tonbandgerät aus und klappte das Notizbuch zu.

Wenigstens war unser Verhältnis nicht mehr so angespannt. Dafür war ich dankbar, und ich half ihr, ihre

Wäsche zusammenzufalten. Es war ein seltsam schönes Erlebnis – wie wir zwei bei einer einfachen Aufgabe zusammenarbeiteten. Befreit von den Zwängen meines Projektes, entspannte ich mich und genoß den Augenblick. Nicole wollte also über den Motorroller und Kochen reden? Ich hörte zu. Es war eine neue Erfahrung.

Allmählich ging mir auf, daß *das* echte Feldforschung war. Genau *das* tat auch Margaret Mead. Geduldig zuhören und zusehen, während sie gemeinsam mit ihren Informanten etwas tat – monatelang, sogar jahrelang. Auf diese Weise findet man heraus, was für ein Leben jemand führt.

In Ordnung, Tochter, dachte ich. Das werde ich tun – wenn du mich läßt. Zwei Jahre lang tun wir alles, was Mütter und Töchter zusammen machen, und ich setze Stück für Stück zusammen, wie du die Dinge siehst. Du wirst mir beibringen, was es bedeutet, Nicole zu sein, eine zurückgebliebene Frau, die versucht, in der Gesellschaft ihren Weg zu gehen.

Kapitel 5

Mom, ich bin zwar zurückgeblieben, aber nicht dumm!

Nicole rief mich am nächsten Dienstagabend an.

»Hallo«, sagte sie.

»Hallo.« Ich sah mir gerade eine Fernsehshow an, auf die ich mich schon die ganze Woche gefreut hatte, aber ich schaltete den Fernseher aus.

»Ich wollte nur plaudern«, sagte sie.

»Okay. Wie geht es dir?«

»Ich bin heute nicht zur Arbeit gegangen. Ich war auch gestern zu Hause. Weißt du, ich mußte am Sonntag brechen und brauchte ein paar Tage, um mich zu erholen.«

Ich sah rot. Vor neun Monaten hatte Matt seinen Einfluß genutzt, um ihr bei Techtron einen Kopiererjob zu besorgen. Im Gegensatz zur Chowder Bowl zahlte Techtron einen guten Lohn und bot einen Haufen Vergünstigungen für die Beschäftigten. Sie zu feuern wäre schwierig angesichts der Politik, die das Unternehmen im Hinblick auf Behinderte verfolgte, aber es wurde jeden Tag, den sie zu Hause blieb, sehr viel leichter.

Ich war jedoch entschlossen, neutral zu bleiben. »Oh?« sagte ich.

Nicole schwieg eine Minute lang.

»Ich und Edward und Shelley und Roger haben am Samstag ein Boot gemietet«, verriet sie mir. Jetzt *wußte* ich, daß sie mich auf die Probe stellte. »Wir haben auch am Wochenende davor eins gemietet.«

»Hattet ihr eine schöne Zeit?« fragte ich ohne hörbare Pause, obwohl ich wußte, daß sie die dreißig Dollar besser für ihre unbezahlten Arztrechnungen und die Miete benutzt hätte, mit der sie fünfundzwanzig Tage im Rückstand war.

»Oh ja!« rief sie. Während sie mir von der Bootsfahrt erzählte, zerbrach ich mir den Kopf darüber, wie ich sie dazu bringen konnte, etwas Zeit mit mir zu verbringen. Alle paar Minuten versuchte ich es mit einer Einladung, aber ihr privater Terminkalender war voll.

»Wie würde dir ein Crock-pot[11] als verspätetes Geburtstagsgeschenk gefallen?« fragte ich als letztes Mittel. Sie hatte oft davon gesprochen, daß sie gern einen hätte. »Wenn du morgen abend zum Essen kommst, schenke ich dir einen.«

Ich hörte, wie sie langsam nachgab, während sie darüber mit Edward sprach. Als sie sich wieder am Hörer meldete, sagte sie, daß sie beide einverstanden waren.

Am nächsten Abend nahm Matt Nicole nach der Arbeit von Techtron mit. Edward kam mit dem Fahrrad von der gemeinsamen Wohnung, denn sein Motorroller hatte die Woche zuvor für immer den Geist aufgegeben. Nach dem Essen erhielt Nicole den Kar-

---

[11] Elektrischer Kocher aus einem Topf mit Heizanlage fürs Schmoren. Anm. d. Übers.

ton mit dem Crock-pot. »Määänsch, toll!« rief sie, als sie alles ausgepackt hatte. Die Goldrandbrille rutschte ihr nach vorn, als sie sich über den Kocher beugte, alle Teile auseinandernahm und wieder genauso zusammensetzte.

Edward, der nur wenig Interesse an dem Kochutensil hatte, nahm seine Uhr ab und untersuchte sie.

»Wieso gibst du die Uhr nicht deinem ›Schwiegervater‹, damit er sie repariert?« fragte Nicole und stellte den Topf auf den Couchtisch. Edward schreckte vielleicht vor der Ehe zurück, aber das hinderte Nicole nicht daran, ihm gelegentlich mit dem Zaunpfahl zu winken.

Edward rührte sich nicht.

Das Klingeln des Telefons befreite ihn aus seinem Dilemma. Nicole rannte in die Küche, um abzunehmen, aber Jill, die gerade Geschirr spülte, hielt den Hörer schon in der Hand. »Es ist für mich«, informierte sie Nicole.

»Ach, pah!« zwitscherte Nicole. Wenig später hörte ich Eiswürfel in einem Glas klingeln. Tee, besonders Eistee, war Nicoles Lieblingsgetränk.

»Mom, darf ich mir die Spätvorstellung im Kino ansehen?« fragte Jill, die mit dem Telefon in der Hand in der Tür auftauchte.

»Ich hatte schon das Gefühl, daß sie sowas fragen würde«, platzte Nicole hervor. »Ich wußte es! Ich wußte es!« Ihre Stimmung stieg.

Jill deckte hastig die Sprechmuschel mit der Hand ab und sah mich bestürzt an.

»Ob sie mir jetzt sagt, daß ich den Mund halten soll?« fragte mich Nicole hochgradig amüsiert, als sie mit dem Tee in der Hand wieder ins Wohnzimmer kam.

»Ja«, brummte Jill. »Mom, darf ich?«

Ich erinnerte sie daran, daß ein Spätfilm sie daran hindern würde, innerhalb des üblichen Zeitrahmens zu Hause zu sein. Nicole hörte aufmerksam zu. Jill erklärte dem Anrufer schließlich, daß sie die Sache mit ihrem Vater besprechen müßte, und legte wieder auf.

»Wenn du gehst«, ermahnte ich Jill, die gerade die Treppe hinaufgehen wollte, »dann muß er kommen und dich abholen.«

»ER! Wooow!« Nicole war schockiert festzustellen, daß ihre kleine Schwester Pläne mit einem Jungen schmiedete. »Da hast du aber eine heiße Verabredung«, neckte sie Jill, als diese gerade verschwand.

Nicole sah mich an und mußte lachen. »Sie denkt ›oh mein Gott!‹« gluckste sie, denn sie wußte sehr gut, wie ihre Sticheleien bei der Schwester ankamen.

»Hast du ihn schon kennengelernt? Mag Jill ihn?« drang sie in mich, um Informationen über Brian zu erhalten, das große Ereignis in Jills Leben.

»Oh, ist das toll!« rief sie. »Ich freue mich ja so für sie! Freust du dich auch für sie? Du warst glücklich, als ich ausgezogen bin. Sie hat die gleichen schwierigen Probleme wie ich damals, aber nicht so schlimm.«

»Hat die nicht jeder?« fragte Edward leise.

»Ja, aber wenn sie achtzehn oder zwanzig ist, möchte sie bestimmt ausziehen. Ich war auch etwa so alt und hatte damals Probleme. Sie wollten mich nicht so lange ausgehen lassen, wie ich es gern getan hätte ...« Sie steigerte sich in einen umfassenden Vortrag der

Ungerechtigkeiten, die sie durch ihre Eltern erlitten hatte.

»Ich weiß, ich weiß«, unterbrach Edward ihren Vortrag. »Ich weiß das alles.«

Die gescholtene Nicole lehnte sich in ihrem Sessel zurück und verschränkte die Arme über dem stämmigen Körper. »Hat Brian ein Auto?« fragte sie mich.

»Ja.«

»Dann sollte Jill lieber vorsichtig sein«, grinste sie.

»Warum?« fragte ich.

»Oh, vergiß es. Es geht niemanden was an«, entschied sie. Sie hatte es sich wohl anders überlegt und wollte dieses Thema nicht mit ihrer Mutter besprechen.

Jill kam die Treppe heruntergehüpft, verkündete, daß sie die Erlaubnis hatte, mit Brian auszugehen, und drehte die Stereoanlage voll auf, um das zu feiern. Nicole quietschte vor Vergnügen. Edward fand, daß sie es mit ihrer Begeisterung übertrieb und sagte: »Es ist *ihr* Freund, nicht deiner.«

»Du Schlingel«, zwitscherte Nicole, lehnte sich hinüber und drückte sich an ihn. »Ich werde dich nicht verlassen.«

Jill ging, um sich für das Rendezvous umzuziehen. Ich drehte die Lautstärke der Anlage wieder herunter und versuchte, ein neutrales Thema anzuschneiden, das ich mit Nicole und Edward diskutieren konnte.

»Fahrt ihr jemals mit dem Fahrrad?« fragte ich.

Sie versicherten mir, sie täten es. »Ich benutze meins für die Suche nach einem Job«, sagte Edward.

Obwohl er zur Zeit arbeitslos war, hatte Edward vergangenes Jahr beruflich viel geleistet. Als er bei

Nicole eingezogen war, hatte sie ihn mit ins Regionalzentrum genommen, um sich zu erkundigen, ob er für Programme zur Förderung geistig zurückgebliebener Personen in Frage kam. Seine Testergebnisse waren aber zu gut. Daraufhin drängte sie ihn, eine Hausmeisterausbildung zu absolvieren, die vom Rehabilitierungsamt gefördert wurde, aber er weigerte sich danach, zu Vorstellungsgesprächen zu gehen. Die beharrliche Nicole verschaffte ihm aber eine Arbeitsstelle in der Spätschicht in der Chowder Bowl. Ein Jahr lang spülte er dort Geschirr (seine Fingernägel waren inzwischen so sauber, daß er in einem Werbespot für Seife hätte auftreten können) und bediente Kunden an der Theke.

Die Arbeit machte ihm allerdings Angst. Er war klein von Statur und wußte, daß er kein Gegner war fur rauflustige Kunden, die aus den überfüllten Bars und Restaurants vom nahegelegenen Pier zur Chowder Bowl kamen. Als einmal ein Mann die Faust durch das Fenster steckte, das gerade gesenkt wurde, um den Stand zu schließen, entschied Edward, daß er genug hatte. Er kündigte. Jetzt suchte er eine Stelle in einem anderen Schnellimbiß und machte die Runden mit seinem alten Fahrrad, da sein Motorroller kaputt war.

»Manchmal besuchen wir Edwards Schwester mit dem Fahrrad. Sie mag mich sehr. Sie wird mal meine Schwägerin«, setzte Nicole mit einem Seitenblick auf Edward hinzu.

Jill gesellte sich wieder zu uns und setzte sich, um auf Brian zu warten.

»Magst du das, was Nicole kocht?« fragte ich Edward, um das Gespräch fortzusetzen. Er räumte ein, daß er es tat, war aber nicht damit einverstanden, daß sie sich über sein Essen hermachte, sobald sie mit ihrem fertig war. Wenn sie loszogen, um Hamburger zu essen, verschlang sie immer alle seine Fritten.

»Du bist ein kleiner Vielfraß«, flüsterte Jill. Nicole jauchzte, und Jill zuckte zusammen.

»Nicole, bitte ...« flehte Jill, den Blick auf die Tür gerichtet, durch die ihr Freund bald eintreten würde. (Wer uns mit dem Auto besuchte, kam zur Hintertür, da unsere Haustür auf einen Fußweg zum Strand hinausging und nicht auf die Straße.)

Nicole war in so überschwenglicher Stimmung, daß ich es für risikolos hielt, es mit einem heikleren Thema zu versuchen.

»Wie würdest du dich selbst beschreiben?« fragte ich sie.

»Das ist aber eine verrückte Frage!« gluckste sie.

»Mal angenommen, du solltest irgendwo eingestellt werden, und der Boß würde dich auffordern, ihm von dir zu erzählen. Was würdest du sagen?«

»Ich bin blond und habe helle Haut wie meine Mutter ... und ich habe ein wieherndes Lachen ...« kicherte Nicole.

»Das ist mal sicher«, bestätigte Edward grinsend.

»Aber was, wenn ich Arbeitgeber wäre und du mich nach einer Stelle gefragt hättest? Was müßte ich von dir erfahren?«

»Ich würde gut arbeiten«, sagte sie und wurde etwas ernster.

»Gibt es noch etwas, was ich von dir wissen sollte?« hakte ich nach.

Sie wurde ganz still. »Ja ... Ich lerne nur langsam ... Ich bin ... Ich bin leicht behindert ...«

Wie ich erwartet hatte, vermied sie das Etikett »zurückgeblieben«.

Brians Ankunft unterbrach uns. Jill stellte ihn allen vor. Nicole erkundigte sich mit perfekten Manieren danach, welchen Film sie sehen wollten, und beglückwünschte sie dann zu ihrer Wahl.

Nachdem Jill und ihr Begleiter gegangen waren, trug Nicole den Crock-pot zum Auto, und ich fuhr sie nach Hause. Edward folgte uns auf seinem Fahrrad.

Nicole war still auf der Fahrt. Irgendwas beschäftigte sie. Endlich kam es heraus: »Könnten wir uns, äh, für ein paar Tage eure Campingsachen leihen? Andreas neuer Freund sagt, er würde mit uns rauf zum Lake Arrowhead fahren, wenn ihr sie uns ausleiht.«

Sie hatte keine Ahnung, wie man das Zelt aufbaute oder den Gasofen und die Lampe anzündete. Sollte ich ja sagen und riskieren, daß die Sachen beschädigt wurden? Oder nein sagen und dadurch den Ausflug unterbinden?

»Wie aufregend«, sagte ich. »Natürlich kannst du unsere Sachen nehmen. Kommt am Freitagabend auf dem Weg aus der Stadt bei uns vorbei, und wir holen sie für euch aus der Garage.«

Auf der Heimfahrt fühlte ich mich gut, was den heutigen Abend anging – ungeachtet meines Unbehagens darüber, ihr die Campingausrüstung zu leihen. Nicole hatte sich eindeutig in meiner Gesellschaft entspannt. Sogar Edward war weniger verängstigt gewesen.

Aber es war noch mehr passiert. Ich hatte das Gefühl, Nicole zu entdecken, als hätte ich sie bislang gar nicht gekannt. Alles an ihr war interessant.

Am Freitagabend kam Nicole durch das hintere Gartentor gestürmt – in Cowboystiefeln, grünen Socken mit Karomuster, Shorts, deren Saum teilweise heraushing, und Pullunder. Ihr auf den Fersen folgten Andrea, Edward und zwei Typen, die wie Schläger aussahen. Matt und ich gingen hinaus, um sie zu begrüßen.

»Das ist Duke, mein Verlobter«, verkündete Andrea und klammerte sich an den kleineren der beiden. Dukes T-Shirt spannte sich über einem muskulösen Oberkörper. Er grüßte uns gelassen, und eine Zigarette hing ihm zwischen den Lippen.

Andrea stellte uns auch Dukes Zimmergefährten Larry vor. Larry hatte etwas kindlich Weiches an sich, trotz des Schnurrbarts und der Armeemütze in Tarnfarben. Schulterlange Haare umrahmten sein pockennarbiges Gesicht.

»Hallo«, flüsterte er super cool. Er hatte keine oberen Zähne.

Ach du liebe Güte! dachte ich. Wer sind diese Kerle?

Als ich Dukes Wagen sah, machte ich mir noch mehr Sorgen. Der 72er Maverick sah aus wie eine Requisite der Fernsehserie *Tobacco Road*. Von außen war er allerdings liebevoll auf Hochglanz gebracht – sogar die eingebeulte Tür.

»Ich habe für hundert Dollar eine 67er Chevelle gekriegt«, erzählte Larry schleppend. »Wir haben gerade den Motor rausgenommen, und ich spare jetzt für einen neuen.«

Während Larry die Pläne für die Restaurierung seines Schnäppchens erläuterte, schleppte Duke das schwere Zelt aus der Garage und wuchtete es auf das Dach des Mavericks. Es gab nach. Ungerührt klopfte er es wieder flach.

»Duke und ich haben uns auf einer Bowlingbahn kennengelernt«, vertraute mir Andrea an. »Ich habe ihm meine Telefonnummmer gegeben.« Sie beugte sich zu mir vor. »Ich darf dieses Wochenende nicht schwimmen gehen, und Duke ist sauer«, ergänzte sie und sah mich bedeutungsvoll an.

Da wußte ich, warum Peggy ihr erlaubt hatte (Andrea wohnte noch zu Hause), mit auf diese Spritztour zu gehen. Wie Nicole lehnte Andrea jede Empfängnisverhütung ab.

Irgendwie schaffte es Duke, alles zu verstauen, und die ganze Gesellschaft ging an Bord. Larry, Edward und Nicole drückten sich auf die Rückbank und suchten Platz zwischen den Sechserpacks Bier. Andrea ließ sich auf den hervortretenden Sprungfedern neben Duke häuslich nieder.

»Bitte trinkt nicht während der Fahrt«, bat Matt sie, ehe sie davonrumpelten.

»Weißt du, es ist schon komisch«, sagte ich, nachdem sie um die Ecke gebogen waren. »Ich freue mich richtig, daß Nicole von diesen verrückten Typen akzeptiert wird. Ist das zu fassen? Ich schätze, Eltern legen bei zurückgebliebenen Kindern wohl andere Maßstäbe an.«

»Das kann man wohl sagen. Jill hätte ich auf keinen Fall erlaubt, mit diesen jungen Männern zu fahren.«

Wir brachten ein langes Wochenende damit zu, uns

Autounfälle und Orgien mit Drogen, Sex und Alkohol auszumalen, und doch freuten wir uns gleichzeitig, daß Nicole einen so tüchtigen Freund wie Duke gefunden hatte.

Am Sonntagnachmittag um fünf kam der nun insektenbedeckte und dreckige Maverick wieder unsere Straße entlang gerattert. Ein Haufen sonnengebräunter Camper strömte durch die hintere Gartentür.

Nicole kam ins Haus gerannt und beteuerte sofort, daß alles in bester Ordnung wäre. Sie fuchtelte mit Fingern und Armen, zeigte auf sich selbst, zur Tür und an die Decke – überallhin –, während sie sich bemühte, mich zu beruhigen.

»Was ist passiert?« fragte ich.

»Ich habe einen heißen Topf auf das Plastiktischtuch gestellt – und ein Loch reingebrannt.«

Unnötig zu sagen, daß ich erleichtert war. »Beim nächsten Mal mußt du das Loch eben freilassen, wenn du das Tischtuch wieder benutzt«, sagte ich.

Sie zerrte mich nach draußen, damit ich das Geschirr und die übrigen Utensilien in Augenschein nahm (alles sauber und unbeschädigt) und Duke ansah. Er war bis zur Hüfte nackt und hatte immer noch eine Zigarette zwischen den Lippen hängen, während er ganz allein den Wagen entlud.

»Duke kann so gut mit Maschinen umgehen! Er hat das Auto, den Gasofen und die Lampe in Gang gehalten«, sprudelte Nicole hervor. »Und er hat auch das Zelt aufgebaut.«

»Ich hab schon hundert Dollar für den neuen Motor angespart ...«, fing Larry an, aber er war keine Konkurrenz für Duke und Nicole, die von ihrem Abenteuer berichteten. Während sie erzählten, entstand ein Bild von extrem gesetzestreuen Seelen, die ein harmloses Wochenende genossen hatten. Die erste Nacht hatten sie gewissenhaft im Auto geschlafen, weil sie zu spät auf dem Campingplatz eingetroffen waren, um noch jemand zu finden, dem sie die drei Dollar Campinggebühren hätten zahlen können. Am nächsten Tag gehorchten sie dem Ranger, als er sie anwies, nicht im See zu schwimmen, »der wegen irgendeines Problems gerade untersucht wird«. Alle anderen hatten sich im Wasser getummelt, nicht jedoch unsere guten Bürger. Und als es anschließend wieder den Berg hinunterging, war klar, daß Duke sehr langsam fuhr.

»Ständig sind Autos dicht aufgefahren. Ich mußte immer wieder an den Rand ziehen«, beschwerte er sich. »Es war aber okay. Ich mußte sowieso immer wieder anhalten, weil es Larry in einem fort schlecht wurde.«

Ich war geknickt. Das harte Auftreten war nur dünne Politur! In Duke und Larry hatte ich zwei harmlose Gesellen vor mir, einfache junge Leute mit sehr beschränkten Mitteln, die sich darüber freuten, daß sie für zwei Tage zum Wandern, Fischen und Bootfahren in die Berge fahren konnten. Wie oft hatte ich Menschen schon auf den ersten Eindruck hin falsch eingeschätzt? Zu oft. Und ich hatte es wieder getan.

Als sie die Straße hinunterfuhren, rief ich hinterher: »Ihr könnt jederzeit zu Besuch kommen! Ihr seid immer willkommen!«

Nicole rief ein paar Tage später an. Sie bedankte sich

erneut für die Campingausrüstung und ging dann schnell zu wichtigeren Themen über.

»Ich und Edward haben eine Entscheidung getroffen«, gab sie bekannt. Statt des Motorrollerführerscheins wollte sie lieber den Autoführerschein machen – Edward auch –, weil sie vorhatten, ein Auto zu kaufen.

Ich nahm in Gedanken ein Beruhigungsmittel.

»Mit welchem Geld?« fragte ich. Sie sagte, sie würden das Motorrollergeld benutzen.

Ich holte tief Luft und erklärte ihr, daß der Kaufpreis nur die erste Ausgabe ist, die ein Auto mit sich bringt. Anschließend müßte sie Benzin, Reparaturen, Versicherung bezahlen.

»Aber es wäre leichter für uns. Wir sind nicht gern von anderen Leuten abhängig, um uns überall hinzufahren, und wir könnten mit dem Wagen Ausflüge machen.«

»Ihr könnt euch kein Auto *leisten*! Du redest völligen Blödsinn!« Das hätte ich ihr am liebsten ins Ohr geschrien, aber ich tat es nicht.

»Selbst wenn du die schriftliche Prüfung schaffst, wie möchtest du Autofahren lernen?« wollte ich wissen.

»Durch Fahrstunden. Sie kosten nur zwanzig Dollar die Stunde«, sagte sie. »Hat die Bank heute auf?«

Meine Tochter lebt in einer Traumwelt. Zum Teufel mit der wissenschaftlichen Neutralität! entschied ich. »Nicole«, sagte ich, »du darfst das Geld von diesem Konto nicht benutzen, um ein Auto zu kaufen.«

Sie wirkte nicht überrascht. »Kann ich es denn dann für einen Motorroller haben?«

»Ja.«

Sie schwieg ein paar Sekunden lang. »Weißt du, ich und Edward möchten irgendwann heiraten, und manchmal ... Wir waren schon auf Hochzeiten, wo die Eltern der Braut ... ach, na ja, ein Auto geschenkt haben, um in die Flitterwochen zu fahren ... Aber das wäre zuviel verlangt, nicht wahr?« fragte sie matt.

Ich sagte nichts.

Nicole schwieg lange. »Edward hat Schwierigkeiten, einen Job zu finden«, sagte sie ganz niedergeschlagen. »Er gibt seine Bewerbungen ab, und sie rufen ihn nie an. Das ist gemein. Ich wünschte, Daddy würde mit diesem Job bei Techtron schneller machen.«

»Das braucht Zeit, Nicole. Edwards Bewerbung wird von verschiedenen Direktoren geprüft. Dein Vater sagt dir Bescheid, sobald jemand Edward zu einem Vorstellungsgespräch einladen möchte. Nebenbei ... Wie kommst du mit dem Geld klar?«

»Wirklich gut«, sagte sie und wechselte das Thema. »Wann fliegt ihr nach Hawaii?«

»Morgen.«

»Ich hoffe, das Flugzeug stürzt nicht ab.«

Kaum eine Minute, nachdem Matt, Jill und ich aus dem Urlaub zurückgekehrt waren, rief Nicole an.

»Ich und Edward haben gerade unsere Motorrollerprüfungen bestanden!« kreischte sie. »Bist du nicht stolz auf mich?«

»Hast du es geschafft? Donnerwetter ...«

Matt und ich waren wirklich stolz auf sie. Die Verkehrsregeln enthielten teilweise so komplizierte Vorstellungen, daß wir uns ernsthaft gefragt hatten, ob Nicole sie je verstehen, geschweige denn auswendig lernen könnte. Ihr Nachhilfelehrer hatte offensichtlich gute Arbeit geleistet.

»Wie sind die Fahrprüfer vorgegangen, wo du doch nicht lesen kannst?« fragte ich, nachdem Matt beiden gratuliert hatte.

»Sie sind sehr verständnisvoll. Sie geben einem ein paar Chancen, es wirklich zu probieren.«

»Wie hast du ihnen klargemacht, daß du keine schriftliche Prüfung ablegen kannst?«

»Oh, ich hab ihnen gesagt, daß ich nur langsam lerne und nicht sehr gut lesen kann. Wann kannst du zur Bank gehen?«

Ehe ich antworten konnte, redete sie schon weiter. Der Motorroller wäre nur eine Zwischenlösung, erklärte sie mir. Sie plante immer noch, ein Auto anzuschaffen, und hatte schon die Rehabilitierungsstelle zu einer Fahrerausbildung für sie überreden können. Der Unterrricht würde in ein paar Wochen beginnen.

Ich dachte über das Vermögen nach, das man hätte verdienen können, indem man Nicoles Entschlossenheit in Flaschen füllte und verkaufte.

»Warum kommst du nicht mit Edward am Freitag wieder zum Abendessen?« schlug ich vor. »Bis dahin habe ich das Geld für dich.«

»Nur eine Minute«, sagte sie und deckte die Sprechmuschel ab. Eine gedämpfte Konversation folgte. »Edward möchte wissen, was es zu essen gibt.«

Ich überlegte mir ein Menü. Er dachte darüber nach und war einverstanden.

Am Freitagabend kam Nicole vor ihrem Vater ins

Haus marschiert, und der Saum ihres langen Baumwollträgerkleids streifte die Segelschuhe und heruntergerollten Strümpfe.

»Hast du das Geld?« wollte sie wissen.

Ich nickte zustimmend, während ich die Klavierbegleitung für Jills Gesangsstunde abschloß.

Beruhigt schaltete Nicole den Fernseher ein. Gerade zeigte eine Bierwerbung einen Gebirgsbach, der Felsbrocken umfloß. Nicole sah wehmütig zu.

»Zum Tag der Arbeit gibt dir Techtron übers Wochenende vier Tage frei«, sagte ich, als ich auf dem Weg in die Küche an ihr vorbeiging. »Möchtest du wieder die Campingausrüstung haben?«

»Wir sehen Duke und Larry nicht mehr. Er und Andrea haben sich getrennt.« Das überraschte mich nicht. Peggy hatte mir erzählt, daß Duke nach der Rückkehr vom Lake Arrowhead verkündet hatte, er wäre es leid, den Leiter von Pfadfinderwelpen zu spielen.

Tags darauf, an einem Samstag, begleitete Matt Nicole und Edward ins Motorrollergeschäft. Nicole nahm die Reihen der Motorroller in Augenschein und suchte sich den größten im Laden aus. Als sie jedoch aufstieg, mußte sie feststellen, daß sie mit den Füßen nicht den Boden erreichte. Das machte ihrer gewissenhaften Seele zu schaffen.

»In den Verkehrsvorschriften heißt es, daß man mit den Füßen auf den Boden kommen muß«, stellte sie fest und stieg wieder ab.

»Na, wie hat es dir gefallen?« fragte Matt, als sie von einer Probefahrt mit einem Modell zurückkam, das mehr ihrer Größe entsprach.

»Es ist okay«, antwortete Nicole mit einem unergründlichen Mona-Lisa-Lächeln.

Matt ging davon aus, daß das eine zustimmende Antwort war, und schloß den Kauf ab.

Vier Tage später lockten beharrliche Hupsignale eines Motorrollers Jill und mich hinaus auf die Straße. Dort saß eine selbstgefällige Nicole auf ihrer neuen Maschine. Nicoles farbenprächtige Kleidung lenkte uns allerdings von dem glänzenden grünen Roller ab: Sie trug rosa-rot gestreifte Socken, bis auf halbe Höhe der Waden hochgezogen, dazu die üblichen Segelschuhe und ein weites Kleid mit zierlichem Blumenmuster unter einer enormen, leucht-orangefarbenen Windjacke. Der Helm bedeckte fast das ganze Gesicht. Wir sahen uns jedoch all die feineren Details des Motorrollers an und beglückwünschten Nicole zu ihrer ausgezeichneten Wahl.

Bevor sie hupend und blinkend wieder davonfuhr, warf ich einen kurzen Blick auf den Kilometerzähler. In nur vier Tagen hatte sie 258 Kilometer zurückgelegt.

Anfang September lud Techtron Edward zu zwei Vorstellungsgesprächen ein, beide am selben Tag. Am Tag vorher klingelte um 17 Uhr 40 das Telefon.

»Ich wollte zum Friseur und habe jetzt einen Platten«, sprudelte Edward hervor. »Bill hat den Motorroller schon in seinem Auto, und wir müssen ihn sofort in die Werkstatt bringen, weil sie in zwanzig Minuten zumacht! Ich muß morgen damit zu Techtron! Ist Nicole schon da?«

»Edward, ich weiß gar nicht ...«

links: Nicole in den Armen ihrer Mutter ...

unten:
... und auf dem Schoß ihres Vaters.

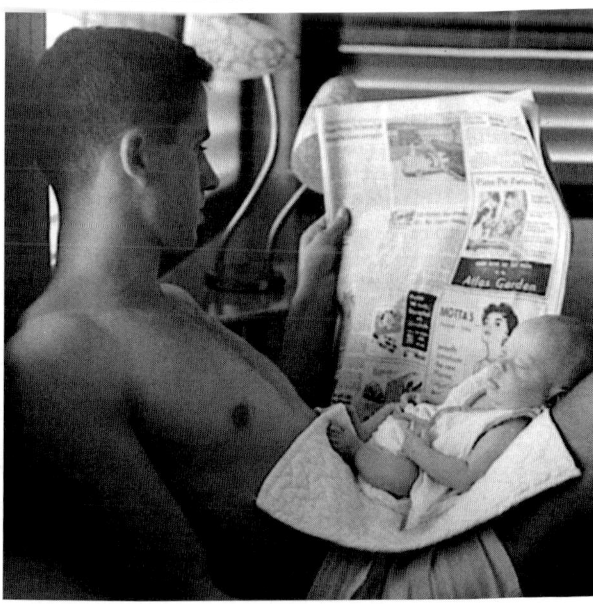

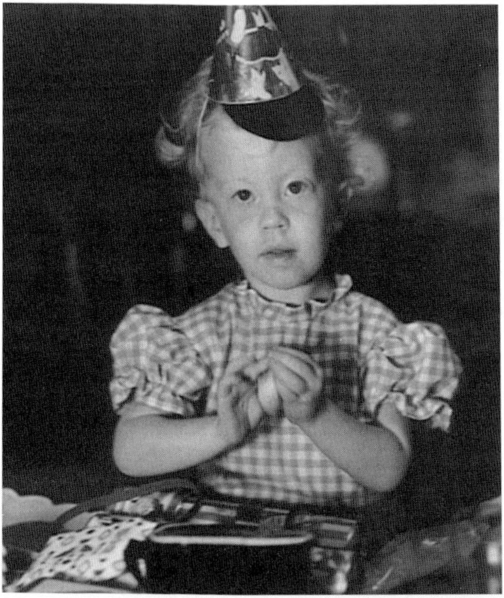

links:
Spaß mit vier Jahren.

unten: Nicole freut sich über den Familienzuwachs.

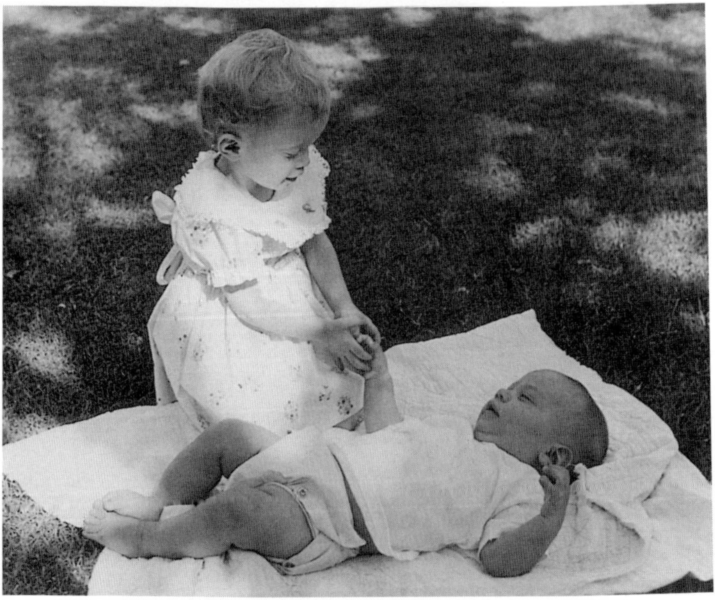

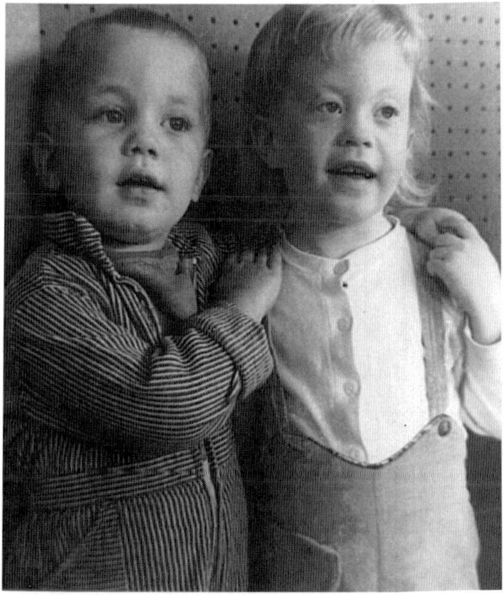

Geschwisterliebe:
David, und Nicole.

links:
Jill, David und Nicole auf großer Fahrt.

unten:
Mit zehn auf der Luftmatratze.

links: Ein Lächeln für den Abschluß der achten Klasse, 1973.

unten: Nicole bei einer Bergwanderung.

unten: Spaß mit einer Maramee-Knüpfarbeit im Alter von achtzehn.

McDonald's

links: Für das Weihnachtsfest haben Nicole und Edward sich »feingemacht«.

linke Seite:
Spaß bei der Arbeit.

unten:
Nicole freut sich über das Zusammensein mit ihrem Freund.

Nicoles Traum wird wahr: ein eigner Motorroller!

»Nicole muß sofort nach Hause kommen!« beharrte Edward.

Ich hörte, wie in unserer Garage eine Wagentür zugeschlagen wurde. »Warte einen Moment, Edward. Sie ist da. Du kannst gleich selbst mit ihr sprechen.«

Nicole nahm den Hörer und bedeutete mir mit einem Wink, daß ich ruhig sein sollte, damit sie ihn verstand. Während sie mit ihm sprach, lockte ihre Aufregung Jill und Matt herbei. Sie drangsalierten sie mit Fragen, bis sie erfuhren, daß Edward Nicole zu Hause brauchte, weil sie das Geld für die Reifenreparatur hatte. Matt und Jill gaben daraufhin ungefragt gute Ratschläge. Besonders Jill.

Nicole wurde lauter, während sie sich bemühte, sowohl mit Edwards hektischen Bitten als auch den widersprüchlichen Tips ihrer Familie klarzukommen. Der Druck wurde zu stark. Die Arme starr an die Seiten gepreßt, rot im Gesicht, die Lippen zusammengekniffen, drehte sie sich zu Jill um und stieß einen gedämpften heiseren Schrei aus.

»Ich halt das nicht aus!« kreischte sie. Damit brachte sie uns zur Einsicht, und wir wichen zurück.

Nicole wandte sich wieder dem Telefon zu und wies Edward an, ohne sie in die Motorrollerwerkstatt zu fahren, damit der Mann dort mit der Reifenreparatur beginnen konnte. Bill und Edward sollten dann zu uns kommen und sie abholen. Dann würden sie alle gemeinsam zur Werkstatt fahren und die Reparatur bezahlen.

Sie legte auf und verschwand in der Küche, um ihren dringend benötigten Tee zu trinken.

Matt ging nach oben. Jill wandte sich wieder den

Schnittmustern zu, die sie über den Stoffbahnen auf dem Fußboden auslegte. Ich rührte mich nicht. Nicoles Lösung war besser als alles, was ihr die Familie vorgeschlagen hatte. Und sie hatte sie unter Druck gefunden!

Ich folgte ihr in die Küche und lobte sie.

»Mom«, unterbrach sie mich, »ich bin zwar zurückgeblieben, aber nicht dumm!

Ich wollte schon lachen, aber es schien mir das Falsche zu sein, und ich verkniff es mir.

»Ich verstehe dieses Schnittmuster nicht!« rief Jill. Nicole stieß mich fast um, als sie aus der Küche raste. »Tut mir leid, daß ich böse auf dich war«, sagte sie zu ihrer Schwester, hielt deren Hand fest und tätschelte sie.

»Ist schon okay«, sagte Jill. »Mir tut leid, daß ich so hektisch geworden bin.«

Auf einmal brach Nicole ab und musterte Jill. »Sie hat sich verändert«, erklärte sie mir. »Ich weiß nicht, was es ist, aber sie hat sich verändert.« Ihre Stimme war voller Bewunderung.

Jill lachte, liebenswürdig wie eine Königin, während sie sich im Spiegel hinter Nicole betrachtete. Nicole hatte gerade entdeckt, was wir schon den ganzen Sommer lang beobachteten: Jill verwandelte sich von einem schlaksigen Teenager in eine junge Frau. Ihr Bikini strich diese Veränderung besonders heraus.

Sie fühlte sich befangen, weil sie so viel Aufmerksamkeit fand, und konsultierte mich wegen eines Nähproblems. Während sie und ich darüber diskutierten, setzte sich Nicole auf die beiden Stufen, die ins Wohnzimmer führten, und beobachtete sie.

»Ich wünschte, ich wäre auch so dünn«, sagte sie, die Brauen zu einem umgekehrten »V« hochgezogen. »Ich möchte auch so einen süßen kleinen Badeanzug tragen wie sie.« Sie kaute auf einem Finger, und ihre Augen wurden feucht. »Edward möchte, daß ich abnehme. Er möchte, daß ich bei den Watch Weighters mitmache.«

Ich überlegte kurz. »Den Weight Watchers?«

»Ja.«

Ich beugte mich hinüber und küßte sie auf die Stirn. »Das wäre vielleicht eine gute Idee«, sagte ich.

Matt war inzwischen wieder aus dem oberen Stockwerk heruntergekommen und versuchte, Nicole aufzuheitern. »Du könntest damit anfangen, indem du auf die biodynamischen Lebensmittel verzichtest ...« schlug er vor, während er sich die Schnürsenkel seiner Sportschuhe zuband.

Nicole sah ihn fragend an.

»Zum Beispiel Fingernägel.«

Nicole riß den Finger aus dem Mund, brach in ihr typisches wieherndes Gelächter aus und trampelte mit beiden Füßen auf der unteren Stufe. Wir alle fielen in ihr Lachen ein, dankbar für die Gelegenheit, einen peinlichen Moment zu überwinden.

Matt brach zu seiner abendlichen Joggingrunde auf. Ich half Jill, ihr Schnittmuster neu zu arrangieren, und kehrte in die Küche zurück. Nicole folgte mir. Während ich die Geschirrspülmaschine ausräumte, informierte sie mich, daß sie auch gerne eine hätte. Wie erwartet, war das nur der erste Punkt auf der Liste dieses Abends. Sie wollte auch einen Nähtisch wie meinen haben, einen neuen Kühlschrank, einen neuen

Herd, unseren Mikrowellenherd – falls ich ihn einmal nicht mehr haben wolle –, ein »großes, schickes« Sofa und zwei kleine Beistelltische rechts und links davon. Da sie gerade dabei war, erwähnte sie auch, daß Edwards Gebiß renovierungsbedürftig war.

»Er hat ganz schlechte Zähne«, sorgte sie sich. »Ich sag ihm immer, daß er sie putzen soll, aber er vergißt es oft. Er muß zum Zahnarzt.« Edward zeigte sich in diesem Punkt unnachgiebig. Er konnte sich nicht entsinnen, je einen Zahnarzt aufgesucht zu haben, und sah nur wenig Sinn darin, jetzt damit anzufangen.

Ihre Miene verdüsterte sich, als sie über Edward nachdachte. »Er ist ungeduldig mit mir«, sagte sie finster.

Ich sah sie an.

»Ich mag nicht darüber reden«, erklärte sie.

Was ging zwischen den beiden vor? fragte ich mich besorgt.

Ein Auto hupte, und Nicole lief auf die Straße hinaus. Ich folgte ihr und begrüßte Bill. Ich hatte ihn seit den Tagen der Go-Getter-Fahrgemeinschaften nicht mehr gesehen und stellte überrascht fest, daß er jetzt ein Mann war, komplett mit Zwei-Tage-Bart.

»Edward ist in der Werkstatt«, sagte er. Nicole rutschte auf den Beifahrersitz, und los ging es.

Edward erschien pünktlich zu beiden Vorstellungsgesprächen, und wir warteten besorgt ab, ob er ein Jobangebot erhalten würde.

Eine Woche später kam Matt mit einem langen Gesicht nach Hause. »Er hat es nicht geschafft. Keiner der beiden Direktoren möchte ihn einstellen.«

»Oh Matt, wie schrecklich!«

Matt setzte sich in einen Sessel, raffte seinen Mut zusammen und wählte Nicoles Nummer. Edward nahm ab. Matt informierte ihn so sanft wie möglich.

Edward sagte nichts.

Zwei Abende später rief Nicole um 23 Uhr an.

»Kann ich Davids Nummer haben?« fragte sie mit angespannter Stimme.

»Klar«, antwortete ich. Ich sprach die Nummer ganz langsam vor, damit sie mitschreiben konnte.

Etwa fünfzehn Minuten später rief David an. Nicole hatte sich weinend bei ihm gemeldet. Sie und Edward hatten kein Geld mehr. Edward hatte keinen Job bei Techtron erhalten. Nicole behielt vielleicht die eigene Stelle auch nicht mehr lange, weil sie vor lauter Sorgen die letzten drei Tage zu Hause geblieben war.

Ich wählte gleich ihre Nummer. »Kann ich Nicole sprechen?« fragte ich, als Edward abnahm. Ich hörte, wie er sie sanft drängte, nicht zu weinen, während er ihr den Hörer gab.

»Ich wollte dich nicht mit reinziehen«, sagte sie. Ihre Stimme bebte, weil sie das Weinen kaum unterdrücken konnte. »Ich versuche, meine Probleme zu lösen, ohne daß ich jemanden belästige.«

»Ich weiß, Liebes.«

»Du hast soviel Glück mit deinem tollen Mann. Er hat jede Menge Geld. Ihr habt ein schönes Haus und drei Autos, einen Kühlschrank, eine Mikrowelle ...«

»Die meisten Menschen leben nicht wie wir!« wandte ich ein. »Dein Vater und ich haben jahrelang dafür gespart.«

»Aber so, wie es bei mir läuft, kann ich diese Sachen nie kriegen. Ich versuche, gute Arbeit zu machen, aber ich werde nie soviel Geld verdienen können.« Ihr Ton war voller Schmerz.

War das die Tochter, von der ich gedacht hatte, sie lebte in einer Traumwelt?

»Ich muß viel mehr Geld nach Hause bringen, so viel wie Dad. Er bringt fast 300 oder so was mit, nicht wahr? Bill tut es auch. Er kann sich ein Auto leisten, Benzin, Versicherung, hübsche Sachen zum Anziehen ...«

»Bill wohnt noch bei seinen Eltern«, erinnerte ich sie. »Er hat nicht deine Ausgaben.«

Sie putzte sich die Nase und ging vom Telefon weg, um sich ein neues Taschentuch zu holen.

Während ich darauf wartete, daß sie zurückkam, staunte ich darüber, wie sie ihr Dilemma schilderte. Obwohl ihr Kummer eindeutig in Edwards Arbeitslosigkeit begründet lag, war sie nicht auf ihn wütend, gab sie ihm nicht die Schuld, drohte sie ihm nicht mal einen Hinauswurf an. Statt dessen sagte sie, ihr eigenes Einkommen wäre unzureichend.

Als sie sich wieder am Hörer meldete, fragte ich sie, ob Edward noch andere Stellenangebote erhalten hatte, von Techtron mal abgesehen.

»Ich hab versucht, ihn zu überreden, daß er wieder in die Chowder Bowl geht, aber er mag nicht, wegen der Schlägereien und der Randalierer.«

»Nun, versucht er es denn weiter in Läden wie McDonald's und Jack-in-the-Box?«

»Da kriegt er immer nur zu hören: ›Wir rufen Sie an.‹«

Es war inzwischen halb eins in der Nacht, und ich war erschöpft. Nicole wollte weiterreden, aber ich erinnerte sie daran, daß wir beide morgen früh zur Arbeit gehen mußten.

»Ich liebe dich«, sagte ich zum Abschied. Ich konnte kaum glauben, was ich da von mir gehört hatte! Hatte ich das wirklich gesagt? Es war mir wie das Natürlichste von der Welt entfahren.

»Ich hab dich auch lieb, Mom«, sagte Nicole.

Ich legte auf, fest entschlossen, Edward einen Job zu besorgen – egal, wie Nicole die Lage auch einschätzte. Ein paar Tage später sprach ich mit seinem früheren Vorgesetzten in der Chowder Bowl, der mir versicherte, Edward wäre ein ausgezeichneter Mitarbeiter gewesen, obwohl er häufig krank gewesen war und mit seiner langsamen Arbeitsweise die Kunden manchmal verärgert hatte. Mit dieser Information gerüstet, trat ich an die Managerin von Joey's heran, wo sich Edward kürzlich beworben hatte.

»Er ist sehr schüchtern«, erklärte ich, »aber er hat zwei Jahre lang in der Chowder Bowl gearbeitet und ein gutes Zeugnis erhalten.«

»Jemand anderes muß mit ihm gesprochen haben«, sagte die Managerin, nachdem sie einen Blick in seine Bewerbungsunterlagen geworfen hatte. »Hier sind keine Gründe angegeben, warum er nicht eingestellt wurde. Möchten Sie, daß ich selbst mal mit ihm rede?«

Ich versicherte ihr, daß ich ihr sehr dankbar sein würde. Nachdem sie einen Termin für das Vorstellungsgespräch festgesetzt hatte, lief ich über die Straße zu einem Telefonhäuschen.

»Hmm«, brummte Nicole, als sie nach langem Klingeln endlich abnahm. Sie war wieder nicht zur Arbeit gegangen, stellte ich bestürzt fest.

»Hallo«, begrüßte ich sie. »Ich möchte Edward sprechen.«

»Er schläft noch«, nuschelte sie.

»Na, dann weck ihn!«

Er kam ans Telefon, und ich übermittelte ihm die Neuigkeiten. »Sei pünktlich um vier Uhr dort!« schärfte ich ihm ein. »Und zeig dich motiviert!«

Zur Abendessenszeit rief Nicole an. »Daddy? Edward möchte mit dir reden.«

»Es sieht so aus, als hätte ich einen Job!« erklärte Edward Matt. »Ich gehe morgen ins Joey's, um einen ersten Überblick zu erhalten und damit sie die Maße für die Uniform nehmen können.«

Matt gab die Neuigkeiten an uns weiter, und alle jubelten.

Er reichte mir den Hörer, und Edward bedankte sich dafür, daß ich mich für ihn eingesetzt hatte. Er klang zuversichtlicher, als ich ihn je gehört hatte. Und er sprach auch einige Dezibel lauter.

Nicole kam ans Telefon. »Ich fühle mich so viel besser«, sagte sie. Sie hatte sich bereits überlegt, wie beide das doppelte Einkommen nutzen könnten. »Wir sehen zu, daß beide Fernseher ›bereitgemacht‹ werden ...« – sowohl der, den sie sich aus dem Sperrmüll der Nachbarn herausgesucht hatte, als auch »der andere« – »... und wir werden uns ein neues Sofa kaufen, mit zwei kleinen Tischen an beiden Seiten, einen Couchtisch ...«

In der folgenden Woche hatte ich wieder einmal eine Gelegenheit, die Fotos meiner Kinder vorzuzeigen. Ich hatte allerdings immer noch kein Bild von Nicole.

»Hast du nur die beiden?« fragte die Studentin, während wir auf den Beginn unseres Seminars warteten.

»Nein. Ich habe noch eine ältere Tochter. Sie ist ...« Ich brach ab. Auf einmal konnte ich nicht mehr »zurückgeblieben« sagen. Ich sah ein, daß der Gebrauch dieses Etiketts ein Mittel war, sie wegzuschieben. Es war, als sagte man: »Nachdem ich dir das erzählt habe, weißt du alles über sie.«

Aber das Etikett paßte nicht zu Nicole. Vielleicht paßte es auch nicht auf andere Zurückgebliebene. Ich empfand ein enormes Bedürfnis, der Kommilitonin von der wirklichen Nicole zu erzählen ...

– der stämmigen Gestalt, die auf dem Motorroller die Straße hinuntersaust und dabei in einem fort hupt und blinkt, während sich der geblümte Rock über den hell gestreiften Socken und den Cowboystiefeln bauscht,

– dem koketten Mädchen, das sich mit neckischem Blick an den Freund kuschelt, um ihm zu versichern, daß sie nicht vorhat, ihn zu verlassen,

– der sehnsüchtigen Frau, deren Augen sich mit Tränen füllen, als ihr auf einmal der schlanke, erblühende Körper der fünfzehnjährigen Schwester auffällt,

– der Tochter, die starr und mit rotem Gesicht dasteht, als sie ihre Familie anschreien muß, um sich das Recht zu verschaffen, die eigenen Angelegenheiten zu regeln,

– dem leichtfertigen Geschöpf, das vor Freude über die Witzelei des Vaters mit den Füßen trampelt.

Ich wollte diesem Mädchen – und überhaupt jedem – erklären, daß Nicole all das und noch viel mehr war. Aber das Seminar fing gerade an.

Kapitel 6

Kann einfach nich' mehr verdienen!

Edward gesellte sich im Oktober zur arbeitenden Bevölkerung. Im Juni, als ich Nicole als Informantin angenommen hatte, mußte ich noch hinter ihr her sein. Jetzt nicht mehr. Sie rief inzwischen jeden Tag an. Manchmal hatte sie etwas Neues zu erzählen. Normalerweise wollte sie einfach mit jemandem reden.

»Hallo?«

»Heizung und Installationen!« Auf ihren Gruß folgten mehrere unterdrückte Quiekser und dann schallendes Gelächter. »Hab ich dich reingelegt? Dachtest du, es wäre ein Heizungsgeschäft?«

»Ich bin eher davon ausgegangen, daß du es bist, Nicole.«

»Heizung und Installationen! Heizung und Installationen!« gluckste sie in einem fort und hatte richtig Spaß an ihrem Scherz.

»Edward sieht in seiner Uniform so hübsch aus«, sagte sie nach einer ganzen Weile endlich. »Er bedient die Kasse und alles.«

Sie besprach bei diesen Anrufen eine ganze Reihe von Themen, viele davon immer wieder von neuem. Eins ließ sie jedoch stets aus – die finanzielle Lage der beiden. Sie zog eine hohe Mauer um dieses Thema.

Anläßlich eines unerwarteten Besuchs bei uns, zu dem es an einem Samstagnachmittag kam, zeigte diese Mauer jedoch Risse.

»Ich erzähle dir nicht gern von unserer Situation«, begann sie, nachdem sie und Edward einfach zur Tür hereinspaziert waren. »Ich hab das Gefühl, daß es nicht richtig ist und so ...«

Ich wappnete mich innerlich. Sie wollte etwas von mir!

»Möchtest du ein Sandwich?« fragte ich. Ich machte mir gerade selbst eines.

Sie schüttelte den Kopf. »Es ist mir peinlich, damit zu dir zu kommen.« Weitere einführende Bemerkungen dieser Art folgten, bis sie genug Mut zusammengerafft hatte, um zum Kern ihres Besuchs zu kommen. Hätte sie einen Schwanz gehabt, hätte sie jetzt damit gewedelt.

»Ich und Edward möchten umziehen«, sagte sie und hielt ihr Gesicht so dicht an meins, daß sie an meine Stirn stieß. »Du mußt uns das Geld für die Kaution geben.«

Oh toll! Zuerst war es ein Auto, und jetzt brauchte sie das Geld für eine neue Wohnung.

»Wieso möchtet ihr umziehen?« fragte ich und legte das Messer weg. Ich konnte die Tomate, die ich gerade schnitt, nicht mehr sehen, weil Nicoles Gesicht im Weg war.

Sie richtete sich auf. Mit rudernden Armen und Fingern schilderte sie, wie bei ihnen der Putz von der Decke fiel, das Badezimmerfenster klemmte, der Griff einer Küchenschublade lose war ...

»Es ist für Charlotte schwierig, Reparaturen zu bezahlen«, erinnerte ich sie, »weil ihr nur halb soviel Miete zahlt wie jeder andere Mieter.«

»Ja, ich weiß«, sagte sie und überging geschickt diese Erklärung: »Aber sieh mal, wir haben gestern Freunde von uns besucht. Sie haben eine viel hübschere Wohnung und zahlen nur 300 Dollar dafür. Und ihre Vermieterin hat uns diese leere Wohnung gezeigt, und sie hat Teppiche und einen eingebauten Herd und ...«

»Nicole, du treibst ja nicht mal die 265 Dollar für eure jetzige Wohnung auf. Wo willst du dann die 300 für diese andere hernehmen?«

»Penny und Francisco können sich ihre leisten, und sie leben beide von SSI«, erwiderte sie und folgte mir dichtauf, als ich mit meinem Sandwich zum Tisch im Wohnzimmer ging. Ich hatte noch nie von diesen Leuten gehört, aber Nicole erzählte häufig von Freunden, die ich nicht kannte.

»Na ja, vielleicht kannst du sie dir auch leisten«, sagte ich listig. »Bevor ich das allerdings ausrechnen kann, mußt du mir erst sagen, wieviel ihr beide verdient.«

»Edward – erzähl's meiner Mom«, bat sie ohne zu zögern.

Er hatte sich gleich vor den Fernseher gesetzt, als er hereingekommen war, aber er schaltete das Gerät jetzt aus und kam an den Tisch geschlichen. »Ich hab letzte Woche 90 Dollar mitgebracht«, begann er. »Manchmal erhält Nicole einen Scheck über 108, manchmal über 80 Dollar ...«

»Es geht rauf und runter«, schnaubte Nicole. »Ich weiß gar nicht, wieso.«

Sah sie wirklich keinen Zusammenhang zwischen der Höhe des Gehaltsschecks und ihrem Krankfeiern? Ich konnte es nicht feststellen.

Ich rechnete ein wenig auf meiner Serviette. »Setzen wir mal für Nicoles wöchentlichen Scheck 100 Dollar an und bei dir 90. Das sind circa 760 im Monat. Damit habt ihr 160 Dollar mehr als Penny und Francisco, weil zwei Personen durch ergänzende Einkommenssicherung nur 600 erhalten.«

»Wir *können* also dort wohnen, nicht wahr?« behauptete Nicole.

»Vielleicht.« Ich nahm einen Bissen vom Sandwich. »Habt ihr noch andere Rechnungen zu bezahlen außer der Miete – also Geld, das ihr anderen schuldet?«

Nicole und Edward sahen sich gegenseitig an.

»Erzähl es ihr ruhig«, sagte Nicole achselzuckend.

»Ja, dem Krankenhaus«, sagte Edward.

»Wieviel mußt du dort noch bezahlen?«

Edward dachte stirnrunzelnd nach. »Auf der letzten Rechnung standen 190 Dollar, denke ich.«

Allmählich wurde mir klar, warum Nicole mir so ungern von ihrer finanziellen Lage erzählte.

»Wenn du mich heiraten würdest, hättest du auch meine Krankenversicherung«, warf Nicole raffiniert ein.

»Ich weiß einfach nicht, wie man die Formulare ausfüllt! Und ich weiß nie, was schon bezahlt worden ist und was nicht!« erwiderte er und wandte sich mir zu. »Ein Teil von diesen 190 Dollar ist von Nicole.«

Das war durchaus möglich. Ihre Versicherung enthielt einen Eigenanteil von 200 Dollar.

»Habt ihr noch mehr Rechnungen?« fragte ich.

Edward dachte nach. »Na ja, die Telefonrechnung ist immer hoch. Letzten Monat waren es sechzig Dollar und nochwas.«

Allmächtiger! Riefen sie in Hawaii an?

Er kramte in Nicoles Handtasche nach dem Scheckbuch. Nicole packte seine Hand, überlegte es sich dann aber anders. »Oh, mach nur«, sagte sie. »Das blöde, blöde Scheckbuch! Die Bank läßt immer wieder meine Schecks platzen, jawohl! Und jedesmal muß ich dafür vier Dollar zahlen.« Nur daran zu denken machte sie so wütend, daß sie den Stuhl zurückschob und in die Küche stampfte, um sich Tee aufzugießen.

Edward fand das Scheckbuch und klappte es auf. »Hier steht es – 63,20 Dollar.«

»Warum so viel?«

»Nicole telefoniert mit Hawaii und Wisconsin. Sie hat dort Freunde.«

Er reichte mir das Scheckbuch. Es war voller Einträge nicht nur von Supermärkten, sondern auch Restaurants, Kinos und Plattenläden. Sie lebten wirklich auf großem Fuß!

Nicole kehrte mit ihrem Tee zurück. »Können wir uns die Wohnung leisten?« wollte sie wissen.

»Klar, wenn ihr mit eurem Geld besser zurechtkommt.«

Nicole buhte. »Oma Charlotte redet auch immer so! Sie meint, wir könnten nicht mit Geld umgehen. Wie sonst sollen sich Leute denn amüsieren – außer zu Hause zu bleiben und sich um die blöde Miete zu sorgen usw. usw.?«

»Möchtest du, daß dein Vater oder ich dir helfen? Ihr könntet uns eine Zeitlang fünfundzwanzig oder fünfzig Dollar pro Woche bringen, und wir würden davon eure Rechnungen bezahlen – bis ihr euch erholt habt. Wir könnten auch Edward zeigen, wie er den Überblick über deine Krankenversicherung behält.«

»Auf keinen Fall«, erklärte Nicole und schüttelte nachdrücklich den Kopf. »Dann würden wir nicht mehr auf eigenen Füßen stehen.«

Ich widmete mich wieder meinem Sandwich. »Möchtest du eine Apfelsine?« fragte ich und deutete auf eine Schüssel voller Apfelsinen auf dem Tisch. »Sie stammen von der Plantage deines Vaters.«

Keiner von beiden reagierte. »Gibst du uns das Geld für die Kaution?« fragte Nicole nach einer Weile.

»Nein. Es wäre sinnlos, euch beim Umzug in eine teurere Wohnung zu helfen, wenn ihr nicht mal die derzeitige Miete aufbringt.«

Edward rutschte unbehaglich auf seinem Platz hin und her. Nicole packte ihren Löffel und drehte ihn vor Aufregung in einem fort auf dem Tisch herum.

»Wir können nicht von dem leben, was wir verdienen!« explodierte sie. »Das ist blöd! Ich muß auch so viel Geld verdienen wie Daddy.«

»Gehen wir lieber, Nicole«, sagte Edward leise.

»Kann einfach nich' mehr verdienen!« schimpfte sie. »Ich hasse es, anderen Leuten von meinen Problemen zu erzählen.«

»Komm schon, Nicole ...«

Edward stupste sie weiter, bis sie aufstand und zur Tür ging. Dort angekommen, drehte sie sich wieder zu mir um.

»Ach, vergiß es«, sagte sie, und sie verschwanden.

Sie hat kein bißchen mehr Verständnis für Geld als damals, als sie noch hier wohnte, dachte ich. Ich verfluchte unseren Wohlstand. Sparsamkeit wäre ihr bestimmt leichter gefallen, wenn Matt und ich arm gewesen wären. Trotzdem mußte sie einfach lernen, mit ihrem Verdienst auszukommen. Davon war ich immer noch so überzeugt wie eh und je.

Was andere Vorstellungen anging, an die ich mich seit Nicoles Weggang von Zuhause geklammert hatte, war ich mir weniger sicher. Da war einmal ihr Job. Ich war entschieden der Meinung gewesen, daß sie Glück gehabt hatte, bei Techtron unterzukommen. Als ich mir dann später ihre Beschwerden anhörte, machte ich mir allmählich Gedanken.

Eines Abends drückte sie sich deutlicher aus als sonst.

Sie kam auf dem Nachhauseweg herein. Als erstes fiel mir ihre äußere Erscheinung auf. Eine große Sicherheitsnadel, an der ein Knopf baumelte, hielt die Bluse zusammen. Unter dem Hosenrock waren die Beine nackt, und die Troddel ihrer Socken hingen in die abgetragenen Halbschuhe hinein. Ich fragte mich, wie sehr ihr Aussehen die Einstellung der Kollegen ihr gegenüber beeinflußte.

»Hallo, was gibt's?« fragte ich, während ich damit fortfuhr, Kartoffeln zu schälen.

Sie nahm den Helm ab. Ihre Augen waren schmal.

»Es geht um die Arbeit«, vermutete ich. »Wie läuft es?«

»Es ist okay. Außer einer Person – die ein ARSCHLOCH ist«, zischte sie.

Ich zuckte zusammen. »Wer? Dein Vorgesetzter?«

»Nein. Ich möchte nicht darüber reden.« Sie lehnte sich an die Anrichte. »Ich möchte mich einfach nur hinsetzen und fernsehen und die Welt vergessen. Ich hab es satt, in einem fort Blätter umzudrehen. Ich denke, ich werde überhaupt nie was anderes zu tun kriegen.«

Sie hatte wahrscheinlich recht. Seit sie bei Techtron angefangen hatte, mußte sie immer wieder das gleiche tun, nämlich »Blätter umdrehen«, mußte Stunde für Stunde, Tag für Tag an dem heißen Kopierer mit dem blitzenden Licht und dem nervtötenden Lärm stehen, während ihre Kollegen vielseitigere Aufgaben hatten.

»Es liegt an dir, ob du kündigen möchtest«, sagte ich.

»Ich möchte nicht kündigen!« protestierte Nicole. »Ich brauche das Geld. Ich möchte nur mal was anderes machen. ›Vielverfältigung‹ ist so langweilig.« Sie zupfte den Ärmel hoch und kratzte sich am Arm. Vom Handgelenk bis zum Ellbogen war er mit häßlichen wunden Stellen bedeckt.

»Dieser Mensch, den du gemein findest – gibt es irgend jemanden in eurem Büro, den du magst?« fragte ich und sorgte mich um ihren Arm.

»Ja. Eine Dame ist nett zu mir. Sie heißt Barbara.« Sie schüttelte den Kopf. »Nein, so heißt sie nicht ...« Sie kniff vor lauter Konzentration die Stirn zusammen. »Mir fällt der Name nicht ein.«

Ihre Unfähigkeit, auch nur einen Freund oder eine Freundin beim Namen zu nennen, sprach Bände über ihre soziale Einbindung bei Techtron.

»Falls Edward genug verdienen würde, würde ich zu Hause bleiben und Hausfrau sein«, beteuerte sie. »Penny macht es so. Ich könnte es auch.«

Das Telefon klingelte. Es war Edward.

»Ich muß gehen«, sagte sie, setzte den Helm wieder auf und ging zur Tür. »Edward hat Hunger.«

Als Matt ein paar Minuten später von der Arbeit kam, hörte er ernst zu, während ich ihm von Nicoles Verbitterung erzählte.

»Weißt du«, sagte er, »es liegt nicht nur an der Arbeit. Sie hat einen langen Tag. Sie steht um 6 Uhr früh auf, fährt bei jedem Wetter mit dem Motorroller zum Werk, was gut zwanzig Minuten dauern kann, arbeitet von 8 bis 17 Uhr mit nur einer Stunde Mittagspause, fährt nach Hause und muß dann das Abendessen zubereiten. Das wäre für jeden ein aufreibender Tag.«

Ich wischte mir langsam die Hände an einem Geschirrtuch ab.

»Matt?«

»Ja?«

»War es falsch von uns, ihr eine Stelle bei Techtron zu besorgen?«

Er kniff nachdenklich die Augen zusammen und blickte zum Fenster hinaus. »Nein. Ihr Tag ist vielleicht hart, aber das gilt auch für dich und mich. Es wäre nicht richtig, wenn jemand nur zu Hause sitzt und fernsieht, obwohl er arbeiten kann.«

Er ging nach oben, um sich umzuziehen. Ich fragte mich, ob es Nicole mit SSI besser ginge – falls sie überhaupt noch einen Anspruch darauf geltend machen konnte.

Ich war mir auch nicht mehr sicher, ob unser Wohnviertel am Strand der richtige Wohnort für sie war. Bislang war mir ihre Sicherheit wichtiger gewesen. Stadtteile und Orte, in denen Leute mit ähnlichen Einkommensverhältnissen wie Nicole lebten, hatten eine höhere Verbrechensrate.

Aber eines Tages nahm ich Nicole mit zu einem Recyclinghof in Fremont, einer Gemeinde, deren Bewohner eher wenig verdienten, und hatte über etwas Neues nachzudenken, als ich wieder nach Hause kam.

Ehe wir aus Soleado Beach hinausgefahren waren, hatten wir erst getankt. Unter den gestylten Kunden fiel Nicole direkt auf. Mit ihren schweren Lidern, den pummeligen Beinen, nackten Füßen und dem alten ärmellosen Kostüm, das eine Sicherheitsnadel auf der Schulter zusammenhielt, war sie eine Kuriosität, und die Leute warfen ihr neugierige Blicke zu.

In der Wiederverwertungsanlage war die Reaktion eine ganz andere. Niemand schenkte ihr dort besondere Beachtung. Sie paßte einfach zu den Leuten, deren Hautfarbe und Gesichtszüge stark variierten und deren Kleidung eher praktisch als modisch war. Selbst Nicoles Schwierigkeiten damit, den eigenen Namen zu schreiben, wurden als normal akzeptiert.

Sollte sie besser in Fremont wohnen? fragte ich mich. Einige Schaufenster waren vergittert, das stimmte, und Graffitis zierten einige Mauern. Andererseits lebten auch Duke und Larry hier. Gute Menschen wie sie fand man überall.

Nicht lange danach sah ich mich gezwungen, über einen weiteren meiner heißgeliebten Glaubenssätze neu nachzudenken. Seit jeher war ich davon überzeugt gewesen, daß Nicole lernen müßte, ihre Zeit sinnvoll zu planen. Schließlich lag darin der Schlüssel zur Pünktlichkeit.

Zuerst gab ich ihren Freunden dafür die Schuld. Die meisten lebten von SSI oder hatten Teilzeitjobs, und da sie nicht früh morgens raus mußten, machte es ihnen nichts aus, abends zu Besuch zu kommen und bis tief in die Nacht zu bleiben. Nicole brachte nichts Sinnvolles zuwege, solange sie da waren, und am nächsten Tag kam sie zwangsläufig zu spät zur Arbeit.

Mich ärgerte der schlechte Einfluß dieser Freunde, bis ich Nicole zum ersten Mal in ihrer Gesellschaft erlebte.

Es geschah am Thanksgiving-Tag. Als ich am Vormittag bei Nicole hineinschaute, war Shelley zu Besuch, eine hochgewachsene junge Frau mit großen Augen, die sich immer für alles entschuldigen wollte. Sie war ein Einzelkind und wohnte bei ihrem verwitweten Vater. Er war zwar um sie besorgt, hatte aber auch eigene Bedürfnisse. Daher verbrachte Shelley viel Zeit in Nicoles Wohnung.

Edward hatte sie gern um sich. Wenn Nicole damit beschäftigt war, sich um alles zu kümmern, wie sie es unweigerlich tat, amüsierten er und Shelley sich gemeinsam. An diesem Vormittag spielten sie mit Edwards neuen Walkie-talkies.

Nicole kam aus der Küche gestürmt und zerrte mich hinein, damit ich bewunderte, was sie zustandegebracht hatte. Vor Aufregung quietschend und mit Tränen in den Augen zeigte sie mir einen Truthahn, der gerade im Ofen gegart wurde, sowie zwei frischgebakkene Hackfleisch-Pasteten, deren obere Krusten den Wolkenwirbeln auf der Venus ähnelten. Das Aroma war so himmlisch, daß mir die Knie weich wurden.

»Nicole«, sagte ich, »ich bin beeindruckt. Ich bin wirklich beeindruckt.«

Da sie sich nicht zwischen Weinen und Lachen entscheiden konnte, wrang sie ihre Schürze zwischen den Händen und tat ein wenig von beidem.

»Erzähl deiner Mom, wie lange du und Shelley gestern abend aufgeblieben seid!« rief Edward ihr zu.

Nicole kicherte und wischte sich eine Träne ab.

»Sie haben bis drei Uhr früh gekocht!« schrie Edward.

»Shelley hat mir die Rezepte vorgelesen«, sagte Nicole.

Ihre Freundin tauchte an der Tür auf, wußte aber nicht so recht, ob sie hereinkommen sollte.

»Ist es nicht ein Glücksfall für dich, daß du eine so gute Freundin hast, die auch lange aufbleibt und dir Rezepte vorliest?« fragte ich Nicole.

Shelleys Spanielaugen leuchteten vor Freude.

»Habt ihr die Pasteten ganz allein gemacht?« fragte ich Shelley.

»Nein«, antwortete Nicole an ihrer Stelle. »Der Blätterteig war tiefgefroren, und die obere Kruste stammt aus einer Fertigpackung. Das Hackfleisch kam aus diesem Glas.«

Nicole warf einen Blick auf die Uhr. (Sie konnte inzwischen die Uhrzeit mühelos ablesen.) »Wow! Ich muß zur Arbeit.« Sie tauchte die Hände ins Spülwasser. »Ich muß noch fertig spülen und das Bett machen und ...«

»Könnten Shelley und Edward dir nicht helfen?«

»Oh nein! Das ist meine Arbeit. Männer sollen keine Hausarbeit machen, und Shelley ist unser Gast.«

Shelley lächelte mich an und zuckte die Achseln.

»Kommst du trotzdem nach dem Essen bei Oma Charlotte noch mal vorbei?«

»Aber sicher«, sagte ich und ging hinaus in die kalte Meeresluft.

Als Matt und ich am Nachmittag wieder bei Nicole anklopften, empfing uns ein ganzer Haufen lachender junger Leute, die uns ins Wohnzimmer zogen. Nicole, die immer noch das blau-weiß gestreifte ärmellose Kostüm vom Vormittag trug, führte die Bande an. Unbeherrscht jauchzend zerrte sie mich zu dem Büfett, das sie auf ihrem Schreibtisch arrangiert hatte, und zeigte auf den Truthahnkadaver und die fast leeren Schüsseln mit Füllung, Kartoffelbrei und Soße. Auf einmal verschwand sie. Ich suchte sie in der Menge, aber sie war weg.

»Sie hat sich gerade wieder übergeben«, sagte Edward mit einem Blick zur Küche, während er auf dem Weg ins Badezimmer an mir vorbeilief.

Ich fand eine matte Nicole in der Küche. »Ich schätze, ich war zu aufgeregt«, sagte sie.

»Was für eine Schande, das Thanksgiving-Essen wieder von sich zu geben«, sagte ich mitfühlend, während Edward die Bescherung mit dem Badezimmerschwamm aufwischte.

»Heh, Nicole, k-k-komm und v-v-verteile den r-r-restlichen Kuchen!« rief ein stotternder junger Mann. Er hieß Roger.

Die so plötzlich ernüchterte Nicole ging ins Wohnzimmer zurück, schnitt ihm ein Stück ab und verteilte dann Kuchen an alle anderen. Matt und ich setzten uns auf die Couch, um unsere Stücke zu essen.

Zwischen den einzelnen Bissen blickte ich immer wieder auf und entdeckte auf einmal Mary Brichant, Edwards Mutter, auf dem Sitzsack in der Ecke. Wir hatten uns zuletzt gesehen, als ich Edward damals auf dem Weg nach Disneyland in ihrer Wohnung abholte.

Wir standen auf und umarmten uns zur Begrüßung. »Verzeihen Sie mir, daß ich Sie nicht besucht habe!« rief ich.

»Ich wollte auch nicht stören«, sagte sie.

Mit gedämpfter Erregung erzählte sie mir von ihrem neuen Job als Haushälterin einer älteren Dame, einer Stellung, die ihr viel besser gefiel als die vorherige – Köchin in einem Genesungsheim. Während ich ihr zuhörte, erinnerte ich mich an Edwards Bericht von den jahrelangen Mißhandlungen, die sie durch seinen trunksüchtigen Vater erduldet hatte, bis sie ihn schließlich verließ, um ihre vier Kinder allein aufzuziehen. Es war schwer zu glauben, daß sie die Kraft dazu gehabt hatte, so lieb und zurückhaltend, wie sie auftrat. Wir schwatzten über die nette Thanksgiving-Party unserer Kinder und die kalte Witterung, und dann kehrte jede zu ihrem Platz zurück, um den Kuchen aufzuessen.

Dabei versuchte ich mir zu überlegen, wer die Leute im einzelnen waren. Roger kannte ich. Er war stets tadellos gekleidet und gepflegt und trug heute obendrein eine Fliege, passend zu seinem karierten Anzug. Bill erkannte ich kaum wieder. Er war seit unserer letzten Begegnung sehr krank gewesen, und ein gehetzter Blick traf mich aus seinem ausgemergelten Gesicht.

Die übrigen waren mir fremd. Ein übergewichtiges Paar (vielleicht Penny und Francisco?). Ein glatzköpfiger Mann mit Stahlrandbrille. Eine winzige Frau, die zustimmend zu allem nickte, was er sagte. Ein Bursche mit zerknitterten Sachen, ungekämmtem Haar und unaufrichtigem Blick, wie mir auffiel, als er zu mir herübersah.

Waren das die nächtlichen Besucher? Ich wünschte, ich hätte fragen können.

Wer immer sie waren, Nicole spielte voller Begeisterung die Gastgeberin für sie. Mir kamen Zweifel, ob ich weiter die Zeit verfluchen sollte, die sie mit Freunden verbrachte, selbst wenn sie sie unter der Woche bis ein Uhr nachts auf den Beinen hielten.

Im Verlauf der nächsten Woche gelangte ich zu der Auffassung, daß es bei Zeitplanung um viel mehr ging, als nur die Stunden zu begrenzen, die man mit Freunden verbrachte. Nicoles Aufmerksamkeit schwankte, und sie trödelte oft herum, ob nun Freunde da waren oder nicht.

Sie mußte einfach noch lernen, ihre Aufgaben rationeller anzugehen. Das dachte ich zumindest – bis sie und ich gemeinsam Weihnachtseinkäufe machten.

»Ich brauche Hilfe bei der Auswahl von Geschenken«, sagte sie, als sie mich am Tag vorher angerufen hatte. »Kannst du mich morgen mitnehmen?«

»In Ordnung. Wann?« Ich war dazu bereit, aber nur, wenn ich die Zeit begrenzen konnte, die wir im Einkaufszentrum zubringen würden.

»Zwei Uhr.«

»Nein – halb elf. Und ich muß um halb zwei zurück sein. Ich habe nicht den ganzen Tag Zeit.«

Ich traf um 10 Uhr bei ihr ein, damit sie reichlich Zeit hatte. Edward öffnete mir. Ich suchte mir einen Weg durch den Berg aus Pizzaresten und Wasserflaschen auf dem Wohnzimmerboden und steckte den Kopf in die Küche.

Nicole schmiß gerade einen Topf voll Wasser ins Spülbecken. »Ich bin es so satt, das Eis aus diesem blöden, dummen Ding zu kratzen!« schimpfte sie. »Irgendwann besorge ich mir einen, den man abtauen kann.«

Zwanzig Minuten später schaltete sie den Kühlschrank wieder ein und spazierte ins Schlafzimmer. Ich folgte ihr. Die Möbel, deren Kauf sie im Sommer vor zwei Jahren so trotzig durchgesetzt hatte, waren im Durcheinander kaum zu erkennen.

Am Ende der Frisierkommode stand eine Weinrebe. Sie ragte nackt aus trockener Erde heraus, lehnte sich über die Topfkante und hing von der Kommode bis auf den Boden herab. An der Spitze trug sie ein einzelnes Blatt.

»Wie oft gießt du deine Pflanzen, Nicole?« fragte ich. »Die hier sieht aus, als könnte sie ein bißchen mehr Wasser vertragen.«

»Sie müssen trocken sein«, sagte sie, während sie ihre Handtasche unter dem Bett hervorzog. »Das macht sie stark.«

Als wir endlich in meinem Auto saßen, versuchte ich, die verlorene Zeit wieder aufzuholen.

»Ich werde nicht so schnell fahren, wenn ich selbst

einen Führerschein habe«, sagte Nicole, die sich an der Armlehne der Tür festhielt.

Als wir das Einkaufszentrum erreicht hatten, zückte ich Notizbuch und Kugelschreiber. »Okay, machen wir erst mal eine Liste. Für wen mußt du Geschenke besorgen?«

Sie nannte mir die Leute einen nach dem anderen, und ich schrieb sie auf. Sobald ich damit fertig war, steuerte ich das nächste Kaufhaus an, um Kniestrümpfe zu kaufen, die sie Jill schenken sollte.

»Oooh, Mom ...« keuchte sie, kaum daß wir das Kaufhaus betreten hatten. »Sieh dir nur mal die Eheringe an! Ich und Edward werden auch solche haben.« Sie beugte sich über die Schmuckvitrine, um sie sich anzuschauen.

Ich verbarg meine Ungeduld, inspizierte die Ringe und nahm erneut Kurs auf den Fahrstuhl. Dort drehte ich mich um. Nicole war wieder verschwunden.

»Nicole?«

»Hier drüben, Mom!« schrie sie. Ich fand sie vor ausgestellten Stereoanlagen. »Die hier möchte sich Edward kaufen«, seufzte sie, während sie sich eine Chrom- und Nußbaumkomponente neuester Bauart ansah.

»Nicole, Socken finden wir oben«, sagte ich, während ich sie zum Fahrstuhl trieb. Wir fuhren in den zweiten Stock hinauf und stiegen aus.

»Oooh, sind die nicht hübsch?« gurrte sie, lief zu einem Stapel aus weichen Decken und drückte eine rosa Decke an sich. »Ich könnte die für Edwards Tante Gertrude kaufen.«

»Nicole ...«

»Sieh mal, sie gehören zu diesen Laken. Ich hätte für mein Bett auch gern so süße Sachen, die zusammenpassen.«

»Nicole ...«

»Oooh, sieh doch nur!« Diesmal hatte Silbergeschirr seinen Sirenengesang verbreitet, und Nicole eilte hinüber, um es sich anzuschauen.

Ich blickte auf die Uhr. Es war inzwischen halb eins. Wieso begriff sie einfach nicht, daß Einkaufen etwas ist, was man konzentriert in Angriff nimmt und so rasch wie möglich hinter sich bringt? Wieso vergeudete sie Zeit damit, sich diese ganzen albernen Sachen anzusehen?

Dann begriff ich endlich. Einkaufen war das, was *ich* vorhatte. Nicole hatte eine andere Tagesordnung. All die Dinge, die sie sich schon immer gewünscht hatte, waren für ein paar Stunden in Griffweite. Nur darauf kam es an. Das Einkaufszentrum war Disneyland für sie, nur ohne die Gefährte.

Ich packte die Einkaufsliste weg und begleitete Nicole. Zusammen bewunderten wir die glänzenden Kaffeekannen und das Teegeschirr. Wir beschnupperten Parfümseifen in geblümter Verpackung, streichelten üppige Nerzmäntel, bewunderten die satten Farben und die Weichheit von Seidenkleidern, betupften uns mit Parfüm aus zerbrechlichen Flakons, drückten sibirische Huskywelpen an uns und spielten mit Videospielen.

Es war seltsam schön, durch eine andere Zeit zu schweben, eine Zeit, in der Begriffe wie »Eile« und »Erledigen« nicht existierten.

Irgendwann rissen wir uns genug zusammen, um

Nicole ein Kleid zu kaufen, aber diese Aufgabe erwies sich als so anstrengend, daß wir beide einen in aller Ruhe genossenen Tee brauchten, um uns davon zu erholen.

Erfrischt zogen wir Arm in Arm wieder los und summten »Rudolph, the Red Nosed Reindeer« zu der Orgelmusik, die uns berieselte. Ein Schaufenster mit Babykleidung lockte Nicole an, und wir schlenderten in den Laden. Ich hatte schon vor Stunden aufgegeben, auf die Uhr zu blicken.

»Oooh, Sachen für kleine Mädchen!« sagte sie und nahm ein winziges rosa Kleidchen mit rüschenbesetztem Saum zur Hand. »Ich möchte solche Sachen für mein kleines Mädchen haben.«

Sie drehte das Kleid am Bügel hin und her und betrachtete es sehnsüchtig. Langsam hängte sie es wieder zurück und ging dann die Reihe mit Säuglingssachen entlang, wobei sie jedes Teil begutachtete. »Die sind so toll! Ich würde gern was davon für Annie Lees neues Baby kaufen.« Annie Lee war eine Kusine.

Es versetzte mir einen Stich, sie so zu sehen. All die Kusinen, mit denen sie aufgewachsen war, hatten inzwischen Babys. Wie schwer muß es dir fallen, sagte ich mir, kinderlos zu sein und sie mit ihrem Nachwuchs zu sehen! Und wenn ich mir überlege, daß ich mit dir geschimpft habe, weil du nichts über Empfängnisverhütung wissen wolltest ...

Auf einmal umarmte mich Nicole und küßte mich. »Ich finde es toll, mit dir einkaufen zu gehen, Momma!« rief sie. Ich war so überrascht, daß ich die Steppdecke weglegte, die ich in der Hand hatte, und Nicole an mich drückte.

Wie lange war es her, seit sie mich zuletzt gedrückt hatte? Ich wußte es nicht mehr. Wenn das der Lohn für meine Feldforschungen war, hatten sie sich schon gelohnt. Sollten die anderen Kunden ruhig glotzen.

»Ich bin so froh, daß wir den Tag allein für uns hatten«, sagte sie und gab mir einen weiteren Kuß.

Nachdem ich sie bei sich zu Hause abgesetzt hatte, fuhr ich überglücklich heim.

Aber ich war auch ein wenig erschüttert. Dieses Einkaufserlebnis hatte mir bewußt gemacht, wie zielbewußt Matt und ich waren. Jeden Tag planten wir siebzehn Stunden lang alles voraus und rasten los, um unsere Vorhaben auch durchzuführen. Das war okay für uns – aber mußte Nicole unbedingt auch so leben?

Es schien, als würde ich allmählich in allem unsicher, was Nicole anbetraf.

In den nächsten Wochen war ich zu sehr davon in Anspruch genommen, Weihnachten zu überstehen, um weiter groß nachzudenken. Auch Nicole war beschäftigt. Sie fand jedoch die Zeit, in Sachen Fernsehprogramm auf dem laufenden zu bleiben. Eines Abends, kurz vor Weihnachten, rief sie an, weil eine Sendung sie verwirrt hatte.

»Siehst du dir auch ›Maria und Joseph‹ an?« fragte sie David, der den Hörer abgenommen hatte.

»Ja«, sagte er.

»Darf ich dich was fragen? Wieso trägt Maria diesen Schleier?«

»Weil sie eine Jungfrau ist«, sagte er und bemühte sich, der Sendung weiter zu folgen.

»Oh.« Sie dachte für einen Moment nach und legte auf.

Etwa zehn Minuten später rief sie wieder an. Diesmal nahm ich ab.

»War Maria eine Jungfrau?«

»Ja«, sagte ich.

»Heißt das, daß Joseph nicht Jesus' Vater war?«

»So steht es in der Bibel.«

Ich konnte richtig hören, wie in ihrem Kopf die Rädchen surrten.

»Würdest du mal die Bibel holen und mir die Stelle vorlesen, wo erklärt wird, wie das passiert ist?«

»Ich wünschte, ich könnte es, Nicole, aber Einzelheiten stehen dort nicht.«

Die nächsten fünf Minuten lang haderte sie mit dieser eklatanten Lücke in der historischen Überlieferung. Schließlich setzte sie jedoch die Befruchtung Marias durch Gott auf die lange Liste der ungelösten Rätsel des Lebens.

Sie fing plötzlich an zu flüstern. »Der Kanister mit Motorrolleröl ist gut verpackt und steht unter unserem Weihnachtsbaum. Edward hebt ihn immer wieder hoch, aber er kommt nicht drauf, was es ist.«

Ihre Zurückhaltung, was unser Geschenk an Edward anging, verblüffte uns. Seit zwei Monaten wußten Nicole und Shelley, daß es ein Motorroller sein würde. Sie hatten Matt geholfen, ein Modell auszusuchen, und sogar Zubehör und Motorrolleröl besorgt. Bislang hatten sie Edward gegenüber jedoch absolut dicht gehalten.

Nicole konnte sogar am Weihnachtsmorgen noch ihre Aufregung im Zaum halten. Als sie und Edward bei uns eintrafen, blickte sie suchend im Wohnzimmer umher, bis sie den unter einer alten Decke verborgenen Motorroller fand. Es stand in der hintersten Ecke, fast unter dem Klavier. Sie brachte Edward auf einem Platz unter, wo er mit dem Rücken dazu saß.

Nachdem wir die Weihnachtslieder leiser gedreht und Bartok, unseren Shetland-Schäferhund, zum Schweigen gebracht hatten, wandten wir uns alle Edward zu.

»Warum siehst du nicht mal drüben beim Klavier nach, Edward?« schlug ich vor.

Er stand gehorsam auf, ging hinüber und sah uns an.

»Heb die Decke hoch«, sagte Matt.

Er hob sie teilweise hoch und erstarrte. Sein Gesicht war ausdruckslos.

»Es ist für dich, Edward«, sagte Jill.

»Das ist doch wohl ein Scherz!« flüsterte er und ging wieder zu seinem Sitz zurück. Nicole, die ihrer Aufregung endlich Luft machen konnte, hüpfte in ihrem Sessel quietschend auf und ab.

»Los, zurück«, kommandierte Matt. »Ich muß dich noch damit fotografieren.« Edward tat wie geheißen, stand mit ernster Miene da, während Blitzlichter aufleuchteten, und hastete wieder zu seinem Platz.

Als dann das Spektakel mit dem Geschenkeauspakken und das Frühstück endlich vorbei waren, ging er zu der glänzenden schwarzen Maschine mit schwarzen Kunstledersatteltaschen und schob sie zur Tür hinaus. Draußen auf der Straße, wo die Garage ihn vor unseren Blicken schützte, begutachtete er sein Geschenk in aller Ruhe.

Kurz danach fuhren er und Nicole nach Hause. Matt und ich gingen davon aus, daß wir sie an diesem Tag nicht wiedersehen würden, weil sie zum Abendessen bei Mary Brichant eingeladen waren. Aber um acht Uhr abends platzte Nicole bei uns zur Tür herein.

»Mom! Dad!« schrie sie.

Überzeugt, daß etwas Schreckliches passiert war, stürmten Matt und ich die Treppe hinunter.

Da standen sie und Edward und strahlten, so als hätten sie den ersten Preis auf einer Modenschau gewonnen. Nicole trug das Kleid, das ich ihr im Einkaufszentrum besorgt hatte, und Edward einen marineblauen Anzug mit Weste, komplett mit Hemd, Krawatte und Lacklederschuhen.

»Wie gut ihr ausseht!« rief ich. »Seid ihr unterwegs zu Edwards Mom?«

»Nein. Alles ist durcheinandergeraten. Es ist sehr kompliziert. Wir fahren nirgendwohin. Wir wollten euch nur unsere neuen Kleider zeigen.«

David kam die Treppe heruntergesprungen, dicht gefolgt von Jill. Beide trugen festliche Kleidung. »Heh, ihr seht echt flott aus«, kommentierte David Nicoles und Edwards Aufmachung, während er in den Spiegel sah und seine Fliege zurechtrückte.

»Wo hast du den neuen Anzug her?« fragte Jill.

»Vom ›Pennimart‹. Er hat zwanzig Dollar gekostet«, sagte Edward grinsend. Nicole lachte vor Stolz über ihre erfolgreiche Schnäppchenjagd.

»Dad, ich hab deine Schlüssel genommen«, sagte David auf dem Weg zur Haustür. »Ich kann meine nicht finden. Ist es okay, wenn ich deinen Wagen nehme?«

»Ich denke schon. Sieh nach, ob auch Benzin im Tank ist.«

Nicole fing ihren Bruder an der Tür ab, schlang die Arme um ihn und legte ihm den Kopf an die Brust.

»Können Edward und ich mitkommen?« fragte sie neckisch und blinzelte zu ihm hinauf.

Er sah mich kurz an. »Nein, Nicole, es tut mir leid.« Sachte löste er sich aus ihren Armen. Nicole sah ihm durch die Glastür hinterher, während er die Veranda überquerte und zum Gartentor hinausging.

»Ist meine Perlenkette richtig geschlossen, Mom?« fragte Jill. Sie hob das Haar im Nacken an, damit ich mir den Verschluß ansehen konnte.

»Ist in bester Ordnung. Setzt David dich bei Laurie ab?«

Sie nickte.

»Wer fährt dich nach Hause?«

»Brian.«

»Vergiß nicht, rechtzeitig nach Hause zu kommen!« rief ihr Matt nach, als sie ihrem Bruder hinterherlief.

Nicole machte sich gar nicht erst die Mühe, Jill zu fragen, ob sie und Edward mit ihr gehen dürften. Die Antwort hätte, wie sie vorher wußte, nein gelautet. Nicole stand da und blickte zur Tür hinaus, bis Jill das Gartentor hinter sich geschlossen hatte.

Es war auf einmal ganz still im Haus.

»Wohin gehen du und Dad?« fragte Nicole, die sich umdrehte und feststellte, daß auch wir uns in Schale geworfen hatten.

»Zu einer Party. Ich wünschte, wir könnten euch mitnehmen«, setzte ich hinzu, »aber es geht nicht. Wir dachten, ihr wärt heute abend bei Edwards Familie.«

»Kein Problem«, sagte sie ein bißchen zu schnell. »Edward und ich machen uns allein einen netten Abend.«

»Ihr könnt hierbleiben und fernsehen ...«

Sie sah Edward an, aber er schüttelte den Kopf.

»Nein, wir genießen die Fahrt nach Hause mit unseren Motorrollern«, antwortete sie. »Dann zünden wir Kerzen an und essen was zu Abend.«

Der Schmerz war gut verborgen. Ihre Worte klangen ganz so, als wäre schon die ganze Zeit nichts anderes geplant gewesen.

»Danke für den Motorroller«, sagte Edward schüchtern, als er aufstand und sich an der Tür zu Nicole gesellte.

Matt und ich sahen ihnen nach. Sie hatten die Zurückweisung so ruhig hingenommen. Keine Klagen. Überhaupt kein Hinweis auf ihre Gefühle.

Aber das war auch wieder typisch. Nicole sprach nur selten darüber, daß man sie ausschloß. Die einzige Ausnahme, an die ich mich erinnerte, war ein Anruf etwa eine Woche vor Weihnachten.

»Denk nur, wo wir heute waren! In ›Movie World‹!« rief sie mir durch den Hörer zu.

»›Movie World‹?«

»Ja, und wir haben da gesehen, wo Steve Austin und Jamie Sommers operiert wurden. Aber es war gar nicht echt.« Mit verworrenen Erläuterungen versuchte sie, die Magie zu erklären, die die Techniker des »Sechs-Millionen-Dollar-Mannes« vollbringen konnten, um den Zuschauer zu täuschen. Allmählich schloß ich daraus, daß sie die Universal Studios besucht hatten.

»Wir hatten so einen schönen Tag, daß ich gerne noch mal mit Jill und ihrem Liebling Brian hinfahren möchte!« jubelte Nicole. Sie brach ab. »Wenn es sie nicht stört, mit uns zu gehen«, setzte sie dann leise hinzu.

Ich legte auf und dachte über diese Äußerung nach: »Wenn es sie nicht stört, mit uns zu gehen.« Was für ein Gefühl war es, wenn man wußte, daß die ganzen »normalen« Menschen auf der Welt, selbst die eigenen Geschwister, einen nur duldeten? Wenn man wußte, daß sie einem nie erlauben würden, die enge Beziehung einer erwiderten Freundschaft zu erleben?

Eines Abends im Januar fanden die unzähligen Überprüfungen meiner Einstellungen zu Nicole auf einmal alle zusammen. Zuerst dachte ich, ich hätte entdeckt, wie Nicole alles sieht. Dann erkannte ich, daß ich nur Einblick in meine ganz eigene Perspektive erlangt hatte.

Sie hatte an diesem Abend angerufen und mich um einen Gefallen gebeten. »Ich hasse es, dich darum zu bitten, aber könntest du mich zu Dottie fahren?«

Dottie war, wie ich seit Thanksgiving wußte, die junge Frau, die bei Nicoles Abendessen ihre ganze Aufmerksamkeit Todd geschenkt hatte, dem Glatzkopf. Todd und Dottie wollten heiraten, und heute war ihr Polterabend.

»Eigentlich sollte mich Roger abholen, aber ich schätze, er hat es vergessen«, sagte Nicole. Irgendwas stimmte da nicht. Ihre Stimme bebte.

»Wir sind gleich bei dir«, versprach ich ihr.

Wenige Minuten später erreichten Matt und ich ihr

Haus. Matt drückte auf die Hupe, und Nicole kam die Treppe herunter.

Mit ihrer Aufmachung, den Sandalen und Strümpfen, dem gewickelten Rock, der Jerseybluse und dem unförmigen Pullover, sah sie aus wie eine modische junge Büroangestellte. Das Haar war frisch gekämmt und zu einem ordentlichen kleinen Knoten gebunden.

Ich öffnete ihr die hintere Wagentür, und sie setzte sich und schlug die Augen nieder.

»Das Geschenk ist in der Papiertüte. Ich hatte nicht genug Zeit, um es einzupacken«, flüsterte sie. Stokkend entrangen sich ihr die Sätze.

»Ich wollte eine Karte kaufen ... Ich habe es probiert ... Ich bin in den Laden gegangen und habe eine gekauft ... aber es war die falsche ...«

Sie unterdrückte das Bedürfnis zu weinen und fuhr zögernd fort.

»Ich wollte den Mann nicht bitten, sie mir vorzulesen ... Ich wollte es allein schaffen.« Sie erzählte, sie hätte sich eine hübsche Karte ausgesucht und wäre nach Hause geeilt, damit Edward sie ihr vorlas, nur um festzustellen, daß zwar die Gelegenheit passend war, aber die Karte als Geschenk eines Mannes an eine Frau verfaßt war.

»Ich kann nicht mal eine blöde Karte kaufen!« schrie sie verzweifelt.

Wir schwiegen, während sie darum rang, ihre Gefühle zu beherrschen.

»Aber du kannst eine Menge anderes tun, Nicole«, sagte Matt schließlich. Ich ergriff ihre Hand.

Seine Worte schienen das schlimmste Elend zu lindern. Als wir vor Dotties Elternhaus eintrafen, waren

Nicoles Augen wieder trocken. Sie stieg aus und ging langsam zur Party hinüber.

Matt schaltete den Motor aus. Wir saßen schweigend da und sahen zu, wie die Haustür zu einem hell erleuchteten Raum voller Menschen aufging. Nicole trat ein, und die Tür ging hinter ihr zu.

»Wie erträgt sie das nur?« rief ich. »Egal, wohin sie sich wendet – die Welt schreit ihr entgegen, daß sie unzulänglich ist. Sie bleibt von allem ausgeschlossen, was David und Jill genießen. Ihr werden Privilegien vorenthalten, die für ihre Geschwister selbstverständlich sind. Ihr bleiben die einträglicheren und interessanteren Stellen versperrt. Man sagt ihr, sie wäre nicht fähig, ein Kind zu haben – wenigstens habe ich ihr bis vor acht Monaten selbst damit in den Ohren gelegen. Sie kann nicht mal in ein Geschäft gehen und eine Grußkarte kaufen, ohne beschämt zu werden. Kein Wunder, daß sie mutlos ist.«

Matt starrte durch die Windschutzscheibe.

»Und dann«, fuhr ich fort, »verschlimmern wir ihre Probleme noch. ›Geh jeden Tag zur Arbeit. Plane deine Zeit sorgfältig. Iß was Richtiges. Geh früh schlafen. Mach deine Wohnung sauber. Teile dein Geld ein. Kümmere dich um Empfängnisverhütung. Das alles kriegt sie von morgens bis abends zu hören. Es ist alles so ... vernünftig, so typisch Mittelklasse. Warum sollte sie eigentlich so leben? Wo steht es geschrieben? Grundgütiger! Sie erklimmt jeden Tag Berge, nur um zu überleben.«

Matt sah mich an. »Und was möchtest du damit sagen?«

Ich zitterte. »Ich denke, ich weiß nicht mehr, was

das beste für sie ist. Es gibt viele Arten von Erfolg. Vielleicht wäre es für sie das beste, sich in Gesellschaft von Freunden die Nächte um die Ohren zu schlagen, ein oder zwei Kinder zu bekommen, von SSI zu leben – falls sie diese Unterstützung wieder bekommen kann – und in eine Stadt wie Fremont zu ziehen.«

Er konnte es nicht glauben. »Könntest du das wirklich akzeptieren? Ein zielloses In-den-Tag-hineinleben?«

Die Scheinwerfer eines vorbeifahrenden Wagens beleuchteten kurz Matts Gesicht, ehe es wieder in Dunkelheit versank.

»Ja, ich denke schon. Vor acht Monaten, bevor ich mit dieser Studie begonnen habe, hätte mir schon beim bloßen Gedanken geschaudert. Aber ich habe mich verändert.«

Matt trommelte mit einem Finger auf dem Lenkrad. »Sie hätte dann weniger Geld ... schlechtere Gesundheitsvorsorge ... wäre den Ereignissen eher ausgeliefert, als sie zu steuern.«

»Ich weiß, aber ich denke, sie ist dorthin unterwegs. Vielleicht nicht nächstes oder übernächstes Jahr, aber letztlich ...«

Er trommelte weiter. Eine Minute später ließ er den Motor an.

Kapitel 7

Ich weiß nicht, ob mich irgend jemand lieb hat.

In den nächsten sechs Monaten trafen Pech und Fehlentscheidungen zusammen und überwältigten Nicole und Edward. Sie überwältigten beinahe auch mich, weil Nicole jetzt endlich einmal ganz offen über ihre Probleme sprach – solange Edward es ihr erlaubt hatte.

Matt und ich bekamen die erste schlechte Nachricht zu hören, als Edward hereinschneite, um ein Buch über Muscheln zurückzugeben.

»Wie läuft die Arbeit bei Joey's?« fragte ich, als er Matt das Buch gab.

Er blickte auf seine Turnschuhe hinab und drehte langsam den Helm in den Händen. »Ich bin entlassen worden«, flüsterte er.

»Edward, das tut mir ja so leid!« Obwohl seine modische Brille dunkel getönt war, konnten wir erkennen, daß er mit den Tränen kämpfte.

»Weißt du, warum?« fragte Matt sanft.

»Ich war zu langsam. Ich bin auch oft zu spät gekommen oder habe gefehlt. Sie sagten, ich wäre ...« Er bemühte sich, auf den Ausdruck zu kommen, den sie benutzt hatten.

»Unzuverlässig?« gab ihm Matt ein Stichwort.

»Ja, das war es.« Seine Scham war so groß, daß wir schnell das Thema wechselten.

Er blieb vom Pech verfolgt.

»Edward hatte einen Unfall. Sein Motorroller ist total kaputt«, berichtete Nicole ein paar Tage später am Telefon.

»Was ist passiert?«

Sie schilderte den Ablauf der Ereignisse, wobei Edward jeden Satz ihrer Version überarbeitete. Anscheinend war er hinter einem Datsun hergefahren, als dieser anhielt und dann plötzlich und unerwartet zurücksetzte. Der Wagen knallte vor den Motorroller und warf ihn um, so daß Edward unter das Auto rutschte.

»Ist er okay?« fragte ich nervös.

»Ja, aber der Kerl mit dem Datsun ... Er hat die Nummer seines Versicherungsvertreters auf einen Zettel geschrieben, und als ich dort angerufen habe, war es ein Schuh-Reparaturdienst.«

Ich hätte den Fahrer am liebsten an den Zehen aufgehängt.

»Hat Edward zufällig das Nummernschild lesen können?«

Nicole gab meine Frage an ihn weiter.

»Nein. Ich mag nicht mehr drüber reden«, sagte er. Er hatte für einen Tag genug durchgemacht.

Zwei Tage später raffte er sich wenigstens dazu auf, zu uns zu kommen und sein Fahrrad aus der Garage zu holen, wo es seit dem Weihnachtsmorgen gestanden hatte.

»Hast du eine Ahnung, wie teuer die Reparatur des Motorrollers sein könnte?« fragte ich.

»Hundert Dollar«, sagte er und versteckte seine Verzweiflung hinter einem reglosen Gesicht.

Als nächste war Nicole an der Reihe, ein Unglück zu erleben. Irgendwie schaffte sie es, sich ein Stück Metall durch den Nagel tief in den Finger zu rammen. Sie fuhr mit dem Motorroller ins Krankenhaus, wo der Arzt den Finger betäubte und es entfernte. Aber es kam zu einer Infektion.

»Wie geht es deinem Finger?« fragte ich sie eine Woche später am Telefon. Ich hatte sie jeden Tag angerufen.

»Er ist okay. Ich nehme das Schmerzmittel nicht mehr.« Sie klang weniger groggy als noch unter der Wirkung des Medikaments, aber sie wirkte niedergeschlagen.

»Du nimmst doch das Penicillin weiter, bis alles geheilt ist, ja?«

»Ja.«

»Gut.« (Ich hatte herausgefunden, daß sowohl sie als auch Edward Antibiotika immer so lange nahmen, bis sie sich besser fühlten, und den Rest dann als Muntermacher für den Fall horteten, daß sich einer von ihnen eine Erkältung holte.)

»Ich hab dich lieb«, sagte ich, um sie aufzumuntern.

»Ich weiß nicht, ob es irgend jemand tut ...« sagte sie verzweifelt.

Während ihr Finger heilte, mußte Edward einen weiteren Schlag einstecken. Ich erfuhr am Telefon davon, als Nicole unabsichtlich erwähnte, daß ihm der Daumen weh tat.

»Was ist denn los mit seinem Daumen?« wollte ich wissen.

»Darf ich es ihr sagen?« hörte ich sie ihn fragen, obwohl sie die Sprechmuschel abdeckte.

»Er ist von meinem Motorroller gefallen und hat sich den Daumen gebrochen«, sagte sie, nachdem sie die Hand wieder weggenommen hatte.

»Wann ist das passiert?«

»Letzte Nacht, als er von der Arbeit kam.« (Obwohl es viel Mut von ihm verlangt hatte, war Edward für die Schicht zwischen achtzehn und zwei Uhr früh wieder in die Chowder Bowl zurückgekehrt.) »Er ist zur Ambulanz ins Krankenhaus gefahren, und sie haben den Daumen eingegipst.«

»Wie lange dauert es, bis er wieder arbeiten kann?«

»Einen Moment. Ich frage ihn. Edward?«

Ich konnte nichts weiter hören als den Ton der Karate-Sendung. Edward ließ niemals eine Folge von »Kung Fu« aus.

»Edward!«

(»Ahhh! Anhhhh!« Watsch. »Iiiaaah!« Watsch.)

»EDWARD!«

(Watsch. »Bring ihn nicht um!«) »Was?« brummte Edward.

»Was hat der Arzt gesagt? Wie lange dauert es, bis du wieder zur Arbeit gehen kannst?«

(»Iii oooh!« Watsch. »Hah hah anf!« Watsch.) »Drei Wochen ...«

Zwei Wochen später kamen sie zum Abendessen. Nicole deckte den Tisch, während ich in der Küche war, um in letzter Minute noch etwas zu kochen. Edward spazierte herein, um mit mir zu plaudern.

»Ich bin wirklich froh, daß ich den Gipsverband los bin«, sagte er, um Aufmerksamkeit heischend.

Ich ließ alles liegen und nahm seinen Daumen in Augenschein. Er war stark verfärbt und am Gelenk geschwollen.

»Der Arzt sagt, daß die Schwellung zurückgeht«, versicherte er mir.

»Wie hoch ist die Arztrechnung?« fragte ich und bemühte mich darum, nicht besorgt zu klingen.

»Dreihundert Dollar ... bislang«, sagte er.

Er ging aus der Küche, und ich hielt mich an der Kante der Anrichte fest. Das Leben der beiden war ein solches Chaos! Ich wünschte mir, ich hätte es »reparieren« können, damit sie glücklicher wären und nicht ständig nur Krisen durchmachten, aber ich wußte nicht, was da zu machen war.

Am nächsten Tag rief ich Gordon an. Er hatte weitere schlechte Nachrichten auf Lager. »Sie sehen nur die Spitze des Eisbergs«, sagte er. »Ich kann Ihnen nicht alles verraten, was Nicole mir erzählt, aber sie ruft mindestens einmal täglich an. Sie bittet um Hilfe bei ihren Problemen, ignoriert aber meine Vorschläge – zum Beispiel, dieses Girokonto zu schließen. Sie kommt jeden Tag verspätet zur Arbeit und fehlt viel zu häufig. Würde ich nicht regelmäßig mit ihren Vorgesetzten bei Techtron telefonieren, hätte sie die Stelle längst verloren.«

Ich hatte schon immer gewußt, daß Gordon einer von Nicoles Schutzengeln war. Auf einmal wurde mir klar, daß auch die Leute in ihrer Firma dazugehörten. Deren Rolle war mir bislang unbekannt geblieben, weil Nicole mir standhaft verboten hatte, mit ihnen zu reden.

Zu allem Überfluß bekamen Edward und Nicole

eine Krankheit nach der anderen. Jeder Bazillus, der des Weges kam, streckte sie nieder, weil ihre Widerstandskraft so gering war.

Und trotzdem gaben sie Geld aus, als hätten sie einen direkten Draht zum US-Finanzministerium.

»Könntest du, äh, Edward und mich vom Rockkonzert abholen und nach Hause bringen?« fragte Nicole, als sie eines Abends anrief.

»Welchem Rockkonzert.«

»The Foreigners. Sie spielen im Forum. Heute abend.«

Mein Blutdruck sieg um achtzig Einheiten. Dieses Geld hätten dem Krankenhaus und Charlotte als Vermieterin gehört.

»Wie wollt ihr hinkommen?« fragte ich und konnte meine Verärgerung nicht ganz verbergen.

»Mit dem Bus. Aber wir glauben nicht, daß nach elf oder halb zwölf noch Busse fahren.«

Ich war zu aufgebracht, um mich darum zu scheren. »Nein, tut mir leid«, sagte ich. »Ich kann euch nicht nach Hause fahren.«

»Ist schon okay«, meinte sie. Sie wußte, daß ihre Bitte eine Zumutung war. »Wir finden schon eine Möglichkeit. Kein Problem.«

»Was meinste mit ›kein Problem‹?« fragte Edward verärgert im Hintergrund.

Sie kamen an diesem Abend mit dem Bus nach Hause. Edward hatte sich in den Fahrplan vertieft und einen Bus gefunden, der noch um halb zwölf fuhr.

Ich wußte nicht, wie man im Krankenhaus auf die ständig anwachsende Rechnung reagierte, aber ich war über die Strategien von Nicoles Großmutter unterrichtet, mit denen sie versucht hatte, Nicole die Miete zu entlocken. Charlotte hatte sie mit frankierten, adressierten Umschlägen versorgt, sie am Monatsersten zum Mittagessen ausgeführt, sie am letzten Zahltag des Monats auf der Arbeitsstelle abgefangen und war jeden Freitagabend zu Nicole nach Hause gekommen, um sich die Wochenrate abzuholen.

Keine dieser Methoden führte zum Erfolg, aber Charlotte weigerte sich aufzugeben. »Wenn ich sie hinauswerfen würde, müßten sie in eine Gegend ziehen, in der es weniger sicher ist«, beharrte sie. Charlotte gehörte auch zu Nicoles Schutzengeln.

Eines Abends traf ich Gordon auf einer Go-Getters-Wiedersehensfeier. Er lachte in sich hinein, als wir einander begrüßten.

»Was ist los?« fragte ich.

»Ich kann manchmal richtig raffiniert sein. Letzte Woche habe ich mich mit Nicole und ihrem Berater von der Rehabilitierungsstelle zusammengesetzt, und wir haben Nicole dazu gebracht, einen Vertrag zu unterschreiben: ›Stehe früh auf (was bedeutet: gehe zeitig zu Bett) und erscheine rechtzeitig bei Techtron – oder du erhältst keine Fahrstunden.‹«

»Deshalb habe ich in letzter Zeit von Nicole nichts über die Fahrstunden gehört. Funktioniert es?«

»Nein, aber man sollte die Hoffnung nicht aufgeben, nicht wahr?«

Nicole kam angetanzt. Sie spielte mit Gordons Ohrläppchen herum und flüsterte etwas Unsinniges. Er lächelte geduldig. Als sie dann Roger hereinkommen sah, sauste sie los, um mit ihm zu sprechen.

»Gordon«, sagte ich, »danke für alles, was Sie tun.«

»Ist doch gar nichts. Richtig strapaziert zu werden, das brauche ich«, sagte er und wandte sich ab, um ein weiteres Elternteil zu begrüßen.

Wie ich vermutete, war Edward eines der vertraulichen Themen, über die Nicole mit Gordon sprach. Es lief nicht gut zwischen ihnen. Das war verständlich, wenn man an die ganze Belastung dachte, unter der sie standen.

Eines Abends ging Edward am Strand spazieren, wie er es häufig tat, und Nicole und ich hatten Gelegenheit, eine Zeitlang in ihrer Wohnung unter uns zu sein. Schließlich saßen wir gemeinsam auf ihrem Bett. Sie war so entspannt, daß ich dachte, es könnte eine gute Idee sein, das Thema einer Eheschließung anzusprechen.

»Weißt du, warum Edward nicht heiraten möchte?« wollte ich wissen. »Ich frage deshalb, weil er im Fall einer Heirat in deiner Krankenversicherung mitversichert wäre.«

»Er sagt, er möchte erst 1.000 Dollar auf der Bank haben, um damit einen Anzug, Ringe und die Flitterwochen zu bezahlen«, sagte sie und zog die Brauen zu einem umgekehrten »V« hoch, wie immer, wenn ihr etwas Kummer machte. »Manchmal sagt er, er möchte vor einem ›freien Richter‹ heiraten, um es hinter sich zu bringen; wir könnten es dann später ›erneuern‹. Ich sag ihm dann, daß es für meine Mom schlimm wäre, wenn ich das täte. Wäre es schlimm für dich?«

»Egal, worauf ihr beide euch einigt, es ist für mich okay.«

Sie kratzte sich am Handgelenk. »Ich möchte testen

lassen, wieso ich nicht schwanger werde. Würdest du dich über ein Enkelkind freuen?«

»Natürlich«, flunkerte ich, dankbar dafür, daß bislang kein Baby eingetroffen war und noch mehr Streß in das Leben der beiden gebracht hatte. »Mich würde allerdings beunruhigen, wenn es behindert wäre.«

»Mich auch. Ich würde mich scheußlich fühlen. Edward würde sich noch scheußlicher fühlen.«

Wir hörten einen Schlüssel im Schloß. »Das ist er!« sagte sie und sprang vom Bett auf. Sie begrüßte Edward an der Tür und zog ihn ins Schlafzimmer. »Erzähl ihr von der Hochzeit ...« drängte sie ihn, während sie ihn umarmte und sich an ihn schmiegte.

»Welcher Hochzeit?«

»*Unserer* Hochzeit.«

Er wurde starr. Er befreite sich aus ihren Armen, als wäre sie ein schleimiges Insekt, und stolzierte ins Badezimmer.

»Du möchtest nichts mit mir zu tun haben, nicht wahr?« fragte sie klagend, während sie ihm hinterherblickte.

Er schlug die Tür hinter sich zu.

Tag für Tag rief sie mich verzweifelt an. Nur selten erwähnte sie ihre Schwierigkeiten mit Edward, aber sie hielt mich über jede Krankheit und jeden Unfall auf dem laufenden. Dazwischen jammerte sie darüber, daß sie nie genug Geld hatte, um sich die Sachen zu kaufen, die sie haben wollte.

Immer wieder tauchte in dieser Litanei aus Klagen ein seltsames Interesse am Begriff »Hausfrau« auf, das mich in einem fort verblüffte.

Eines Tages dämmerte mir allmählich, was da vorging.

»Ich habe Edward gebeten, daß ich zu Hause bleiben und Hausfrau sein kann«, sagte sie am Telefon, »aber er meint, ich müßte zur Arbeit gehen.«

»Du wärst verrückt, wenn du kündigst!« schrie Edward aus dem angrenzenden Zimmer herüber. »Es ist ein guter Job. Du verdienst gutes Geld.«

»Würde es Edwards Meinung ändern, wenn du SSI bekämst?«

»Eine Minute. Ich frage mal«, sagte sie und entfernte sich vom Telefon. Ich verstand nicht, was gesagt wurde, aber Nicoles Worte klangen bittend, die Edwards heftig.

»Es würde ihn ganz fertigmachen«, sagte sie, ans Telefon zurückgekehrt. »Er sagt, wir könnten es uns nicht leisten, daß ich bei Techtron kündige, aber er sieht einfach nicht ein, wie viel ich zu tun habe, wenn ich von der Arbeit nach Hause komme. Ich muß Geschirr spülen, das Abendessen machen, bei ›Safeway‹, dem Supermarkt, einkaufen gehen, Geburtstagsgeschenke besorgen, die Wohnung saubermachen ... Ich hab gar keine Zeit mehr, um mich auszuruhen.«

Nicole hatte in den zurückliegenden Monaten eine Kehrtwendung vollzogen. Es fiel ihr immer noch schwer, zu einer zivilen Zeit ins Bett zu gehen, aber jetzt lag es daran, daß sie einen Putzfimmel bekommen hatte. Jedesmal, wenn ich zu Besuch kam, war die Wohnung makellos sauber.

»Kann Edward dir nicht helfen?«

»Nein. Ein Mann soll sich nicht um diese Dinge kümmern. Die Hausfrau macht das.«

»Aber Nicole, du bist doch keine Hausfrau. Die bist eine berufstätige Frau, und Edward sollte dir helfen.«

»Doch, ich bin eine Hausfrau! Genau wie du!«

»Ich bin jetzt keine mehr«, wandte ich schon ein. Auf einmal wurde mir jedoch klar, daß die Berufstätigkeit nicht der springende Punkt war. Es ging vielmehr um den Status einer »Hausfrau« und all das, was damit assoziiert wurde. Ihr ganzes Leben lang bekam Nicole schon Häuser zu sehen – sowohl im wirklichen Leben als auch im Fernsehen –, in denen die Mütter daheim blieben. Wie ich waren diese Frauen umgeben von einem Mann, Kindern, hübschen Möbeln, Küchengeräten und Autos in der Garage. Als ich Nicole erklärte, sie wäre keine Hausfrau, hatte ich ihr das Recht auf diese normale Identifikation und die Möglichkeit abgesprochen, diese Dinge jemals zu besitzen.

»Ja, Liebes, du bist eine Hausfrau«, sagte ich. Ihre Selbstachtung war wichtiger als Edwards Mithilfe im Haushalt.

Nicole hatte noch einen Grund, warum sie ganz zu Hause bleiben wollte. Sie bekam Edward kaum noch zu sehen. Wenn sie von Techtron nach Hause kam, war er bereits zur Arbeit gegangen, und wenn sie am nächsten Morgen aufstand, schlief er. Sie hatten nicht einmal mehr gemeinsame freie Tage.

Ihr Einfallsreichtum erwies sich jedoch als diesem Problem gewachsen – zumindest vorübergehend. Ich fand das ganz zufällig heraus.

»Wenn du nicht damit einverstanden bist, daß ich zu Hause bleibe und Hausfrau bin, könnte ich nicht wenigstens mit dir zusammen in der Chowder Bowl arbeiten?« fragte sie Edward bei einem ihrer Gespräche, das parallel zu einem Telefonat mit mir lief.

»Nein!« schrie Edward. »Du durftest letzte Woche nur deshalb mal kommen, weil jemand krank war.«

Das erklärte, wieso sie vorige Woche »zu krank« gewesen war, um zu Techtron zu gehen.

»Erzähle es bitte Daddy nicht«, bat sie mich und brach in Tränen aus.

»Das tue ich nicht, Liebes.«

»Edward ist so süß und lieb«, wimmerte sie, »und ich kriege ihn nie zu sehen. Ich arbeite gern da unten. Belle – die Betriebsleiterin am Abend ... Sie ist echt nett. Sie mag mich sehr.« Sie schluchzte. »Ich weiß nicht, was ich machen soll. Ich möchte meinen Job bei Techtron behalten. Wir müssen so viele Rechnungen bezahlen. Hast du irgendeine Idee, was ich tun sollte?«

»Ich fürchte, nein«, antwortete ich mitfühlend. Meine Neutralität war echt. Ich war mir über die richtige Vorgehensweise so wenig im klaren wie Nicole.

Das Leben verlief vielleicht enttäuschend für sie, aber wenigstens in einem Punkt klappte es einmal.

»Rate mal! Ich fange mit Fahrstunden an, und die Rehab-Leute bezahlen sie!« jubelte sie, als sie eines Abends auf dem Heimweg von Techtron hereingeschneit kam.

Das überraschte mich nicht. Sie hatte zwar den auf Wunsch Gordons und des Rehab-Beraters geschlossenen Vertrag nicht erfüllt, aber ich hatte die ganze Zeit gewußt, daß die anderen letztlich nachgeben würden. Hätte Nicole genug Zeit gehabt, hätte sie sie auch dazu gebracht, ihr einen Fallschirmspringerkurs zu genehmigen.

»Wann geht es mit den Fahrstunden los?«

»In zwei Wochen. Sobald ich den Führerschein habe, kann ich mir eines eurer Autos ausborgen, wenn ich was zu tun habe?«

Ich blickte ihr fest in die Augen. »Nicole, du wirst keinen unserer Wagen fahren.«

»Okay, dann kauft Daddy mir einen eigenen.«

»Dein Vater wird dir *kein* Auto kaufen, hast du gehört? Auf keinen Fall!« Mich überkam ein beunruhigendes Déjà-vu-Erlebnis.

Zwei Wochen später, am ersten Mai, hörten Matt, Jill und ich ein Gehupe von der Straße. Es war so beharrlich, daß ich nachsah und dann die anderen rief.

Dort saß Nicole am Steuer eines großen Wagens, auf dessen Dach ein gelbes Schild mit der Beschriftung »Kalifornische Fahrschule« leuchtete.

Ihr Fahrlehrer, ein netter Herr, stieg aus dem Wagen und begrüßte uns. Er erzählte uns, daß sein Spezialgebiet Fahrstunden mit Behinderten war, öffnete Nicoles Tür und zeigte uns den Lenkknopf, die handbedienten Bremsen am Steuerrad sowie das Handgas.

»Nicole benutzt diese Hilfsmittel natürlich nicht«, sagte er. »Die sind für Paraplegiker[12] und für Personen, die einen Schlaganfall hatten.«

»Hat der Wagen eine Automatikschaltung?« fragte Matt, der sich über Nicole beugte, um sich die Ausstattung anzusehen.

---

12 Paraplegiker: gleichmäßig auf beiden Seiten bzw. an den oberen oder unteren Extremitäten gelähmte Person.

»Oh ja. Die benutzt sie auch. Es wäre zu schwierig für sie, das Fahren mit der Handschaltung zu lernen.« Matt richtete sich auf und schloß die Tür, und wir alle dachten über das Phänomen »Nicole am Lenkrad eines Autos« nach.

Der Gegenstand unserer Überlegungen wirkte nervös.

»Wie macht sie sich?« fragten wir den Fahrlehrer.

»Sie hat die Neigung, manchmal ein bißchen zu langsam zu fahren, und sie ärgert sich, wenn jemand dicht auffährt, aber sie lernt dazu.« Er lächelte sie an.

Sie schluckte schwer. »Kann ich einmal um den Block und wieder zurück fahren?«

»Klar«, sagte er und stieg wieder auf den Beifahrersitz.

Matt, Jill und ich sahen zu, während Nicole den Motor anließ. Der Wagen fuhr langsam die Straße hinunter, während sich die Fahrerin ängstlich am Lenkrad festhielt. Sie verschwanden um die Ecke, und wir warteten.

Drei Minuten verstrichen – dann fünf. Jill gab auf und kehrte ins Haus zurück. Endlich kroch die gelb beleuchtete Limousine am anderen Ende der Straße um die Ecke.

»Ich wußte nicht, ob sie noch mal zurückkommen wollte oder nicht, so viele Blocks weit ist sie gefahren«, erklärte der Fahrlehrer.

Matt und ich winkten Lebewohl, und Nicole steuerte den Wagen wieder behutsam die Straße entlang.

»Ich wette, ihr ward gestern abend richtig stolz auf mich«, sagte sie, als sie am nächsten Tag anrief. »Ich müßte allerdings auch außerhalb der Fahrstunden üben. Hast du eine Ahnung, wie ich das machen könnte?«

»Überhaupt keine«, entgegnete ich.

»Oh.«

»Nicole, was willst du später mit deinen Fertigkeiten anfangen, falls du wirklich die Prüfung bestehst? Du kannst dir kein Auto leisten, und wir werden dir keines kaufen.«

»Daddy hat gesagt, er würde es tun, wenn ich und Edward nach Lemon Grove ziehen.«

Das stimmte; in einem unachtsamen Augenblick hatte er das gesagt. Nachdem uns Nicole in leuchtenden Farben die hundertste Wohnung geschildert hatte, die »nur achthundert kostet«, und gefragt hatte, wieso sie nicht dort einziehen konnte, erklärte ihr Matt, daß sie sich außer ihrer jetzigen Bleibe nur eine andere leisten könnte: Einen Wohnwagen auf einer unserer Apfelsinenfarmen in Lemon Grove. Daraufhin löcherte Nicole ihn: Wenn sie so weit draußen auf dem Land wohnen würde, müßte sie dann nicht einen Wagen haben? Entnervt gab Matt ihr schließlich recht.

»Aber das gilt für Lemon Grove«, sagte ich. »Möchtest du wirklich dort hinziehen?« Es hatte sie jeweils ziemlich gelangweilt, uns ein oder zweimal auf unseren Fahrten in den Norden zu begleiten, als wir etwas mit Osamu Takeda, unserem Farmmanager und engen Freund, zu besprechen hatten.

»Ich weiß nicht. Aber ich kann über die Fahrschule einen Brauchwagen kriegen.«

Ich überlegte eine Minute lang. »Einen Gebrauchtwagen?«

»Ja. Ich kann einen für 600 Dollar bekommen, weil

ich dort Fahrschülerin bin. Ich möchte mit Daddy reden, ob er mir einen kauft ... für Lemon Grove.«

Ich bekam allmählich Kopfschmerzen.

»Edward möchte zur Zeit noch nicht Autofahren lernen«, fuhr sie fort. »Ihn beschäftigt zu viel ...«

Ich legte auf und nahm ein Aspirin.

Mitte Mai, zwei Wochen später, rief Nicole an. »Ich habe bestanden!« schrie sie.

»Glückwunsch«, sagte ich mit dem bißchen Begeisterung, das ich aufbringen konnte.

»Darf ich mir den ›Bus‹ ausleihen, um mit meinen Freunden nach Disneyland zu fahren?« fragte sie, ohne einmal Luft zu holen. Sie meinte unser VW-Wohnmobil. Es war unser einziger Wagen mit Automatikgetriebe.

»Nein.«

»Das dachte ich mir«, sagte sie. Sie war nicht wütend. Es hatte eher den Anschein, daß sie nur auf den richtigen Zeitpunkt warten würde.

Anfang Juni nahm Matt Edward und Nicole für ein Wochenende mit hinauf nach Lemon Grove. Die Landschaft zeigte sich von ihrer schönsten Seite. Endlose Reihen grünen Getreides und tragender Obstbäume zogen an den Autofenstern vorbei, und das schwere, süße Aroma frisch gemähter Luzernen lag in der Luft.

Nicole übernahm auf der Drei-Stunden-Fahrt die Rolle der Touristenführerin für Edward, für den es der erste Ausflug in den Norden war.

»Das sind Pfirsichbäume«, erklärte sie ihm, als sie an einem Nußbaumbestand vorbeikamen.

»Daddys Farm ist auch so groß«, sagte sie huldvoll, als es an einer Tausend-Morgen-Farm vorbeiging.

»Nicht ganz«, korrigierte Matt sie und erklärte ihr, daß unser Land auf einige Parzellen von jeweils zehn oder zwanzig Morgen verteilt war.

In Lemon Grove nahm Matt, sobald die geschäftliche Besprechung mit Osamu abgeschlossen war, Edward und Nicole zu einem Verkäufer für gebrauchte Wohnwagen und Caravans mit. Nicole betrachtete sich die fahrbaren Heime interessiert, aber ihr Hauptaugenmerk galt der Rückfahrt, denn Matt hatte ihr versprochen, daß sie einen Teil der Strecke selbst fahren durfte.

»Sie war extrem vorsichtig«, berichtete mir Matt, als er nach der Rückkehr die staubigen Halbstiefel aufschnürte. »Einmal konnte sie sich nicht entscheiden, ob sie eine gelbe Ampel überfahren oder bremsen sollte, und ich mußte ihr Anweisungen geben, aber ansonsten hat sie sich wacker geschlagen. Ich habe ihr allerdings gesagt, daß wir sie nie mit gutem Gefühl in der Stadt fahren lassen würden.«

Nicole hatte den letzten Satz entweder nicht gehört oder beschlossen, ihn zu ignorieren. »Kann ich den ›Bus‹ haben, um fahren zu üben?« bettelte sie am nächsten Tag, am übernächsten und am überübernächsten.

»Nicole – ich müßte mit dir mitkommen, und dabei warten auf mich Seminare, meine Arbeit auf der UCLA, die Hausarbeit ... Ich bin einfach zu beschäftigt.«

»Ich möchte dir und Daddy nicht weh tun, aber darf ich dir was sagen? Ich finde es einfach nicht fair, daß ihr David und Jill allein fahren laßt, aber unbedingt mitkommen möchtet, wenn ich fahre.«

Ich versuchte, mir eine Antwort auszudenken.

Sie wollte gar keine hören. »Sieh mal, ich möchte dich auf keinen Fall von den Sachen wegschleppen, die du erledigen mußt. Ich möchte nur deshalb allein fahren, um dir Zeit zu sparen.«

Ja, aber klar, dachte ich mir.

Im Juni mußte sie sich mit einer Angelegenheit befassen, die sie als ein geringfügiges Ärgernis einstufte.

»Mutter, was heißt I-n-k-a-s-s-o-s-t-e-l-l-e?«

Ich war gar nicht überrascht, dieses Wort zu hören. Ich hatte seit Monaten damit gerechnet.

»›Inkassostelle‹. Wer hat den Brief geschickt?«

»Das Krankenhaus. Er ist an Edward. Was bedeutet das? Ist es schlimm?«

»Falls Edwards Rechnungen an eine Inkassostelle weitergeleitet wurden, ist das nicht gut. Ich müßte den Brief jedoch erst sehen, ehe ich mehr dazu sagen kann. Wie wär's, wenn ich rüberkomme und mal einen Blick darauf werfe?«

»Na ja ... ah ...« Sie deckte die Sprechmuschel ab, und ich hörte sie gedämpft mit Edward reden.

»Edward sagt, es ist okay, wenn ich dir von dem Wagen erzähle«, sagte sie, als sie die Hand weggenommen hatte, »weil du ihn sowieso siehst, wenn du herkommst. Wir haben uns ein Auto gemietet.«

»Oh?« machte ich und bemühte mich um einen ruhigen Tonfall.

»Es ist so schön!« gurrte sie. »Genau so eines, wie wir es kaufen möchten – ein Toyota Corolla.«

»Wie nett. Wann habt ihr ihn bekommen?«

»Am Mittwoch.«

»Ich bin in ein paar Minuten da.«

Kaum hatte ich ihre Wohnung betreten, da schob Nicole mich schon wieder die Treppe hinunter. Sie schloß das Garagentor auf und schob es hoch – ich konnte fast den Trommelwirbel hören –, und dort, Teufel noch mal, stand ein Toyota Corolla.

»Komm, sieh ihn dir von innen an!« quietschte Nicole und öffnete die Wagentür. Da klar war, daß sie mir keinen Frieden gönnen würde, bis ich mir den Innenraum angesehen hatte, setzte ich mich hinters Lenkrad und äußerte mich angetan über die Ausstattung.

»Wieso liegt überall Popcorn auf dem Boden?« fragte ich, stand auf und drückte meinen Rücken durch.

»Gestern sind wir alle ins Autokino gefahren. Es war einfach toll!«

»Klingt gut. Wie hoch ist die Miete?«

»Vierundzwanzig Dollar am Tag plus Benzin«, räumte sie ein wenig unbehaglich ein und ergänzte dann: »Wir geben ihn aber morgen zurück.«

Das ergab sechsundneunzig Dollar plus Benzinkosten. Erstaunlich.

Als sie die Garage zuschloß, ratterten zwei Jungs in Badehosen auf ihren Skateboards vorbei. Der alljährliche Strandaufmarsch der Badeanzugsgesellschaft hatte begonnen, obwohl wir den üblichen bedeckten Junihimmel hatten.

»Hallo, Mrs. Kaufman«, sagte Shelley. Sie wartete oben an der Treppe und hatte den Kopfhörer eines Walkmans aufgesetzt. Shelley war vor kurzem bei Nicole und Edward eingezogen.

»Daddy hat letztes Wochenende meine Sachen gebracht«, erzählte mir Shelley, während ich mich kurz in der Wohnung umsah. Der einzige Hinweis darauf, daß noch jemand eingezogen war, war eine kleine Kommode in einer Ecke des Schlafzimmers.

»Wo ist dein Bett?« fragte ich.

»Auf dem Boden im Wohnzimmer«, informierte mich Nicole. »Deshalb haben Edward und ich eine Couch bestellt.«

Ich ließ mich in einen der Korbsessel fallen.

»Es ist eine extra große Schlafcouch«, fuhr Nicole fort. »Mach dir keine Sorgen. Wir kaufen sie nicht auf Kredit. Wir haben sie bar bezahlt. Der Ladenbesitzer ist echt nett. Er mag mich sehr.«

»Wieviel hast du ihm gegeben?« fragte ich und fürchtete dabei die Antwort.

»Siebenhundert Dollar – unsere Rückzahlung von der Einkommenssteuer.«

»Hast du eine Quittung?«

»Ich denke schon ...« Sie stöberte in einer Schreibtischschublade herum, holte Papiere hervor und begutachtete sie, aber es kam wenig dabei heraus.

»Versprichst du mir«, fragte ich schließlich, »mir Bescheid zu sagen, wenn du Schwierigkeiten hast, die Couch zu bekommen?«

»Ja, Momma. Aber ich gehe jeden Tag hin und sage ihm, daß er sich lieber beeilen sollte.«

Irgendwie fühlte ich mich besser. Tatsächlich tat mir der Ladeninhaber sogar fast leid.

Edward war mittlerweile mit dem Brief vom Krankenhaus in der Hand aus dem Schlafzimmer gekommen. Er stand da und wartete, während ich ihn las.

Nicole ebenfalls. Shelley hatte sich auf den orangefarbenen Sitzsack geflegelt und war ganz in der Musik aus dem Walkman versunken.

»Du hast Glück, Edward«, sagte ich. »Das ist nur ein Mahnschreiben. Hier steht, daß deine Rechnung an eine Inkassostelle weitergeleitet wird, wenn du nicht anfängst, die 368 Dollar abzuzahlen, die du dem Krankenhaus für die Behandlung deines Daumens schuldest.«

Edward trat von einem Fuß auf den anderen. »Ist eine Inkassostelle was Schlimmes?«

»Ja, das ist es. Du könntest von da an Schwierigkeiten haben, noch irgendwas zu bekommen – einschließlich medizinischer Dienste.«

Er wurde bleich.

»Diese Leute begreifen einfach unsere Lage nicht«, schnaubte Nicole. »Ich fahre sofort ins Krankenhaus und erkläre es ihnen. Bringst du uns hin?« wandte sie sich an mich.

»Ich könnte es tun, aber die Leute dort werden nicht interessiert sein. Das einzige, was sie wollen, ist euer Geld.«

Edward schien recht abgeneigt, unter solchen Umständen irgend jemanden im Krankenhaus mit diesem Problem zu konfrontieren, aber Nicole war bereits auf dem Weg zur Tür. »Wir werden diese Sache klären«, sagte sie.

Auf einmal blieb sie stehen. »*Ich* könnte uns hinfahren!«

Ich hatte es kommen sehen und nicht verhindern können. »Ich schätze, das könntest du«, seufzte ich. »Aber du fährst das Wohnmobil, nicht den Toyota.« In meinem eigenen Wagen hatte ich das Gefühl, die Lage besser im Griff zu haben.

Nicole schnappte sich die Wagenschlüssel aus meiner Handtasche und lief hinaus. Edward und ich folgten ihr die Treppe hinunter und überließen Shelley ihrer Musik.

Nicole schloß das Wohnmobil auf und hievte sich auf den Fahrersitz. Edward stieg hinten ein. Ich setzte mich vorne neben Nicole.

In den nächsten acht Minuten bewegte sich nichts. Zuerst stellte Nicole den Sitz für ihre kurzen Beine ein. Dann justierte sie den Außenspiegel. Den Rückspiegel über dem Armaturenbrett. Den Außenspiegel an meinem Fenster – eine Übung, für die sie dreimal über meinen Schoß klettern mußte. Nachdem Nicole ihre Einstellungsarbeiten erledigt hatte, machte sie sich am Sicherheitsgurt zu schaffen. Sie mußte den Versuch, ihn zu verlängern, schließlich aufgeben, aber nicht, ehe sie mich gründlich gescholten hatte, weil ich so unklug war, ein Fahrzeug ohne verstellbare Sicherheitsgurte zu besitzen.

Endlich ließ sie den Motor an und nahm Kurs auf das Krankenhaus, eine Entfernung von etwas über drei Kilometern. Sie fuhr immer noch gefährlich langsam, aber ihre Angst war endlich weg. An deren Stelle war Selbstgefälligkeit getreten. Irgendwann unterwegs bestand Nicole darauf, daß ich mich zu ihr hinüberbeugte, damit sie mich auf die Wange küssen konnte.

Am Zielort parkte sie das Wohnmobil und marschierte ins Gebäude. Edward und ich trotteten hinter ihr her.

»Ich bin Nicole Kaufman«, verkündete sie.

»Ja?« fragte die Frau am Eingangsschalter.

»Ich bin wegen meiner Rechnung hier«, sagte Nicole, verärgert darüber, daß die Dame den Grund ihres Hierseins nicht kannte.

»Geradeaus in dieses Büro dort«, wies die Frau ihr die Richtung.

Wir marschierten alle hintereinander hinüber. Patienten im Wartezimmer sahen Nicole an. Sie hatte keine Schuhe und keinen BH an und trug Shorts sowie ein enges T-Shirt mit der Aufschrift: »Schüttel deine Beute«.

Im Verwaltungsbüro wiederholte Nicole ihr Anliegen. Sie reichte der Empfangsdame auch Edwards Rechnung.

»Bitte setzen Sie sich. Unsere Sachbearbeiterin ruft Sie gleich auf.«

Kaum hatte ich es mir mit einer Zeitschrift bequem gemacht, da tauchte eine junge Frau in der Tür auf und fragte: »Nicole Kaufman?«

Nicole sprang auf und folgte ihr durch das Verwaltungsbüro in ihre Kabine. Edward und ich schlurften ihnen nach.

Nicole fuchtelte mit den Armen und sprudelte ihre Version des Rechnungsproblems hervor.

Die junge Frau hörte ihr zu, betrachtete sich aber die ganze Zeit Edwards Rechnung. »Der Name auf dieser Rechnung lautet Brichant, nicht Kaufman ...« sagte sie verdutzt.

»Ich habe den Namen noch nicht gewechselt«, erklärte Nicole.

»Oh. Eine Minute.« Die junge Frau rief eine andere

Angestellte in die Kabine. »An wen sollte sich diese Patientin wegen der Namensänderung wenden?«

»Sehen Sie, ich bezahle meine Rechnung schon ab, aber mein Name ist noch nicht Brichant«, fuhr Nicole fort und lächelte aufmunternd. »Ich habe letzte Woche einen Scheck geschickt.«

Die beiden Frauen musterten Nicole. Sie riefen eine weitere Frau herbei. Nachdem sie Nicole unzählige Fragen gestellt hatten, fanden sie allmählich heraus, daß Nicole nichts mit der Rechnung zu tun hatte, sondern daß es um die Zahlungsprobleme des stillen jungen Manns hinter ihr ging. Nachdem dieser Punkt geklärt war, übernahm die Sachbearbeiterin für die Patienten von »A bis E«, und wir gingen nacheinander in ihre Kabine.

Nicole lachte in sich hinein und genoß in vollen Zügen die Aufmerksamkeit, die sie hier fand.

In der neuen Kabine tippte die »A-bis-E-Frau« auf die Tasten ihres Computerterminals. Edwards Angaben erschienen bald bedrohlich in weißen Buchstaben und Zahlen auf dem Bildschirm.

»Die Zahlen in der Spalte ganz rechts sind längst überfällig«, gab sie bekannt. Die meisten von Edwards »Zahlen« waren dort zu sehen.

»Was heißt ›überfällig‹?« wollte Nicole wissen.

Die Dame startete ihre Erläuterungen. Nicole und Edward versuchten, sie zu verstehen, bekamen aber bald stumpfe Augen.

»Überfällig heißt ›schlimm‹«, mischte ich mich ein, denn ich war zu dem Schluß gelangt, daß wir den ganzen Tag hier verbringen würden, wenn ich es nicht tat.

»Möchten Sie einen Zahlungsplan vereinbaren?« fragte die junge Frau Edward. »Es müssen schon große Raten sein, denn Sie schulden uns inzwischen 448 Dollar. Seit der letzten Rechnung hatten Sie noch einige Arzttermine.«

Er sah mich an, damit ich es ihm übersetzte.

»Möchtest du jeden Monat einen bestimmten Betrag von der Rechnung zahlen – sagen wir 50 Dollar?« fragte ich.

Er schluckte hörbar und nickte.

»Dann muß ich ein gelbes Formular holen«, sagte die Frau und entschuldigte sich.

»Und du redest immer davon, ein Auto zu kaufen!« knurrte Edward Nicole an.

Die »A-bis-E-Frau« kam zurück, und die Formulare wurden ausgefüllt und unterschrieben.

»Sie sind nett«, sagte Nicole zu ihr, als wir uns zum Gehen wandten. »Kann ich zu Ihnen kommen, wenn ich Probleme mit meiner Rechnung habe?«

»Nein, Sie sollten dann zu der ersten Dame gehen, die Sie hier getroffen haben. Sie ist für ›F-bis-K‹ zuständig.«

Nicole war enttäuscht. »Ich verstehe. Weil ich noch nicht Brichant heiße. Ich wünschte, es wäre schon geändert worden ...« Sie warf Edward einen sehnsüchtigen Blick zu. Er wand sich sichtlich.

Auf dem Weg zurück zu ihrer Wohnung wählte Nicole die längste mögliche Route. Es war eine stille Fahrt. Ich spürte, daß jetzt nicht die richtige Zeit zum Plaudern war, und blieb ruhig.

Einmal mußte ich mich jedoch zu Wort melden. Nicole hatte eine Linksabbiegerspur ohne Ampel genommen und wartete nun auf eine Lücke im entgegenkommenden Verkehr.

»Nicole, was steht dort?« fragte ich und deutete auf ein Verkehrsschild direkt vor uns.

Sie hatte es gar nicht bemerkt. »Nicht ... links ... abbiegen«, las sie. Sie brauchte einen Moment, um das zu verdauen – und sah mich beunruhigt an.

»Was steht sonst noch auf dem Schild?« fragte ich.

»›Zwischen‹? ...« (Sie war sich nicht sicher, ob sie das Wort korrekt abgelesen hatte.) »... ›vier und sechs‹?« Sie drehte sich mit großen Augen zu mir um. »Ist es okay, zwischen vier und sechs abzubiegen?«

»Nein. Das Schild sagt: ›*Nicht* zwischen 4 und 6 Uhr nachmittags links abbiegen, außer an Sonn- und Feiertagen.‹«

Sie war völlig verwirrt. Im Gegenverkehr hatte sich eine Lücke aufgetan, und sie wollte klar verständliche Instruktionen, kein amtliches Verkehrschinesisch.

»Du kannst abbiegen«, sagte ich. Sie seufzte gewaltig und tat wie geheißen.

Ich machte mir jedoch Sorgen. Zum sicheren Fahren gehörte es nun einmal, auch Schilder lesen und sie verstehen zu können. Wie wollte sie nur zurechtkommen? Ich konnte es immer noch nicht verstehen, wieso der Fahrprüfer ihr den Führerschein ausgestellt hatte, als sie das Wohnmobil vor ihrer Haustür abstellte.

»Oh, das hätte ich beinahe vergessen«, sagte ich, als sie gerade aussteigen wollte. »Ich habe die jährlichen Zahnarzttermine für die Familie vereinbart, wie immer auch für dich, falls du mitkommen möchtest.«

Nicole bedachte Edward mit einem anklagenden

Blick. »Er sollte auch kommen. Er putzt sich nie die Zähne!«

»Doch, tue ich!« protestierte er.

»In letzter Zeit hast du es jeden Tag getan, aber vorher nicht. Stimmts?«

Edward saß da wie erstarrt.

»Okay, dieses ›vorher‹ könnte zu Löchern geführt haben.« Edward bewegte den Unterkiefer ruckhaft hin und her. Er tat dies in letzter Zeit häufiger.

»Na ja«, sagte ich fröhlich, »vielleicht begleitet er uns irgendwann mal, aber jetzt muß ich nach Hause.« Ich gab Nicole einen Kuß, und sie stiegen beide aus. Als ich um die Ecke bog, sah ich Nicole noch winken. Edward war die Treppe hinaufgeflüchtet.

Kapitel 8

Es scheint, als würde ich auf die harte Tour lernen, wie man allein lebt.

Mit vierundzwanzig hatte Nicole kaum einen Grund, den Zahnarzt zu fürchten. Während wir anderen darauf warteten, nacheinander unsere Löcher gefüllt zu bekommen, erhielt sie wie in all den Jahren zuvor problemlos die Bescheinigung des Zahnarztes, daß sie ihre Zähne hatte kontrollieren lassen.

Aber nach diesem Triumph stießen ihr und Edward weitere Katastrophen zu.

Zuerst wurde Edwards Motorroller gestohlen. Er hatte ihn reparieren lassen und war damit zur Arbeit in der Chowder Bowl gefahren. Als er ihn eines Nachts wieder vom Motorrollerparkplatz holen wollte, war er verschwunden. Die Kette war durchgeschnitten. Untröstlich rief er die Polizei, aber sie machte ihm nur wenig Hoffnung, den Motorroller je wiederzusehen.

Dann fielen er und Nicole auf Betrüger herein. Als man sie postalisch einlud, einem Einkaufsclub beizutreten, um Geld zu sparen, trugen sie sich ein. Nicole erzählte, sie wären »hinausgefahren« und hätten »jemandem« 100 Dollar gegeben. Nach ein paar Tagen überlegten sie es sich anders und bemühten sich darum, ihr Geld zurückzuerhalten, aber die Betrüger waren verschwunden.

Sie waren auch eine leichte Beute für Diebe. Als Nicole eines Abends allein zu Hause war, kam ein Nachbar herein, um das Telefon zu benutzen. Er bat um ein Glas Wasser. Nicole ging aus dem Zimmer, um es zu holen. Fünf Minuten, nachdem sich der Mann wieder verabschiedet hatte, entdeckte Nicole, daß das Geld für die Miete – 300 Dollar in bar – fehlte. Es hatte neben dem Telefon gelegen. Sie ging zu dem Nachbarn und forderte es zurück, aber er leugnete, es genommen zu haben.

»Es scheint, als würde ich auf die harte Tour lernen, wie man allein lebt«, sagte sie verzweifelt, während sich solche Erfahrungen aneinanderreihten.

Immerhin lernte sie hinzu. Der Grund, warum sie die Miete überhaupt in bar im Hause hatte, war der, daß sie ihr Girokonto geschlossen hatte. Das war ein Fortschritt – nur daß sie und Edward jetzt anfälliger für Diebe waren, da sie immer mit Bargeld hantierten.

Ich wußte nicht, ob ich mich freuen oder weinen sollte. Meistens war es mir egal. Ich wollte nur vom Telefon wegkommen. Jedesmal, wenn es klingelte, war Nicole am anderen Ende und berichtete von einer neuen Katastrophe. Oder falls in den letzten vier Stunden keine passiert war, wollte sie einfach »reden« – das war ihr umschreibender Ausdruck dafür, endlos zu überlegen, ob sie ihren Job kündigen sollte oder nicht.

Oder sie wollte mir sämtliche Gründe auseinandersetzen, warum sie sich auf der Stelle das Wohnmobil ausleihen mußte.

»Hallo«, begann sie beispielsweise. Es war ihr dritter Anruf an diesem Tag.

»Wir essen gerade«, sagte ich. »Kann ich in fünfzehn Minuten zurückrufen?«

»Ja, aber darf ich dich was fragen?«

»Ich denke schon«, sagte ich müde. »Worum geht es?«

»Kann ich das Wohnmobil haben?«

»Nein.«

»Aber ich muß meine Lebensmittel von Dottie holen. Sieh mal, einige davon müssen in den Kühlschrank.«

Während mein Essen immer mehr abkühlte, erklärte sie mir, warum sich die Lebensmittel überhaupt bei Dottie befanden, wo Dottie wohnte, warum sie nur zwischen 7 Uhr 15 und 7 Uhr 45 zu Hause war, in welcher Tüte die verderblichen Sachen steckten ...

Als ich vom Telefon wegkam, hatte ich Schaum vor dem Mund. Matt fuhr los, um die Lebensmittel zu holen.

Ich reagiertc kaum geduldiger, wenn sie darum Aufhebens machte, ob sie Techtron verlassen sollte oder nicht. Das war eine echte Zwickmühle. Sollte sie aufhören, verlor sie das Einkommen sowie die Vergünstigungen und zog sich den Zorn ihres Vaters und Edwards zu. Blieb sie jedoch dort, bekam sie Edward kaum zu sehen und mußte weiter eine Arbeit erledigen, die sie haßte.

Eines Tages bot sich eine Gelegenheit, diesen Konflikt zu lösen. Sie packte sie sofort am Schopf – jedoch nicht ohne eine ansehnliche Dosis Schuldbewußtsein.

»Wo hast du die denn her?« fragte ich, als sie zu Besuch kam und eine dunkle Sonnenbrille trug.

»Ich war unten am Meer, um mal zu gucken, wie

das Wasser ist, und eine große Welle hat mich umgehauen.« Die Brille war eine Übergangslösung des Optikers, erklärte sie. Die neue Brille würde erst in drei Wochen fertig sein.

»Siehst du denn gut genug, um zur Arbeit zu gehen?«

»Nein. Hier ist die Tupperware-Schüssel, die ich mir ausgeborgt habe. Ich kann nicht bleiben, weil ich das Auto ...« Sie stoppte sich selbst und wurde ganz still.

»Hast du dir wieder ein Auto gemietet?«

»Ich möchte nicht darüber reden!« schnappte sie und stolzierte zur Tür hinaus. Ich hörte, wie draußen ein Auto angelassen wurde.

Matt war argwöhnisch, als er erfuhr, was passiert war. Er verzichtete darauf, Nicole zur Rede zu stellen, aber als er zwei Wochen später herausfand, daß sie nicht mehr zur Arbeit ging, bröckelte seine Selbstbeherrschung.

»Ist deine Brille schon fertig?« fragte er sie, als sie wieder anrief.

»Nein.«

»Hast du in letzter Zeit mit den Leuten in der Firma gesprochen?«

Eine lange Pause trat ein. »Ja ...«

»Was haben sie gesagt?«

»Sie haben am Montag angerufen.«

»Bist du gefeuert?«

»Ja«, flüsterte sie. »Ich ... Ich wollte es dir nicht sagen.«

»Warst du überrascht?« fragte er und wurde lauter.

»Nein ...«

»Du hättest auch mit der Ersatzbrille zur Arbeit gehen können, weißt du?«

»Nein, hätte ich nicht! Ich konnte nichts sehen. Ich kann immer noch nichts sehen!« protestierte sie.

»Belüg mich nicht, Nicole. Wie kommt es dann, daß du dieses Auto fahren konntest?«

Keine Antwort.

»Wie kommt es?«

Immer noch keine Antwort.

»Hier«, sagte er und hielt mir den Hörer hin.

»Niemand glaubt mir!« schrie mir Nicole ins Ohr. »Daddy tut es nicht. Edward tut es nicht. Mein Boß tut es nicht.« Sie beharrte stur darauf, daß sie ein Opfer widriger Umstände war.

»Ich weiß, Liebes«, sagte ich immer wieder, bis ihre Proteste erstarben. Als sie nicht mehr das Bedürfnis hatte, sich zu verteidigen, erläuterte sie mir ihre Pläne für die neugewonnene Freiheit. Sie würde SSI beziehen und ihre Zeit damit zubringen, Rezepte in dem Crock-pot auszuprobieren, Vorhänge fürs Schlafzimmer zu nähen, mit einem Bus nach Lemon Grove fahren, um zu sehen, ob sie dort leben wollte ...

»Warte mal eine Minute«, warnte ich sie. »Vielleicht erhältst du gar keine SSI.«

»Oh.« Sie wußte, daß das möglich war, hatte es jedoch bequemerweise vergessen.

»Du weißt, wo das Sozialamt ist. Versuch mal, die Leute zu überreden, daß sie dich wieder finanzieren.«

Ein paar Tage später tauchte sie mit den Antragsformularen auf. Ich füllte sie aus, und sie verschwand wieder.

»Die Dame sagt, ich kann keine SSI mehr kriegen!«

meldete sie sich entrüstet in der Woche darauf. Ich las den Brief, den sie in der Hand hatte. Dort stand zu lesen, daß Nicole nicht mehr als behindert galt, weil sie zu lange Arbeit gehabt hatte.

Und das war es dann. Per bürokratischer Mitteilung hatte man ihr die geistige Behinderung aberkannt. Nicht jedoch ihre faktische Behinderung. Das wurde überdeutlich, als ich mit ihr das Arbeitsamt aufsuchte, um ihr bei dem Antrag auf Arbeitslosenunterstützung zu helfen.

Ich dirigierte Nicole an einen Schalter, wo ein Sachbearbeiter ihr das Formular reichte, und wir setzten uns an einen großen Tisch, um es auszufüllen. Weitere Antragsteller gesellten sich zu uns. Sie brauchten zwanzig Minuten oder so, um ihre Formulare auszufüllen, und gingen wieder. Wir saßen dort drei Stunden lang.

»Nein«, wies ich Nicole an. »Nicht in dieses Feld. In das dort. Schreib ›d‹ ... ›i‹ ... ›e‹ ... Jetzt Platz lassen. Nein, nicht so viel Platz. Okay, jetzt schreib ›C‹ ... ›h‹ ... ›o‹ ... ›w‹ ... ›d‹ ... Nein, nein, nein! Du hast ein ›b‹ geschrieben. Beim ›d‹ geht der Bauch in die andere Richtung.«

»So?« Sie schrieb ein korrektes ›d‹ auf den Rand des Formulars.

»Ja.«

Sie beugte sich tief über das Formular, kratzte holprig an dem anstößigen Bauch herum und malte ihn auf die richtige Seite des Buchstabens. Sie blickte auf. Auf einmal schob sie das Kinn vor, und sie betrachtete forschend meine Brille. »Wieso hast du diese komischen runden Dinger in den Gläsern?«

»Es sind Bifokalgläser. Jetzt laß wieder Platz. Schreib richtig klein. Du hast nicht mehr allzuviel Platz.«

»Was sind Bifokalgläser?«

»Das erkläre ich dir später. Schreib ein ›e‹.«

Ihr Blick wanderte zu meinem Kragen mit den angeknöpften Enden. »Weißt du, daß dir ein Knopf fehlt?«

»Ja. Schreib ›e‹.«

»Mann, du hast es aber echt eilig, was?« Sie nahm den Stift wieder zur Hand. »Okay, ›e‹ ...«

»... ›r‹ ... Jetzt wieder eine Lücke. Neues Wort. ›B‹ ... ›o‹ ... ›w‹ ... ›l‹.«

Das »Bowl« fiel so groß aus, daß es auch die Stellen ausfüllte, wo eigentlich die Beschäftigungsdauer und der Lohn hingehört hätten.

»Ihr nächster Termin ist am Dienstag um 11 Uhr«, informierte sie der Sachbearbeiter für die Anträge, nachdem er einen Blick auf das ausgefüllte Formular geworfen hatte.

»Legen Sie ihn lieber auf 14 Uhr«, schlug Nicole vor. Vielleicht konnte sie weder lesen noch schreiben, aber sie kannte sich mit ihrem Schlafrhythmus aus. Sie verpaßte den Termin ohnehin, ebenso den neu angesetzten. Sie schaffte es jedoch, beim dritten Versuch hinzukommen, brachte davon weitere Papiere nach Hause, die auszufüllen waren, trug sie zurück zum Arbeitsamt und wurde mit Arbeitslosenunterstützung belohnt.

»Dottie hat Lebensmittelmarken. Wo kann ich auch welche kriegen?« fragte Nicole eine ganze Woche später.

Ich hätte am liebsten geantwortet: »Ich hab gerade keine Zeit! Ich schaffe es eben noch, immer wieder ans Telefon zu gehen!«

»Wieso bittest du nicht Gordon, dir dabei zu helfen?« quiekste ich. Sie rief erst ihn an und dann wieder mich. »Er kann nicht. Er hat gerade zehn neue Fälle bekommen.«

Ich fuhr mit ihr zum Sozialamt, und sie wurde ins Lebensmittelmarkenprogramm aufgenommen.

»Mom, wenn ich wieder mal hinkomme, kann ich Medi-Cal bekommen«, sagte Nicole zehn Tage später. »Penny hat sie auch, und sie sagt, man kriegt sie im selben Büro.«

»Aber du brauchst mich nicht hinzufahren«, ergänzte sie rasch, denn sie spürte, daß mein Nervenkostüm kurz vorm Platzen stand. »Ich nehme den Bus – obwohl ich dann den ganzen Tag brauche und es echt schnell gehen würde, wenn du mir das Wohnmobil leihen würdest.«

Shelley begleitete sie. Edward verdiente zu viel, um für Medi-Cal in Frage zu kommen, aber Shelley hatte nur eine Teilzeitstelle in einem Genesungsheim, und Nicole hatte beschlossen, daß ihre Freundin sich auch bewerben sollte. Am Abend, ehe sie hinfuhren, suchte ich Nicoles Geburtsurkunde hervor, stellte sicher, daß sie ihre Sozialversicherungsnummer hatte, und verdonnerte Matt dazu, mir zwei Stunden lang beim Sortieren von Nicoles und Edwards Gehaltsauszügen zu helfen (die in einer Schublade durcheinandergeworfen worden waren), um die von Nicole herauszufinden und die für die beiden zurückliegenden Monate herauszusuchen.

»Hast du es bekommen?« fragte ich Nicole, als sie abends anrief, um zu berichten.

»Ja. Kein Problem. Jetzt kann ich meinen Arm versorgen lassen.« Ihre Achselhöhle war etwas gereizt, und ich hatte ihr gesagt, sie sollte kein Deo mehr benutzen, was sie jedoch sofort wieder vergaß. Die Stelle wurde immer empfindlicher.

»Was ist mit Shelley?« fragte ich. »Hat sie auch Medi-Cal erhalten?«

»Noch nicht, weil sie der Dame gesagt hat, daß sie nicht behindert ist.«

»Bin ich auch nicht!« protestierte Shelley im Hintergrund. »Ich bin nicht behindert!«

»Irgendwie doch«, überlegte Nicole. »Du warst auf der Schule mit mir in der Behindertenklasse.«

»Ich hab da nicht hingehört! Mein Daddy hat immer wieder versucht, mich da rauszuholen, aber sie wollten nicht auf ihn hören.«

»Zurückgeblieben sein«, erläuterte Edward den beiden Frauen geduldig, »ist nicht das gleiche wie eine Behinderung. Eine Behinderung ist sowas wie ein krummes Bein oder wenn man im Rollstuhl sitzt.«

Nicole überlegte eine Minute lang. »Aber ich habe heute Medi-Cal bekommen, weil ich auf der Karte ›behindert‹ angekreuzt habe, und das ist so, weil ich zurückgeblieben bin.«

Was Nicole sagte, traf zu. Das Problem war verwikkelter, als Edward es sich vorstellte. Wie konnte er das semantische Problem lösen und doch Shelleys Selbstachtung retten?

»Vielleicht ist ein Zurückgebliebener ein klein wenig behindert«, räumte er ein.

Shelley erblickte in solch feinsinnigen Unterscheidungen keinen praktischen Sinn. »Wie kriege ich Medi-Cal?«

»Hier, red mit meiner Mom«, sagte Nicole, irgendwie zuversichtlich, daß ich eine Lösung finden würde. Shelley nahm den Hörer entgegen.

»Du könntest den Leuten auf dem Amt weiter sagen, daß du nicht behindert bist«, schlug ich ihr vor. »Sag einfach nur, du hättest auf der Schule die Behindertenklasse besucht.«

»Oh. Okay.«

Shelley bekam ihre Medi-Cal-Krankenversicherung.

Nicole versuchte, ihre gleich in Anspruch zu nehmen. Inzwischen war die Beule unter dem Arm »ganz dick und rot und irgendwie blau«. Als sie jedoch ihre Klinik aufsuchte, erklärte ihr die Empfangsdame, daß dort keine Medi-Cal-Patienten angenommen würden. Bis zum nächsten Arzt, der es tat, waren es elf Kilometer. Nicole konnte mich nicht erreichen, weil ich nicht in der Stadt war, und fuhr nach Hause.

Mitten in der Nacht hatte sie solche Schmerzen, daß sie mit dem Motorroller zur Ambulanz eines nahegelegenen Krankenhauses fuhr. Dort betäubte ein Arzt die Stelle, schnitt die Beule auf – »Ich hab mir alles angesehen«, erzählte sie uns später, »eine Menge Zeug ist rausgekommen.« – und schickte sie mit der Anweisung nach Hause, am nächsten Tag ihren Hausarzt aufzusuchen.

»Was hat er gesagt?« fragte ich sie am Abend darauf, nachdem sie ihren regulären Arzt aufgesucht hatte.

»Er sagte, es würde sich gut entwickeln. Er hat mir etwas Penicillin gegeben.«

Zwei Tage später klang ihr Bericht viel weniger rosig.

»Mein Arm tut weh. Ich muß schon den ganzen Tag lang brechen. Mir ist mal heiß und mal kalt.«

»Nimmst du das Penicillin?«

»Nein. Edward wollte es holen, ist aber ohne zurückgekommen, weil er nicht genug Geld dabeihatte.«

»Gib mir mal Edward.«

Er nahm den Hörer entgegen. Nachdem ich ihn zwei oder drei Minuten lang ausgefragt hatte, erfuhr ich, daß es der Ambulanzarzt gewesen war, der ihr das Antibiotikum verschrieben hatte. Das lag jetzt drei Tage zurück.

Ich stürmte in die Apotheke, wo Edward das Rezept gelassen hatte, raffte die Arznei an mich und eilte zur Wohnung der beiden. Inzwischen war Edward zur Arbeit gefahren.

»Wer ist da?« fragte Nicole, als ich anklopfte.

»Deine Mutter.« Selbst in meiner aufgeregten Verfassung beeindruckte mich ihre Vorsicht.

Sie öffnete die Tür. In ihrem alten Flanellnachthemd und mit dem verfilzten Haar wirkte Nicole reichlich jämmerlich.

Während sie wieder ins Bett kroch, ging ich in die Küche, um ihr ein Glas Wasser zu holen.

»Oh, wie ich sehe, ist eure neue Couch gekommen!« rief ich, als ich das Wohnzimmer durchquerte. »Sie sieht ja wirklich hübsch aus.«

Nicole erhob sich schwankend und lehnte sich an

den Rahmen der Schlafzimmertür. »Vier Männer waren nötig, um sie durch die Tür zu kriegen.«

Die extra große Schlafcouch aus orange und braun geblümtem Samt beanspruchte ein Viertel des Zimmers. Neue Seitentische, auf jedem eine große, bernsteingelbe Glaslampe, standen daneben. Eine der Lampen war ohne Schirm.

»Die haben wir günstiger gekriegt«, erklärte Nicole, als ich sie wieder ins Bett führte.

»Hier ist die erste Tablette«, sagte ich und reichte ihr das Wasserglas. »Achte darauf, jetzt alle zu nehmen.«

Innerhalb weniger Tage ging es ihr besser, und die Wunde heilte gut.

Zwei Wochen später rief die Chowder Bowl sie an, sie möge doch für ein paar Abende kommen und für eine Angestellte einspringen, die krank geworden war. Als sie in der ersten Nacht nach Hause fuhr, regnete es, und sie rutschte mit dem Motorroller aus, als sie um eine Ecke bog. Nicole stürzte. Der Helm schützte den Kopf, aber sie prellte sich schmerzhaft die Schulter.

»Denkst du, ich sollte zur Arbeit gehen?« fragte sie mich am nächsten Tag, kurz bevor sie aufbrechen mußte.

»Tut es weh, wenn du den Arm bewegst?«

»Ja.«

»Dann würde ich zu Hause bleiben. Du mußt ja oft ein paar ganz schön schwere Sachen heben.«

»Du mußt zur Arbeit gehen«, hörte ich Edward fordern, »oder wir können die Miete nicht bezahlen.«

Sie fuhr mit ihm. Später am Abend rief sie mich jedoch wieder von Zuhause an.

»Ich hab mich verbrannt. Ich hab einen Topf mit Chili getragen, und er ist mir aus der Hand gerutscht.«

»Liebe Güte! Wo hast du dich verbrannt?«

»Überall im Gesicht. Das Chili ist verspritzt. Ich hab gleich Eis draufgetan.«

Ich eilte in ihre Wohnung. Eine wunde Stelle von der Größe eines Silberdollars war in die Wange eingebrannt. Ringsherum und an den Armen hatte sie kleinere Verbrennungen. Beim Gedanken an die Narbe, die die größere vielleicht hinterließ, besonders wenn Nicole am Schorf kratzte, wurde mir ganz schlecht.

»Versprichst du mir, nicht daran zu kratzen, während es heilt?«

»Ich werd mich bemühen.«

Sie saß niedergeschlagen auf dem Bett. Ich setzte mich neben sie und legte den Arm um sie. »Meine Freunde sagen alle, ich hätte Glück, so nette Eltern zu haben ...«

»Oh?« fragte ich. Ein warmes Glühen breitete sich von meiner Magengrube aus. »Was meinst du mit ›Glück‹?«

»Die Eltern der anderen kaufen ihnen keine Autos und Wohnwagen auf dem Land ...« Mit dieser Einleitung begann sie eine umfangreiche Schilderung der tollen Möglichkeiten, die sie und Edward in Lemon Grove haben würden. In dieser speziellen Version kamen nicht nur ein Auto und ein Wohnwagen vor, sondern auch ein Hund, ein Gemüsegarten, Obstbäume, von denen sie Pfirsiche pflücken würde, um Marmelade zu machen – und zu verkaufen –, sowie eine Wanne für heiße Bäder vor. Und ein Pferd in einem Stall.

Wenigstens hat sie ihre Phantasien, dachte ich. Gott sei Dank!

Die Rückschläge setzten sich fort. Ihr Motorroller wurde am Zweiradständer in der Nähe der Chowder Bowl von Vandalen beschädigt. Jemand setzte einen Lötkolben an der Kette an, und als er sie nicht kaputtbekam, schlitzte er die Reifen auf und schmolz die Blinker.

Ihre Brieftasche wurde gestohlen. Nicole ließ ihre Handtasche offen im Einkaufswagen liegen, und an der Kasse stellte sie fest, daß die Brieftasche fehlte – zusammen mit fünfzig Dollar, ihrem Führerschein und der Busfahrkarte.

Ein Dieb stahl Edwards Fahrrad. Edward schloß es nicht ab, als er mit Nicole in ein Restaurant ging. Als er es wieder holen wollte, war es verschwunden.

Immerhin heilte die Verbrennung auf wundersame Weise, ohne eine Narbe zu hinterlassen. Nicole beschloß, die Handtasche in Zukunft über der Schulter zu tragen, wenn sie im Supermarkt war. Und Edward entschied, daß man Fahrräder wohl besser abschloß, selbst vor Restaurants.

Obwohl sie weiterhin »auf die harte Tour« lernten, gab es auch Wissen, das sie sich schmerzfrei aneigneten. Auf einer Party, die wir für David veranstalteten, ehe er fortging, um einen höheren Studienabschluß anzustreben, besetzte Matt das Mixgerät für Rumcocktails. Nicole sah ihm zu.

»Ich mag Erdbeercocktails am liebsten«, bemerkte sie.

»Wirklich? Wo hattest du welche?« fragte Matt.

»Bei Tequila-Pete. Wir gehen da immer hin. Aber ich mache sie auch zu Hause.«

Sie kannte sich inzwischen auch mit Bier aus, wie Jill entdeckte, als sie und Nicole für Davids Party die Lebensmittel besorgten. Als Jill sich überlegte, welche Marke sie kaufen sollte, riet ihr Nicole: »Budweiser hat mehr Schaum als Coors. Und wir sollten lieber kleine Dosen nehmen. Bier wird warm, ehe man eine große alle hat.«

Jill kippte beinahe über den Bierständer. »Trinkst du Bier?«

»Nein. Ich mag keins.«

Jill versetzte ihr einen Stoß in die Rippen. »Da wette ich. Trinkst du nicht wenigstens ein ganz klein bißchen?«

»Nein. Ich mag keins.« Sie sagte es so aufrichtig, daß Jill daraus schloß, Edward oder ihre Freunde müßten Biertrinker sein.

Sie fand heraus, daß Nicole noch ein paar weitere Dinge über das Einkaufen im Supermarkt wußte. Nicole tauschte die kleinen Tüten Tiefkühlbohnen, die Jill in den Einkaufswagen geworfen hatte, gegen große aus, weil sie billiger waren. Sie inspizierte die Verfallsdaten von Milchprodukten. Und sie kannte die preiswerteren Marken von Dosengerichten.

Es fiel ihr jedoch schwer, die Schilder zu entziffern. »Ist das der Preis?« fragte sie Jill. Sie hielt zwei Schachteln mit Cherrytomaten in der Hand, während sie ein Preisschild mit der Aufschrift studierte: »Radieschen: 2 Bund für 35 Cent.«

»Nein, der gilt für die Radieschen.«

»Wo steht der Preis hierfür?«

Jill deutete auf ein Schild an der Seite: »Tomatenschachteln: je 1,25 Dollar.«

Mit großen Augen legte Nicole die Tomaten zurück.

Sie zeigte auch Schwächen, auf die Jill sie schnell aufmerksam machte. Eine Packung Doughnuts brachte Nicole so in Versuchung, daß ihre Finger zuckten.

»Die brauchst du nicht«, sagte Jill und tätschelte dabei den voluminösen Bauch ihrer Schwester.

»Du hast aber deine Fruit Loops!«

Jill wurde rot. »Das ist was anderes. Außerdem gebe ich dir ein paar ab, okay?«

Davids Party war ein durchschlagender Erfolg – die kleinen Bierdosen blieben kalt –, und er machte sich bereit, am Sonntagmorgen zur Ostküste abzureisen.

»Bitte komm am Samstagabend zur Chowder Bowl!« bettelte Nicole. Sie mußte am Wochenende dort arbeiten. »Es ist die letzte Chance, daß ich dich sehen kann.«

»Verlaß dich drauf«, versprach David. Er wollte mit seiner Freundin nach dem Abendessen hereinschauen.

Ich weckte David am Sonntag um 7 Uhr früh. »Hast du Nicole besucht?« fragte ich. »Sie hat den ganzen Abend lang angerufen und immer wieder gesagt, du wärst noch nicht gekommen.«

Er zog eine Hand unter der Decke hervor, legte sie auf die zusammengekniffenen Augen und ächzte: »Himmel! Ich hab's vergessen ...«

Er warf die Decke zurück und stürmte die Treppe hinunter, um sie anzurufen. Auf der Couch saß Matt und beruhigte die schluchzende Nicole. Sie hatte das blaue Nylontop ihrer Uniform und eine fleckige weiße Hose an. Das schulterlange Haar war noch ganz wirr vom Schlaf.

David löste Matt ab.

»Du bist nicht gekommen!« schrie sie verzweifelt. »Ich wollte doch meinen Bruder noch mal sehen, ehe er wegfährt.«

»Ich weiß, Nicole. Es tut mir so leid.« Er drückte und streichelte sie.

»Wann ist sie gekommen?« wollte ich von Matt wissen, als er wieder nach oben kam, um sich anzuziehen.

»Sie sagte, sie hätte bis drei Uhr früh gearbeitet, wäre mit dem Motorroller hergefahren, wäre mit ihrem Schlüssel hereingekommen und hätte sich auf der Couch schlafen gelegt.«

Während wir uns anzogen und David sein Gepäck die Treppe hinuntertrug, kämmte sich Nicole, steckte das Haar zu einem Knoten hoch und wechselte ihre Hose. Auf dem Weg zum Flughafen klammerte sie sich an David und legte ihm ab und zu den Kopf auf die Schulter. Selbst am Flughafen fuhr sie damit fort. Als er es schließlich schaffte, sich von ihr zu lösen, lief sie zum Terminalfenster, um ihm hinterherzusehen, während er über den Asphalt schritt.

Sie erholte sich jedoch schnell. Auf der Heimfahrt horchte sie Jill nach ihrem neuen Freund aus, kritisierte Matts Fahrstil und erzählte uns von einer Schlägerei, die es gestern abend vor der Chowder Bowl gegeben hätte. Das erinnerte sie an etwas.

»Belle hat mich gebeten, dort eine volle Stelle anzutreten«, sagte sie. »Ramón muß nach Mexiko zurück.

Er hat einen Brief bekommen, und seine Frau ist ganz schlimm krank.«

Nicole hatte mir erzählt, wie hart Ramón arbeitete, um Geld nach Hause schicken zu können. Er tat mir leid, aber ich war auch überglücklich, daß man Nicole seine Stelle angeboten hatte. Obwohl die Chowder Bowl nur Anfängerlöhne zahlte, war das immer noch mehr, als sie an Arbeitslosenunterstützung erhielt.

»Wird du sie annehmen?« fragte ich, denn ich erkannte, daß sie Bedenken hatte.

»Ich weiß nicht. Wir brauchen das Geld wirklich dringend, aber Edward ... Sieh mal, er mag es, wenn ich für ihn sorge. Er möchte nicht, daß ich wieder zur Arbeit gehe.«

Matt bog von der Uferstraße ab und nahm Kurs bergan zu unserem Haus. »Du hast eigentlich keine Wahl«, sagte er. »Wenn das Arbeitsamt herausfindet, daß du einen Job abgelehnt hast, bezahlt es dir nichts mehr.«

»Oh.«

Damit war die Sache entschieden. Nicole gesellte sich noch am gleichen Abend zum Team der Spätschicht in der Chowder Bowl.

Die Zahl ihrer Anrufe nahm dramatisch ab. Abgesehen von ihren freien Tagen ging sie um sechs Uhr abends zur Arbeit, hatte irgendwann zwischen zwei und vier Uhr früh Feierabend und schlief dann bis in den Nachmittag hinein. Ein solcher Tagesablauf ließ nur wenig Zeit für Telefongespräche.

Wenn sie jedoch anrief, sprach sie häufig davon, wie stolz sie auf ihren Beitrag zum Betrieb in der Chowder Bowl war. »Wir sind ein echt gutes Team«, erklärte sie. »Belle braucht uns gar nicht zu sagen, was wir tun müssen. Ich und Edward und Connie und Juan – wir wissen es einfach.«

Es fiel mir schwer, wirtschaftliche Sicherheit gegen eine Zufriedenheit dieser Art abzuwägen.

Als sie seit einem Monat dort arbeitete, entschieden Matt und ich, mal vorbeizugehen. Wir waren nicht mehr in der Chowder Bowl gewesen, seit Nicole mit Daniel Gold, der sie ursprünglich eingestellt hatte, aneinandergeraten war.

Eines Abends spazierten wir hinunter. Es hatte sich nicht viel verändert. Das hell erleuchtete Hafengebiet sah mit seinen Straßenrestaurants, Vergnügungsparks für Kinder und Läden für hawaiianische Kleidung immer noch aus wie eine Kreuzung zwischen Coney Island und Waikiki Beach. Allerdings waren jetzt nur wenige Leute unterwegs, da es Herbst war.

Matt und ich bezogen eine Position, weit genug vom Imbißstand entfernt, daß Nicole uns wahrscheinlich nicht bemerken würde, von wo aus wir jedoch die Theke gut sehen konnten. Allerdings waren wir zu weit weg, um Nicole zu hören.

Edward entdeckten wir sofort. Mit der blauen Baseballmütze mit der Aufschrift »Chowder Bowl« und dem blauen Nylonhemd ging er hin und her, nahm inmitten des Lärms der brutzelnden Friteusen und der stampfenden Rockband in der angrenzenden Tiki Tiki Bar Bestellungen an und führte sie aus. Nicole war nirgendwo zu sehen.

Plötzlich tauchte ihr Kopf in einer Lücke zwischen den hinter ihm hängenden Töpfen und Pfannen auf. Sie hatte das Haar unter einem Kopftuch versteckt. Sie rief ihm etwas zu, und sie tauschten irgendwelche Informationen aus. Edward kehrte zu seinen Kunden zurück. Nicoles Kopf verschwand.

Wenig später kam sie um die Ecke herum in unser Blickfeld. Sie kontrollierte die Friteusen, nahm zwei Hamburger vom Bratrost und machte sie bereit (wobei sie *zwei* Gurkenscheiben auf jeden Teller legte), rührte in einem Topf Chili und hob den Deckel von einem Bottich voll dampfendem Mais ab. Sie sah, daß er Nachschub brauchte, ging ans Ende der Theke und kehrte mit frischen Kolben zurück, die sie in den Dampfkochtopf warf. Während sie damit beschäftigt war, brüllten ihr Edward und zwei weitere uniformierte junge Männer – einer rundlich, der andere dünn – Bestellungen zu.

Sie wandte sich wieder dem Bratrost zu, um sie auszuführen: zwei Fischteller, drei Hamburger, ein Schinken-und-Käse-Sandwich und ein Corn dog[13]. Wohl niemand hätte sie für einen Schnelligkeitspreis vorgeschlagen, aber sie ging ruhig und durch und durch professionell zu Werke. Wie stolz Daniel Gold auf sie gewesen wäre!

»Ich kann es nicht glauben«, flüsterte Matt.

»Geht mir genauso.« Wir sahen Minuten lang zu.

»Sagen wir mal hallo«, schlug er dann vor. Als wir uns der Theke näherten, entdeckte Edward uns und tippte Nicole auf die Schulter. Sie tauchte erst noch eine Friteuse voller roher Kartoffelstäbchen in das brutzelnde Fett und stellte die Schaltuhr ein, ehe sie sich umdrehte.

---

[13] Corn dog: Ein fritiertes Würstchen in Maismehl.

»Wie behältst du nur die ganzen Bestellungen?« fragte Matt und lächelte sie an.

»Oh, ich hab keine Ahnung. Ich tu's einfach.« Eine weitere Bestellung wurde gebrüllt, und sie wandte sich ab, um zuzuhören. »Manchmal vergesse ich aber eine und frag dann nach.« Sie wischte sich mit dem Handrücken etwas Schweiß von der Stirn. »Ich muß gehen«, sagte sie. Matt und ich sahen ein, daß wir sie ablenkten.

»Okay, Liebes«, sagte Matt. »Wir trinken nur eine Tasse Kaffee und gehen wieder nach Hause.«

Matt bezahlte unseren Kaffee, und wir wechselten an einen der Redwoodtische. Ich wollte mich gerade hinsetzen, als mich Matt am Arm packte.

»Sieh mal«, sagte er.

Ich blickte gerade rechtzeitig zur Theke zurück, um zu sehen, wie der rundliche Mann Nicole anzüglich angrinste und ihr einen Stoß mit der Hüfte versetzte.

»Laß das!« schimpfte Nicole, ohne ihn anzusehen. Sie beugte sich über den Bratrost, um ihn abzukratzen. Ihr Kollege betrachtete ihr hochgerecktes Hinterteil und grinste den Dünnen genüßlich an. Sein Kumpel grinste zurück. Der rundliche junge Mann vergewisserte sich, daß Belle nicht in Sichtweite war, und stieß Nicole erneut an, wobei er ihr diesmal Cola übers Hinterteil schüttete.

»Oh, das tut mir aber leid!« spottete er und brach zusammen mit seinem Freund in schallendes Gelächter aus. Nicole nahm nicht mal zur Kenntnis, daß sie überhaupt vorhanden waren.

Ich sprang auf. WIE KÖNNT IHR ES WAGEN! wollte ich schreien. SEHT IHR DENN NICHT, DASS DIESE FRAU EIN WUNDER VOLLBRACHT HAT?

Aber ich sagte nichts. Matt ebenfalls nicht. In uns beiden starb einfach etwas. Irgendwie hatten wir geglaubt, es gehörte der Vergangenheit an, daß sich Leute über Nicole lustig machten, aber statt dessen war es so normal, daß sie ihre Quälgeister gedanklich einfach aussperrte wie herumschwirrende Fliegen.

Wer waren diese Widerlinge überhaupt?

»Heh, ihr da, zurück an die Arbeit!« schimpfte eine weißhaarige Frau in einem Hosenanzug. Das mußte Belle sein, denn die beiden Schufte wandten sich sofort wieder ihren Pflichten zu. Belle schien nur bemerkt zu haben, daß sie herumtrödelten.

Während sie durch den Arbeitsbereich marschierte, holte Edward sie ein und deutete auf uns. Sie lächelte uns an und kam an den Ladentisch. Matt und ich gingen hinüber und stellten uns vor.

Mit dem zarten Teint und dem freundlichen Gesichtsausdruck erweckte Belle den Eindruck, daß sie besser in einem Blumengeschäft Rosen arrangiert hätte, statt ein strenges Regiment über die Nachtschicht zu führen. Ihr Tonfall und die Aura ruhiger Tüchtigkeit machten jedoch klar, daß sie hier das Kommando führte.

»Nicole ist eine wertvolle Mitarbeiterin«, informierte sie uns gleich, während sie die beiden jungen Männer im Auge behielt. »Im Gegensatz zu den anderen legt sie sich hier ständig ins Zeug. Sie ist allerdings ganz schön unordentlich, macht sich klatschnaß, wenn sie Geschirr spült – daran arbeite ich noch mit ihr. Und sie ist langsam. Trotzdem erbringt sie die Leistung von dreien.«

Sie deutete auf einen Schwamm, und der dünne

junge Mann reichte ihn ihr. »Trotzdem ist sie die erste, die eine Pause einlegen muß, weil sie nicht an der Theke arbeiten kann«, sagte Belle, während sie den Senfspender abwischte. »Ich bringe ihr bei, die Kasse zu bedienen, aber es geht nur langsam voran. Nicole hat Angst. Sie hat ein paarmal an der Kasse gearbeitet, und die Kunden haben schreckliche Dinge zu ihr gesagt. Und zu Edward.«

»Was zum Beispiel?«

»Das sage ich nicht.« Sie entfernte den Deckel und übergab dem jungen Mann den Spender, damit er ihn nachfüllte.

Ich hätte Nicole und Edward am liebsten gepackt und so schnell wie möglich weggezerrt. Aber wo sonst hätten sie Arbeit gefunden?

»Belle«, fragte ich vorsichtig, »Nicole hat von einer Connie und einem Juan gesprochen, die hier arbeiten. Ist einer dieser jungen Männer Juan?«

»Oh nein! Connie und Juan sind krank. Die beiden Jungs helfen nur zeitweise aus.« Ihre graublauen Augen erwiderten meinen Blick. »Wieso? Haben Sie mitbekommen, was sie gerade eben getan haben?«

Also hatte sie es doch gesehen. »Na ja ...«

»Sie verlassen uns wieder, sobald Connie und Juan zurückkommen. Ich kann solchen Unfug in meinem Geschäft nicht dulden.«

Matt und ich sahen einander erleichtert an. Wenigstens gingen die Belästigungen normalerweise nur von den Kunden aus.

»Wir wissen es zu schätzen, was Sie für Nicole und Edward tun«, sagte ich. Matt äußerte sich zustimmend.

»Na ja, manche Kids brauchen mehr Hilfe als andere. Ich gebe mir Mühe.« Ein Mann, der eine Schale Fischsuppe bestellt hatte, wurde ungeduldig mit Edward, und Belle entfernte sich, um das Problem zu beseitigen.

Matt und ich machten uns auf den Heimweg. Eine Diskussion war überflüssig. Wir wußten, daß sich Belle den Reihen von Nicoles – und Edwards – Schutzengeln angeschlossen hatte.

Im November des gleichen Jahres, am Abend vor Thanksgiving, bewiesen Nicole und Edward, daß sie in ihrem Verhältnis zu Belle genausogut geben wie nehmen konnten. Vielleicht taten sie es auch zu anderen Anlässen, aber bei dieser Gelegenheit fand ich es heraus.

»Hallo! Tante Vickys Essen steht in einer Stunde auf dem Tisch«, sagte ich fröhlich, als ich am Mittag von Thanksgiving bei Nicole anrief, um sie zu wecken. Ich hatte tags zuvor eingewilligt, für das Truthahnessen den Wecker zu spielen.

»Wir können nicht kommen«, nuschelte Nicole. »Wir sind nicht vor sieben Uhr früh ins Bett gekommen.«

»Sieben! Wie ist das passiert?«

Nicoles Bericht verwirrte mich, aber ich reimte mir zusammen, daß Belle die ganze Mannschaft um 2 Uhr früh nach Hause geschickt hatte. Als Nicole und Edward bemerkten, daß sie allein dableiben wollte, um sauberzumachen und zu »schließen«, weigerten sie sich zu gehen.

»Es wäre nicht sicher, wenn Sie allein hierbleiben«,

sagten sie zu ihr und blieben bis sechs Uhr, um ihr bei der Arbeit zu helfen.

Nicole ärgerte sich jedoch, weil sie und Edward Thanksgiving komplett verpassen würden. Sie waren zu müde, um zu ihrer Tante zum Essen zu kommen, und sie würden es auch nicht zu Edwards Familientreffen am Abend schaffen, da sie um achtzehn Uhr wieder zur Arbeit mußten.

»Das tut mir sehr leid«, sagte ich mitfühlend. »Möchtest du, daß ich euch um fünf Uhr etwas von dem Essen bringe? Es ist das wenigste, was ich tun kann.«

»Wenn du möchtest ...« Im Moment hatte sie nur den Wunsch zu schlafen.

Um siebzehn Uhr traf ich mit zwei beladenen Tellern bei ihnen ein. Nicole öffnete mir. Ihr Haar war noch naß vom Waschen, aber sie trug bereits die Uniform. Edward tapste in Hose und T-Shirt umher.

»Ist Shelley bei ihrem Vater?« rief ich, während ich die Teller in den Ofen stellte.

»Nein. Er ist mit seiner Freundin nach Palm Springs gefahren. Shelley ist von ihrem Freund eingeladen worden.«

Ich ging ins Wohnzimmer hinüber. »Wir müssen uns weiter für die Arbeit zurechtmachen, okay?« sagte Nicole aus dem Schlafzimmer.

»Klar. Stört euch nicht an mir.« Ich setzte mich auf die Couch.

»Wo ist mein Kamm?« hörte ich Edward fragen.

»Du hast ihn genau da hingelegt, Liebster.« Nicoles Antwort klang ungeduldig, aber amüsiert.

Sie tauchte mit Handtasche und Pullover im Wohn-

zimmer auf und deponierte beides in einem Korbsessel.

»Hast du die Hintertür abgeschlossen?« fragte ich Edward, während Nicole ins Bad ging.

»Ja.«

Sie tauchte wieder daraus auf, steckte eine Tube Handcreme und ein Bündel Kleenex in ihre Handtasche und überlegte einen Moment. Dann ging sie ins Schlafzimmer und holte dort die leuchtend orangefarbene Jacke und den Sturzhelm. Beides landete ebenfalls auf dem Sessel.

Da laus mich doch der Affe, dachte ich. Sie plant voraus!

»Ich schätze, wir können jetzt essen«, sagte sie, drehte das Haar zu ihrem üblichen Knoten und steckte es mit einer Spange fest.

Ich sprang auf, holte die Teller und stellte sie auf den Tisch. Das Essen dauerte etwas länger als erwartet, weil die beiden Speisenden so verspielt waren – Nicole spießte immer wieder Edwards Essen auf, und er zahlte es ihr heim, indem er sie kitzelte –, aber schließlich wurden sie fertig, und wir versammelten uns zum Aufbruch an der Tür.

»Möchtest du nicht das Licht ausschalten?« fragte ich, als Nicole sich umdrehte und einen Blick durchs Wohnzimmer warf. Die gelben Glaslampen waren auf niedrige Wattleistung eingestellt.

»Nein. Ich lasse sie immer an, wenn wir zur Arbeit gehen. Es sieht so hübsch aus, wenn wir nach Hause kommen.«

Edward ging als letzter hinaus. Er schloß die Tür ab, und wir alle stiegen die Treppe hinunter. Innerhalb weniger Minuten waren sie unterwegs zur Chowder Bowl, Nicole auf ihrem Motorroller und Edward auf ihrem alten Fahrrad.

Sieht so aus, als würde sich die Arbeitsmoral endlich bei ihr durchsetzen, dachte ich, als ich ins Auto stieg und mich auf die Heimfahrt machte. Vielleicht habe ich mich vor acht Monaten geirrt, als ich ihre Zukunft vorherzusehen glaubte. Vielleicht zieht sie ja eines Tages nach Fremont, aber ihr Leben wird anders aussehen, als ich es mir vorgestellt habe. Schließlich erhält sie keine SSI mehr. Sie kann anscheinend keine Kinder bekommen. Sie hat auch kaum noch Zeit für Freunde.

Ungeachtet ihrer Probleme und Enttäuschungen – oder aufgrund von ihnen –, paßte sie sich an, lernte und wuchs. Sie schien glücklicher zu sein. Edward ebenfalls. Das bewies auch die abnehmende Zahl der Unfälle und Krankheiten.

Ich hoffte nur inständig, daß Nicole ihre Stelle behalten konnte.

Am Weihnachtsmorgen war sie immer noch gut gelaunt. Warum, weiß ich nicht. Wie an Thanksgiving hatten sie und Edward die Nacht vorher durchgearbeitet. Trotzdem war Nicole aus irgendeinem Grund in selten guter Form.

Tags zuvor hatte sie uns gesagt, wir sollten ruhig damit anfangen, die Geschenke auszupacken; sie und Edward würden kommen, sobald sie es aus dem Bett geschafft hatten. Wir hielten uns daran und saßen mit glasigen Augen in einem Meer aus zerrissenem Geschenkpapier, aus aufgerissenen Bändern und Kar-

tons, als Nicole zur Tür hereingeeilt kam, Edward auf den Fersen.

Sie ließ einen winzigen braun-weißen Aufziehhund auf den Boden fallen. Er watschelte durch die Gegend, setzte sich, bellte und wiederholte diese Sequenz, bis er schließlich umkippte.

»Das ist mein Hund«, verkündete sie. Edward hatte ihn ihr anstelle des echten Hundes geschenkt, den sie laut Charlotte nicht in der Wohnung halten durfte. Die Spielzeugkreatur war so absurd, daß wir einfach lachen mußten.

Mehr brauchte Nicole nicht zur Ermutigung. Sie warf sich auf das Papierchaos und schmückte sich mit Schleifen. Sie hingen ihr über die Ohren und bis auf Nasenhöhe rings um den Kopf, und ein paar baumelten von der Brille herab. Edward schüttelte sich vor Lachen. Ich machte mir allmählich Sorgen.

»Heh, Nicole«, machte sich ihr amüsierter Bruder bemerkbar, der auf der Couch lümmelte. »Was, denkst du, schenken wir dir zu Weihnachten?«

»Ich weiß es schon! Es steht in der Garage«, sagte sie mit ausdruckslosem Gesicht. Alle schrien vor Lachen. »Sie holt jetzt die Schlüssel«, setzte sie hinzu, als ich aufstand, um weiteren Kaffee zu holen. Wir lachten noch lauter.

»Hier«, quiekste Jill und hielt ihr ein Geschenk hin. »Mach das auf. Es ist von Mom.«

Nicole inspizierte es. Ich hatte den Gegenstand so eingepackt, daß es wie eine Papiertüte aussah und sich das Geschenkpapier über der Schleife bauschte. Nicole spähte in die Papierfalten hinein wie ein Specht, der ein Astloch in Augenschein nahm.

»Was zum Teufel hat sie nur ausgesucht?« brummte sie, während sie begann, am Papier zu reißen. Als sie schließlich ein Kochtopfgestell hervorzog – eine perforierte metallische Angelegenheit mit Klappseiten –, stellte sie es auf den Fußboden und begutachtete es ernst.

»Ich wußte, daß es was Komisches sein würde«, bemerkte sie.

Der ganzen Familie kam auch der letzte Anschein von Würde abhanden. Wir heulten alle und klopften wie die Idioten auf den Boden.

Das war zuviel für Nicole. Sie stieß lauthals ihr hohes Gackern aus, klatschte in die Hände und trampelte. Innerhalb von dreißig Sekunden verzerrte sich das gerötete Gesicht zu einer Grimasse, und ihr ganzer Körper bebte in lautlosen Krämpfen.

Das Gelächter der Familie brach sofort ab. Ich legte Nicole die Hand auf die Schulter. »Okay, okay ...«, sagte ich beruhigend.

»Huuuh huuuh huuuh«, wimmerte sie und versuchte, sich zu beruhigen. Sie brach immer wieder in Krämpfe aus, aber allmählich gewann sie die Selbstbeherrschung zurück. Das letzte Mal war sie in Disneyland so hysterisch geworden. Heute reichte es, wenn man beruhigend auf sie einredete.

Auch das war ein Fortschritt.

Das galt für mich genauso. Die Tatsache, daß ich nicht die Fassung verloren hatte, bewies, wie weit *ich* gekommen war.

Nachdem Nicole sich eine Minute oder so an die Couch gelehnt und ausgeruht hatte, packten sie und Edward ihre restlichen Geschenke aus. Sobald sie da-

mit fertig waren, übernahm es Edward, uns ihre Geschenke zu übergeben. David und Jill erhielten jeder ein Fünf-Dollar-Gutscheinheft für die Chowder Bowl. Matt und ich bekamen einen in Weihnachtspapier eingewickelten Schuhkarton.

»Mehr konnten wir uns nicht leisten«, sagte Edward schüchtern.

Ich zog das Papier ab. Der Karton war leer, abgesehen von einer handgeschriebenen Notiz: »UNSERE GANZE LIEBE.«

Matt und ich drückten Nicole und Edward an uns und hefteten den Zettel ans Schwarze Brett.

Sie aßen etwas von unserem Brunch mit und kehrten nach Hause zurück, um noch etwas zu schlafen, ehe sie um achtzehn Uhr wieder zur Arbeit gingen.

Kapitel 9

Weißt du, wie ich beweisen könnte, daß ich behindert bin?

Nicole behielt über die Ferien ihre feste Stellung in der Chowder Bowl, aber als im Januar die Kundschaft weniger wurde, setzte Belle sie auf eine Bedarfsstelle zurück. Die Häufigkeit von Nicoles Anrufen bei mir paßte sich diesem Umstand an. Manchmal hatte ich das Gefühl, ein Telefonhörer wäre an meinem Ohr festgewachsen.

Zur Zeit bestand ihre Themenliste aus Geldproblemen und ihrem Lieblingsthema – warum sie das Wohnmobil gerade *jetzt* brauchte.

»Kann ich es bitte haben? Nur dies eine Mal? Ich frage nie wieder danach.«

Das war genauso wahrscheinlich, als ob mir ein Geweih wachsen würde. Eines Tages war ich jedoch so erschöpft, daß ich mich zu allem bereitgefunden hätte, nur um sie aus der Leitung zu bekommen – sogar dazu, einen Präzedenzfall zu schaffen.

»Ja«, seufzte ich. »Du kannst es haben.«

Sie traf in Rekordzeit bei uns ein. Ich gab ihr den Schlüssel und zog mich in mein Bett im Obergeschoß zurück. Fünf Minuten später hörte ich immer noch den Motor laufen, während Nicole Sitz und Spiegel einstellte.

»Siehst du, liebe Mommy? Du hättest dir keine Sorgen zu machen brauchen, nicht wahr?« sagte sie, als sie vier Stunden später zurückkehrte – das Wohnmobil und sie selbst intakt.

Nach diesem Präzedenzfall steigerte sie den Druck. Sie informierte uns auch darüber, daß der Plan ihres Vaters, ihr ein Auto zu finanzieren, falls sie nach Lemon Grove zog, zu unbestimmt war. Sie wollte sofort eines haben und marschierte zur Bank, um einen Kredit zu beantragen. Der Sachbearbeiter erklärte ihr, daß er dazu eine zweite Unterschrift benötigte.

»Du würdest einen Kreditantrag wohl nicht unterschreiben?« fragte sie erst ihren Vater, dann mich.

»Nein.«

Sie wandte sich danach an Gordon Wade und den Rehab-Berater, aber beide verweigerten ebenfalls eine Unterschrift.

Danach blieb nur eine Möglichkeit: Sie mußte ihre Eltern überreden, ihr das Geld zu leihen.

Sie machte sich sofort an die Arbeit. »Hallo, Mom«, zwitscherte sie am Telefon. »Ich und Edward haben beschlossen, daß Daddy uns ein Auto kauft, und wir geben ihm dafür jedes Jahr unsere Steuerrückzahlung, bis es abbezahlt ist.«

Nachdem dieser Versuch fehlgeschlagen war, versuchte sie es tags darauf mit einem anderen.

»Hallo, Mom. Ich und Edward sind gestern auf der Fahrt zur Arbeit ganz naß geworden, weil es geregnet hat. Wir zittern und frieren. Das ist nicht gesund.«

»Vielleicht solltet ihr euch Ponchos kaufen.«

»Ich brauche keinen Poncho! Ich brauche ein Auto!« schrie sie.

Ich hatte ja Verständnis für sie, wußte aber keine Lösung für ihr Dilemma. »Du kannst uns soviel Geld nie zurückzahlen, Nicole. Mit deinen wenigen Arbeitsstunden könntest du dir nicht mal das Benzin leisten und gleichzeitig den Wagen weiter abzahlen.«

»Ich hab so viele Probleme«, jammerte sie. »Wir brauchen ein Auto und können uns keines leisten. Wir haben diese ganzen Rechnungen. Im Krankenhaus sagen sie, Edward dürfte nicht mehr zu seinem Arzt kommen ...«

»Jetzt warte mal! Möchtest du, daß ich mir die Rechnungen ansehe und sie dir erkläre?«

»Wenn du meinst ...« Sie hatte *wirklich* Kummer, wenn sie mir gestattete, einen Blick in ihre Krankenunterlagen zu werfen.

»Wann soll ich kommen?«

»Edward und ich sind um fünf herum vom Waschsalon zurück.«

Um viertel nach fünf hielt ich vor ihrer Wohnung. Niemand war zu Hause. Ich lehnte mich an den Wagen und wartete.

Wenige Minuten später kam Nicole um die Ecke getuckert. Sie hatte Wäsche in Kopfkissenbezügen in die Drahtkörbe beiderseits des Hinterrades gestopft und eine große Waschmittelpackung etwas wackelig hinter sich auf dem Sattel angebunden. Als der Motorroller durch ein kleines Schlagloch holperte, hüpfte etwas, was nach einer Socke aussah, aus einem Kopfkissenbezug.

»Es sind nur noch zwei weitere Fahrten«, schrie sie unter dem Helm hervor. Das Waschmittel fiel vom Sattel herunter.

Edward strampelte ins Blickfeld und reckte den Hals, um über einen Wäschesack hinwegzublicken, den er vor der Lenkstange festgebunden hatte. Er hielt an und sammelte den Socken auf.

Ich war entsetzt. »Macht ihr eure Wäsche immer so?« Natürlich, es ging nicht anders. Zwischen ihrer Wohnung und dem Einkaufszentrum verkehrte kein Bus.

»Ja ... nein ...« sagte Nicole und hob das Waschmittel auf. »Manchmal mache ich den Wäschekorb auf dem Motorroller fest, damit ich alles in einer Fahrt schaffe, aber normalerweise fällt er herunter, ehe ich ankomme.«

Ich konnte mir nicht vorstellen, wie sie den riesigen Korb auf dem Motorroller fixieren konnte, selbst mit Seilen.

»Paßt du eine Minute auf unsere Fahrzeuge auf?« fragte sie.

»Klar.«

Gemeinsam schleppten sie ihre Kopfkissenbezüge die Treppe hinauf in die Wohnung, während ich mir bildhaft vorstellte, wie diese Wäscheaktion wohl aussah, wenn es regnete.

»Edward sagt, er würde allein hinüberfahren und den Rest der Sachen holen!« rief Nicole herunter, als sie wieder auf dem Treppenabsatz auftauchte. »Du kannst raufkommen.«

»Transportiert ihr eure Lebensmittel auch so?« fragte ich auf dem Weg nach oben.

»Ja.«

»Geht da nicht mal was kaputt?«

Sie erkannte auf einmal, daß sie meine Besorgnis

ausnutzen konnte, stemmte die Fäuste in die Hüften und verstellte mir den Weg. »Möchtest du die Reste der Salatölflasche sehen?« fragte sie und hielt mir ihr Gesicht vor die Nase. »Das Öl hat alle Sachen in der Tasche verklebt. Du wußtest nicht, daß ich so dringend ein Auto brauche. Du wußtest es nicht, oder? *Oder?*«

Der Trotz in ihren Augen hätte selbst einen Kampfpanzer auf Spielzeuggröße geschrumpft.

»WUSSTET du es?«

»Nein, Nicole«, murmelte ich. Triumphierend ließ sie mich vorbeigehen.

»Okay, wo sind die Rechnungen?« fragte ich, indem ich so schnell wie möglich das Thema wechselte.

Sie lud ihre »Aktenschublade« kopfunter auf dem Eßtisch aus, und ich sortierte den Inhalt. Nach fünfzehn Minuten oder so lehnte ich mich zurück.

»Wir kommen echt gut klar, nicht wahr?«

»Nicht so richtig«, antwortete ich. »Das Krankenhaus hat Edward deshalb nicht mehr zu seinem Arzt gelassen, weil diese Rechnung – die sich inzwischen auf 475 Dollar beläuft – an eine Inkassostelle weitergeleitet wurde.«

»Wieso?« rief Nicole.

»Weil Edward nur zwei von diesen 50-Dollar-Raten gezahlt hat.«

Sie verzog verwirrt das Gesicht. »Was für 50-Dollar-Raten?«

Ich versuchte, ihrem Gedächtnis auf die Sprünge zu helfen. Sie erinnerte sich daran, daß sie die Klinik aufgesucht hatte, aber nicht mehr an den Ausgang. Wenigstens behauptete sie das.

Da das ohnehin Geschichte war, widmete ich mich

wieder der Aufgabe, ihr die Schuldenlage zu erklären. »Auch eine von deinen Rechnungen liegt bei der Inkassostelle. Weißt du noch, wie diese infizierte Beule unter dem Arm aufgeschnitten wurde?«

»Ja?«

»Anscheinend hast du nichts bezahlt. Es sind insgesamt 108 Dollar.«

Sie stolzierte aus dem Zimmer. Ich redete weiter, mehr zu mir als zu ihr. »Medi-Cal übernimmt achtundfünfzig Dollar davon, sobald du ihnen eine Quittung der Inkassostelle über fünfzig Dollar vorlegst sowie deine Gehaltsstreifen für die letzten beiden Monate, diese Formulare hier, die ich in der Hand halte, und eine Angabe über deine Arbeitswege.«

Mein Gott, dieser Papierkram ist unglaublich!

»Möchtest du, daß dein Vater oder ich ... ?« rief ich ins Schlafzimmer.

Die vorhersehbare Antwort folgte auf dem Fuße: »Nein.« Sie kehrte mit der Wäsche ins Wohnzimmer zurück und setzte sich auf die Couch, um die Sachen zusammenzufalten.

»In fünf Minuten fängt ›Little House on the Prairie‹ an«, erklärte sie mit gezwungener Fröhlichkeit, die unserer Finanzdiskussion ein Ende setzte.

Wann erlaubst du uns endlich, dir beim Umgang mit Geld und Versicherungen zu helfen? fragte ich sie in Gedanken, während ich zusah, wie sie Handtücher zusammenlegte.

»Nun, ich muß gehen«, sagte ich laut. »Es wird spät.«

»Danke, daß du herübergekommen bist, Mom«, sagte Nicole und schaltete den Fernseher ein.

Als ich zu Hause eintraf, entdeckte ich Matt dabei, wie er Reste aufwärmte.

»Ich dachte schon, ich müßte allein essen«, sagte er. »Jill ist mit Freunden Pizza essen gegangen, und ich war schon überzeugt, daß du vergessen hast, wo du wohnst.«

Ich gab ihm zur Beruhigung einen Kuß, band ihm eine Schürze um und erzählte ihm danach sofort von Nicoles und Edwards Transportproblemen und den Arztrechnungen.

Während wir aßen, sprachen wir über die Lage der beiden. Schließlich gelangten wir zu einigen Entscheidungen.

Eine lautete, daß wir Nicole ein Auto kaufen würden.

»Wir haben in unseren Testamenten vorgesehen, daß sie Geld erhält«, hatte ich argumentiert. »Wieso ihr nicht helfen, solange wir noch leben? Ein Auto würde ihr das Leben so sehr erleichtern.«

Matt stimmte mir zu. Er hatte in den zurückliegenden Monaten ganz ähnliche Überlegungen angestellt. »Ein Auto kostet nur einen Bruchteil dessen, was wir für ihre Collegeausbildung hätten aufbringen müssen.«

Die andere Entscheidung lautete, daß erst die Rechnungen der beiden bezahlt werden mußten, ehe es zum Autokauf kam.

»Aber Matt, das ist unmöglich! Sie haben deutlich gezeigt, daß sie einfach nicht mit Geld umgehen können.«

»Du verstehst mich nicht«, sagte er, und seine Augen leuchteten verschmitzt. »Wenn Nicole ein Auto möchte, muß sie erst einwilligen, daß ich ihre Rechnungen bezahle.«

Ich lächelte. »Wie könnte sie das ablehnen?«

Sie tat es auch nicht, als wir ihr nächsten Dienstag die Paketlösung vorschlugen. Sie besprach sich zwei Sekunden lang mit einem verdatterten Edward und stimmte zu.

»Aber es muß ein Kredit sein«, beharrte sie. Die beiden hatten auch ihren Stolz.

»Dann nenne es einen Kredit.«

Sie hüpfte ein bißchen auf dem Sofa herum. »Wann können wir uns Autos angucken? Ich weiß, wo es einen Toyota-Händler gibt, der einen ...«

»Heh, nun mal langsam, junge Dame! Du wirst jede Woche fünfundzwanzig Dollar bei mir abliefern. Wenn die Schulden bezahlt sind, sage ich dir Bescheid. Das ist frühestens in sechs Monaten der Fall. Dann sehen wir uns Autos an.«

»Oh ...«

»Ich gehe jetzt nach oben«, sagte Matt und stand behutsam aus seinem Sessel auf. »Auf mich wartet Arbeit.« Er nahm seine Aktentasche zur Hand und ging in sein Büro.

»Ihr könnt den Fernseher einschalten, wenn ihr möchtet«, sagte ich und stand selbst auf. »Ich muß die Lebensmittel einräumen.«

Edward legte den Arm um Nicole und flüsterte ihr etwas ins Ohr. »Edward hat sich endlich für das Datum entschieden«, sagte sie zu mir. Es klang ganz sachlich.

»Welches Datum?«

»Für unsere Hochzeit.«

»Am ersten November«, sagte Edward. »Erst dann kann Belle mir für zwei Wochen frei geben.«

Meinte er das ernst?

»Nur ich und Edward und unsere Familien sollen kommen«, sagte Nicole.

»Wir können uns nicht mehr leisten«, ergänzte Edward, der Nicole immer noch im Arm hielt.

»Edward, die Eltern der Braut kommen für die Hochzeit auf. Ihr könnt eine so große Hochzeit haben, wie ihr möchtet.«

»Das sage ich dir doch immer wieder«, wandte sich Nicole an ihn.

Edward musterte mich durch seine dunklen Gläser. Er nahm den Arm von Nicole und sah sie an. »Du meinst, sie könnte ein langes weißes Kleid und einen Schleier und Blumen tragen?«

»Ja.«

Seine Augen wurden feucht. »Sie würde so niedlich aussehen. Könnte Jill was singen? Und könnten wir eine Menge Leute einladen?«

»Keine Menge Leute!« rief Nicole. »Da hätte ich zuviel Angst!«

Edward machte ein langes Gesicht.

»Hätte ich wirklich. Ich könnte mich nicht vor einen ganzen Haufen Leute hinstellen.«

»Na ja, macht das unter euch aus«, unterbrach ich sie, »und sagt mir dann Bescheid. Ich helfe euch gern dabei, die Hochzeit so zu planen, wie ihr das möchtet.«

Ich ging in die Küche. Sie diskutierten noch eine Zeitlang, und dann schaltete Edward den Fernseher ein. Es war Zeit für seine Lieblingssendung.

Na, was für eine Veränderung! Jetzt brachte Edward das Thema zur Sprache, und Nicole war es, die zurückschreckte.

In den nächsten sechs Monaten fiel kein weiteres Wort über die Hochzeit, aber Edward und Nicole brachten Matt ihre Dokumentenschublade und händigten ihm jede Woche fünfundzwanzig Dollar aus.

Das heißt, manchmal taten sie es. Matt stand ein paar Wochen lang mit leeren Händen da, während der Fernseher der beiden, den sie aus dem Abfall der Nachbarn geborgen hatten, eine neue Bildröhre erhielt. (Auch ein Teil ihrer Einkommenssteuerrückzahlung wurde für diese Reparatur verwendet.)

Sobald es wärmer wurde, erhielt Nicole wieder ihre Vollzeitstelle in der Chowder Bowl, und die Zahlungen trafen regelmäßig ein. Eine Lohnerhöhung – fünfzehn Cent pro Stunde für Nicole und fünfundzwanzig für Edward – half ebenfalls. Einige Wochen lang erhielt Matt das Doppelte des vereinbarten Betrages.

Im Juli waren die Schulden abbezahlt. Wie er es versprochen hatte, nahm Matt die beiden mit, um sich Autos anzusehen. Sie suchten diverse Gebrauchtwagenhändler auf, wobei Matt den Verkäufern Fragen stellte und Nicole und Edward schweigend hinterhertrotteten.

»Hast du dich schon entschieden, Daddy?« fragte ihn Nicole jedes Mal, wenn er länger mit einem Verkäufer sprach. Sie hoffte, daß er einen Toyota Corolla finden würde, vorzugweise einen weißen, aber sie blieb flexibel.

»Noch nicht«, sagte Matt jeweils.

Endlich entschloß er sich zu einem roten Datsun,

der neun Jahre alt war. Er kostete mehr, als Matt hatte ausgeben wollen, aber er wollte einen Wagen kaufen, der gute Verbrauchswerte hatte.

Nicole erhielt die Schlüssel. »Versuch, ihn zu fahren«, sagte Matt und ließ Edward auf den Rücksitz steigen, ehe er sich auf den Platz des Beifahrers setzte.

Nicole widmete sich dieser Aufgabe, als hätte sich die gesamte Highway Patrol von Kalifornien aufgestellt, um sie vorzuladen. Nachdem sie alles in Reichweite eingestellt und ihre Fahrgäste aufgefordert hatte, sich anzuschnallen, hielt sie Ausschau, ob vor oder hinter ihr oder zu beiden Seiten auf dem Verkaufsgelände irgendwo Fahrzeuge unterwegs waren. Dann ließ sie den Motor an, löste die Handbremse und legte den Wählhebel in Fahrtstellung. Der Wagen machte einen kleinen Ruck nach vorn.

»Sachte«, warnte Matt sie.

»Ja, Daddy.« Vorsichtig lenkte sie den Wagen vom Verkaufsgelände und bog auf die Straße ein. Auf der ganzen Strecke rings um den Block blieb sie wachsam; jedes Fahrzeug, das innerhalb von sechzig Metern unterwegs war, erhielt von ihr Vorfahrt.

»Gefällt er dir?« wollte Matt wissen, als sie den Datsun wieder auf seinem ursprünglichen Parkplatz abgestellt hatte.

»Er ist okay«, sagte sie mit ihrem Mona-Lisa-Lächeln.

Matt erledigte den Papierkram, während Nicole und Edward ihr neues Eigentum im Detail studierten. Als Matt fertig war, fuhr er den Wagen selbst zu uns nach Hause. »Du wirst ihn erst fahren, wenn du versichert bist«, sagte er.

Diese Verzögerung war fast zuviel für sie. Am Sonntag kam sie zu uns, um den Innenraum des Wagens zu saugen. Am Montag wuschen sie und Edward ihn von außen. Nicole hängte auch eine kleine Stoffmaus an den Rückspiegel, wo sie anmutig über dem Armaturenbrett baumelte.

»Du kannst ihn jetzt mit nach Hause nehmen«, sagte Matt ihr am Dienstag und händigte ihr die Schlüssel aus. »Die Versicherungsgesellschaft hat gerade angerufen; der Vertrag läuft.«

Sie öffnete die Tür und rutschte auf den Fahrersitz. »Wir bringen dir jede Woche Geld für die Versicherung und um das Auto abzubezahlen«, versprach sie.

»Okay, Nicole, mach das.«

»Nebenbei: Wo wirst du parken, wenn du arbeitest?« fragte ich und bückte mich, um an ihrer Seite durchs Fenster zu blicken. »Ist das Parken dort unten nicht teuer?«

»Ja, aber ich bewerbe mich für einen Behindertenparkausweis.«

Matt und ich sahen einander fragend an. »Wie hast du dir das gedacht?«

»Da sind all diese Parkplätze mit den, na, ihr wißt schon, kleinen Schildern daran. Ich hab den Mann in der kleinen Bude gefragt, für wen sie da sind, und er hat gesagt: ›Für Behinderte.‹ Also habe ich ihn gefragt, wieviel einer kosten würde, und er hat gesagt: ›Sie sind umsonst.‹ Ich habe gesagt, daß ich behindert bin und einen haben möchte.« Sie dachte für eine oder zwei Sekunden nach. »Weißt du, wie ich beweisen könnte, daß ich behindert bin?«

Es dauerte eine Minute, ehe ich den Mund wieder

zuklappen konnte. »Ich bin sicher, daß dir was einfällt«, lachte ich. »Wie du schon sagtest: Du bist vielleicht zurückgeblieben, aber nicht dumm.«

Sie sah mich verwirrt an und mußte dann lächeln. »Ja ...«

Sie steckte gelassen den Ellbogen zum Fenster hinaus, blickte kurz in den Rückspiegel und fuhr davon.

»Ich hoffe, wir haben das Richtige getan«, brummte Matt, als wir sahen, wie sie um die Ecke bog.

Von da an erwarteten wir täglich einen Anruf der kalifornischen Highway Patrol oder eines Krankenhauses mit der Meldung, sie wäre umgekommen. Während die Wochen ins Land zogen und nichts passierte, nahm unsere Besorgnis ab. Endlich gelangten wir an den Punkt, wo wir uns über Nicoles Fahrten auch keine größeren Sorgen mehr machten als über die unserer beiden anderen Kinder.

Derweil blieb ihr ein Freiparkschein für ihre Arbeitsstelle versagt. (Nicole legte ihre Behindertenfahrkarte für den Bus als Beleg für ihren Status vor, aber der Mann in der kleinen Bude zeigte sich unbeeindruckt.) Das war jedoch nur ein kleiner Schönheitsfehler im Gesamtbild. Jede Woche gingen Nicole und Edward und ihre Freunde an einem der freien Tage auf die Piste. Sie fuhren zum Reiten in den Griffeth Park, machten Picknicks in den Descanso Gardens, besuchten ein weiteres Mal Disneyland, inspizierten die Sehenswürdigkeiten von Hollywood und fuhren zum Campen in die Berge.

»Wie findest du dort überall hin?« fragte ich.

»Edward studiert die Karte und sagt mir, wo es langgeht.«

Wieso war ich darauf nicht gekommen? Sie fuhr selten, ohne daß er bei ihr im Wagen saß. Ich hörte auf, mir über ihr fehlendes Verständnis der Verkehrsschilder Sorgen zu machen.

Gegen Ende August nahm die Zahl ihrer Ausflüge ab. Edward war entschieden zu der Ansicht gelangt, daß er des Junggesellentums müde war, und die Freizeit der beiden ging für die Vorbereitungen ihrer Hochzeit am ersten November drauf.

»Was denkst du – wieso ist er inzwischen so scharf aufs Heiraten?« fragte mich Matt.

»Ich habe keinen Schimmer. Was immer ihm in dieser Hinsicht früher Kummer gemacht hat, muß sich erledigt haben.«

Edward war nicht nur bereit, sondern hatte auch klare Vorstellungen und brachte sie zum Ausdruck. »Ich möchte eine Feier im Freien«, sagte er. Während er beschrieb, was ihm vorschwebte, fiel mir auf, daß seine Inspirationen von einer Hochzeit beeinflußt waren, die wir alle gemeinsam vergangenen Mai besucht hatten und die in einem hervorragend gepflegten Rosengarten abgehalten worden war.

»Na ja, unsere Veranda ist zu klein, aber vielleicht könnten wir Charlottes Rasen benutzen.« Dabei handelte es sich allerdings weniger um einen Rosengarten, eher um eine windige Kakteenansammlung.

Edward besprach sich mit Nicole. »Das ist okay.« Wir riefen Charlotte an, die sich entzückt zeigte. Der Schauplatz war festgelegt.

Das Wetter jedoch nicht. »Wenn es regnet oder kalt ist, gehen wir ins Haus«, entschied ich. »Charlottes Haus bietet zwanzig oder dreißig Personen Platz.«

»Zwanzig oder dreißig!« Nicole schnappte hörbar nach Luft. »Ich wollte nur die Familie dabeihaben.«

»Das *ist* nur die Familie. Wenn du alle deine Kusinen, deren Ehemänner und Edwards Familie zusammenzählst, sind das sechsundzwanzig Personen – die Kinder nicht mitgezählt.«

»Nein«, wimmerte sie. »Ich spreche das Gelöbnis im Haus und komme dann heraus.«

Edward nahm ihre Hand. »Oh, das kannst du nicht machen, Nicole«, flehte er. »Wir müssen es richtig machen. Diese ganzen Leute müssen einfach kommen, und wir müssen auch noch unsere Freunde einladen.«

»Nein, nein!« Ihre Augen füllten sich mit Tränen.

Ich mischte mich ein. »Seht mal, vergessen wir die Gästeliste fürs erste. Nicole, warum amüsieren wir beide uns nicht erst einmal ein wenig? Wir sehen uns Brautkleider, Hochzeitstorten und Einladungskarten an. Wir müssen uns bei all diesen Dingen einig werden.«

Edward tätschelte ihr die Hand.

»Na ja, okay ...« schniefte sie.

Ich wünschte mir nicht weniger als Edward, daß Nicole sich auf die Hochzeit im Kreis von Familie und Freunden freute. Die Hochzeitsvorbereitungen sollten das bewirken – hoffte ich.

Wir fingen damit an ihrem nächsten freien Tag an. Nicoles Tante Vicky war Näherin und besprach sich im Stoffladen mit Nicole, Shelley und mir.

»Dein Auftritt führt die fünf Stufen hinter Charlottes Haus hinunter, also vergißt du besser einen Gesichtsschleier und ein bodenlanges Kleid«, riet Vicky

Nicole. »Du möchtest doch bestimmt nicht stolpern und hinfallen.«

Nicole nahm die Neuigkeiten gleichgültig auf. Sie akzeptierte alles, was Vicky empfahl. Shelley ebenso, als wir dazu kamen, über das Kleid der Brautjungfer zu diskutieren. Schließlich trafen Vicky und ich sämtliche Entscheidungen über die Kleider der beiden Frauen.

Trotzdem hatte das Projekt Nicoles Interesse ein wenig angeregt. Als wir das Geschäft verließen, sagte sie: »Ich schätze, ich muß mir einen Spitzenunterrock und weiße Schuhe kaufen, nicht wahr?«

»Ja, denke ich auch.«

Der nächste Ausflug führte uns in die Konditorei. Und da hatten wir Nicoles Achillesferse gefunden. Sie betrachtete die Hochzeitskuchen im Fotoalbum, sah sich die ausgestellten Hochzeitsverzierungen im Regal an und stellte Fragen.

Eine rotbäckige Verkäuferin in weißer Uniform beantwortete sie. Ja, der Kuchen konnte auch rosa und weiß sein. Nein, bei dieser Konditorei war ein Kuchen noch nie auseinandergefallen, als er gerade zur Tür hinausgetragen wurde. Wieso? Weil die verschiedenen Schichten in getrennten Schachteln geliefert und erst auf dem Empfang zusammengesetzt wurden. Nein, der Kuchen mußte innen nicht weiß sein; die Bäckerei bot viele unterschiedliche Variationen an.

Als wir das Geschäft verließen, hielt Nicole einen Karton mit Kuchenstücken in Händen. Am Abend fand eine Kuchenprobe mit Edward statt.

Nicoles Begeisterung für die Hochzeit wuchs. Als

sie überlegte, wen sie einladen wollte, schlug sie vor, fünfzig Karten zu bestellen.

»Bist du sicher?« fragte ich.

»Ja. Dann können wir alle unsere Freunde einladen.«

Mein Versuch, ihr die Hochzeit schmackhaft zu machen, war dermaßen gut gelaufen, daß ich für einen Moment Schuldgefühle hatte.

Während der nächsten Wochen adressierten sie und Edward die Einladungen (eigentlich taten es Edward und Shelley; Nicole, die jedesmal das Essen kochte, schlief immer auf unserer Couch ein), besprachen sich mit dem Pastor, suchten sich ihre Ringe und die Musik für den Hochzeitsmarsch aus, und Edward ging zum Zahnarzt.

»Edward ist *wohin* gegangen?«

»Zum Zahnarzt«, sagte Nicole. »Letzte Woche hat er einen Zahn gezogen bekommen. Morgen sind zwei weitere dran.«

Ich sah Edward an. Er schlug die Augen nieder.

»Es war das erste Mal, daß er darauf bestand, ich sollte seine Hand halten, aber jetzt sagt er mir schon, ich sollte weggehen«, prahlte Nicole.

»Wie viele Löcher?« fragte ich, sobald ich die Stimme wiedergefunden hatte.

»Fünf«, antwortete Nicole. »Sie werden alle noch vor der Hochzeit gefüllt.«

»Was in aller Welt hat dich dorthin getrieben?« fragte ich Edward.

Er lächelte verlegen. »Ich hatte so schlimme Zahnschmerzen, daß ich nicht schlafen konnte.«

Nachdem die beiden Zähnen gezogen waren, hatte

Edward zu leiden, weil sich eines der Löcher infizierte. Das Penicillin wirkte jedoch seinen Zauber, und in der folgenden Woche wurde mit der Behandlung der Zahnlöcher begonnen.

Wenigstens vermute ich das. Ich war zu sehr mit der ausufernden Gästeliste beschäftigt, um zu fragen.

»Wirklich? Wie wundervoll«, sagten alte Freunde, wenn ich ihnen über den Weg lief und ihnen erzählte, daß Nicole heiratete. Ihr Interesse wirkte so echt, daß ich sie einlud. Ich hoffte, daß sie auch kommen würden, aber wenn es regnete, stünde uns eine Katastrophe bevor, denn, wie gesagt, paßten in Charlottes Haus höchstens dreißig Personen.

Jedesmal, wenn ich Nicole wieder von jemandem erzählte, der vielleicht vorbeikommen würde, steigerte das ihre wachsende Aufregung. Als die Generalprobe heranrückte, stand Nicole dermaßen unter Strom, daß sie sämtliche Geräte in Charlottes Haus hätte antreiben können. Nicht einmal David, der am Abend zuvor eingetroffen war, schaffte es, sie zu beruhigen.

Bart, der Pastor, tat sein Bestes, mit ihr zu Rande zu kommen. Er wies David an – der die Stereoanlage bediente –, die Musik für den Hochzeitsmarsch abzuspielen, und dirigierte den Rest von uns durch die offene Glastür, die geschwungene Steintreppe hinunter und über den Rasen zu einem Baum. Alle folgten seinen Anweisungen. Am Baum drehten wir uns um und warteten auf Nicole. Sie stand immer noch auf der obersten Stufe, jauchzte und tanzte herum.

»In Ordnung, versuchen wir es noch einmal«, sagte Bart zu uns anderen, als er einsah, daß Nicole nicht die Absicht hatte, den Arm ihres Vaters zu nehmen und uns zu folgen. »Diesmal gehen wir langsamer.«

»Heh, ich gehe vorneweg«, kicherte Nicole und drängte sich an allen vorbei. Matt packte sie fest an der Hand und führte sie wieder in die hinterste Reihe. Bart gab das Zeichen, und David startete die Musik. Diesmal marschierten wir alle viel schicklicher hinter einander her. Außer Nicole. Sie erschien rückwärts und lachte dabei gackernd.

»Matt, was wird sie nur morgen anstellen?« stöhnte ich, während ihr Gelächter durch den Garten schallte.

Nachdem Bart uns noch einmal durch die Schlußhymne dirigiert hatte, machten wir Schluß. Mary Brichant und ich besprachen ein letztes Mal unsere Kleider, und Matt und ich wurden dem dunklen, gutaussehenden Juan vorgestellt, Edwards Trauzeugen. Danach gingen wir auseinander, jeder mit letzten Detailvorbereitungen für den nächsten Tag befaßt.

Als wir am nächsten Morgen erwachten, schien die Sonne durchs Fenster. Matt und ich seufzten vor Erleichterung. David fuhr los, um Shelley und Nicole abzuholen, und ich setzte mich, um eine Blumengirlande für Nicoles Haar zu flechten.

»Ich fahre hinüber und stelle die Stühle auf«, sagte Matt. »Irgendwie warm, nicht wahr?«

Ich wischte mir Schweiß von der Nase. »Ja, stimmt. Wie spät ist es?«

»Gerade halb zehn durch.«

Ich bin schon so verschwitzt, und es ist erst halb zehn? Ich ging hinaus. Der Himmel war von sattem Ultramarinblau, ungetrübt von der kleinsten Wolke.

»Matt!« jammerte ich. »Das gibt einen richtigen

Backofen! Ich wußte ja, daß ich nicht an alles gedacht habe. Die Gäste werden verschmoren. Der Kuchen wird schmelzen. Die Getränke werden warm ...«

»Beruhige dich!« kommandierte er. »Ich hole unterwegs Eis von ›Safeway‹.«

»Ich begleite dich.«

Wir besorgten das Eis und rasten zu Charlottes Haus. Der Lieferwagen von Vickys Ehemann stand in der Einfahrt. »Was geht hier vor?« fragten Matt und ich einander, während wir durchs Haus nach hinten liefen.

Im Garten empfing uns ein wahr gewordenes Märchenland. Rosa und weiße Blumen und Tischtücher schmückten die Tische. Die weißen Klappstühle standen in mehreren Reihen hintereinander, und Schleifen aus weißem Satin schmückten den freigelassenen Gang, der zum Baum führte. Hohe Blumenkörbe flankierten einen Torbogen, unter dem Edward und Nicole das Ehegelübde ablegen würden.

Die Elfen waren immer noch beschäftigt. Vicky und ihre Töchter luden weitere Blumen aus dem Lieferwagen, ihr Mann packte die Flaschen mit sprudelndem Cidre in Eiskübel, und Charlotte verstaute die gerade gelieferten Kuchenschichten in ihrem Kühlschrank.

»Das ist wunderschön!« rief ich und applaudierte lautstark.

»Wie lange seid ihr schon hier?« fragte Matt und grinste vor Freude.

»Seit sechs«, sagte Vicky. »Wir hatten schon eine Menge Hochzeiten in unserer Familie und konnten sehen, daß ihr Hilfe braucht, also sind wir alle eingesprungen.«

Vielleicht würden die Gäste ja in der Hitze verschmachten, aber ich konnte mir keine hübschere Umgebung dafür vorstellen.

Ich hätte gern geholfen, aber die Ankunft von Edward und Juan in ihren marineblauen Anzügen mit Blumen in den Knopflöchern erinnerte mich daran, daß die Zeit verging. Ich eilte nach Hause, um zu sehen, wie weit Nicole war.

Sie saß in Unterrock, Nylonstrümpfen und den neuen Schuhen auf dem Toilettensitz und fuchtelte verspielt mit Jills Haarbürste herum. Erst als Jill ärgerlich wurde, rückte Nicole die Bürste heraus, damit ihre Schwester ihr das Haar arrangieren und den Blumenkranz aufsetzen konnte.

»Du siehst echt hübsch aus«, meinte Shelley, als Jill Nicole in ihr Hochzeitskleid half. Ich pflichtete ihr bei. Der Kranz und das schlichte weiße Satinkleid verwandelten sie in eine reizende Braut.

»Es ist schon fünf nach halb zwölf!« rief Matt mir zu, als er die Treppe heraufstürmte, vorbei an Jill und Shelley, die auf dem Weg nach unten waren. »Ich bin in fünf Minuten soweit.«

»Warte nur, bis du Oma Charlottes Garten siehst«, plapperte ich Nicole vor, während ich mir das Kleid anzog. »Überall Blumen und Schleifen an den Stühlen und ein Torbogen ...«

Das war ein Fehler. Nicole wurde still und verzog die Augenbrauen zu dem umgekehrten »V«, als das Lampenfieber zurückkehrte.

»Momma«, sagte sie, packte meine Hände und drückte sie zu fest, »ich bin heute morgen aufgewacht und hab an die ganzen Leute gedacht, die dort sein werden, und ich hab dagelegen und geweint. Ich hatte solche Angst ...«

»Komm schon«, sagte ich, »du hast noch nicht mal deinen Strauß gesehen. Gehen wir nach unten und holen ihn.«

Als ich sie durch den Flur führte, kam Bartok, unser Schäferhund, die Treppe heraufgetrabt.

»Hallo, Bartokypuuh!« jauchzte Nicole. Der durch diese Begrüßung förmlich elektrisierte Hund sprang hoch, um ihr das Gesicht zu lecken, und die Pfoten rutschten an ihrem Kleid ab.

»Nicole!« kreischte ich. Ich verscheuchte Bartok und suchte auf Nicoles Kleid wie wild nach Pfotenabdrücken. Erstaunlicherweise waren keine zu sehen.

Nicole brach in Lachen aus und rauschte die Treppe hinunter. Ich stolperte hinter ihr her.

Während Matt und David Nicole abwechselnd zu ihrem hübschen Aussehen beglückwünschten und sie beruhigten, holte ich die Blumensträuße aus dem Kühlschrank und verteilte sie unter uns drei Frauen.

»Was ist das denn? Spaghetti?« gluckste Nicole, als sie sah, daß lange Bänder von ihrem Strauß herabbaumelten.

Wir fuhren sie zu Charlotte und führten sie in ein Schlafzimmer an der Rückseite. Es war viertel vor eins. Während ich Charlotte in der Küche half, letzte Hand anzulegen, warf ich einen Blick durch die Glastür. Jeder Stuhl im Garten war besetzt.

»Oma!« brüllte Jill plötzlich aus dem hinteren Schlafzimmer. »Hast du Nagellackentferner?«

Charlotte legte die Zuckerzange weg und huschte ins Bad, um nachzusehen, während Vicky und ich ins hintere Schlafzimmer rannten. Nicole saß auf dem Boden und lackierte sich die Nägel, und das Fläschchen mit dem blutroten Nagellack stand auf den Falten des weißen Kleides.

Ich schnappte mir die Flasche. Jill packte Nicoles Hand und machte sich daran, die scharlachroten Nägel mit dem Lackentferner zu säubern. Vicky suchte auf dem Kleid nach verschüttetem Nagellack. Wieder war erstaunlicherweise nichts passiert. Eine der Kusinen machte Fotos, und David und Matt steckten die Köpfe herein, um zu sehen, was hier vorging. Nicole fand dieses Chaos urkomisch.

Als wir ins Wohnzimmer zurückkehrten, stellten wir fest, daß Mary mit Edwards beiden Brüdern und seiner Schwester eingetroffen war. Sie stellte uns ihnen vor – wir waren uns noch nie begegnet –, und ich steckte Mary einen Zierstrauß an.

»Es ist ein Uhr und alle sind da, deshalb denke ich, können wir anfangen«, sagte Bart zur Versammlung. Wir alle holten tief Luft und nahmen Aufstellung. Matt ging den Flur hinunter, um Nicole zu holen, und Jill trat auf die oberste Stufe, um das Lied vorzutragen, das sie sich für die Hochzeit ihrer Schwester ausgesucht hatte. Ihre Stimme schwebte süß über der Tonbandaufnahme meiner Klavierbegleitung:

»Bin das wirklich ich?
Ist es wirklich wahr?
Auf einmal bin ich schön,
Hier an deiner Seite ...«

Nicole betrat am Arm ihres Vaters das Wohnzimmer,

warf einen Blick durch die Glastür auf die Menschenmenge draußen, und ihre Überschwenglichkeit wich dem Entsetzen.

»Oh Daddy, nein, nein!« rief sie und drängte sich an ihn. Ihre Augen füllten sich mit Tränen.

»Heh, mein Schatz«, sagte Matt beruhigend. »Hab keine Angst. Die ganzen Menschen da draußen sind deine Freunde ...«

»Vor wenigen Augenblicken noch
War ich allein
Und hoffte, dies könnte wahr werden.
Jetzt bin ich hier,
Sicher in deinen Armen
Und nicht mehr allein ...«

»Nein, nein, nein!« beharrte Nicole. »Ich kann nicht ...« Ihr Gesicht war fleckig vor Tränen.

»Aber, aber«, sagte Matt und legte den Arm um sie. »Du solltest eigentlich glücklich sein! Es ist dein Hochzeitstag!«

»Bin das wirklich ich?
Ist es wirklich wahr?
Auf einmal bin ich schön,
Nur wegen dir.«

Jill ging ins Haus zurück und nahm ihren Platz in der Reihe ein. David startete »Endless Love«, das Stück, das Nicole und Edward sich für den Hochzeitsmarsch ausgesucht hatten, und wir gingen nacheinander zur Tür hinaus.

Bart ging vorneweg. Ihm folgten ein eleganter Juan und dahinter ein befangener Edward. Letztgenannter blickte zu Boden und hielt die Arme steif vor sich, die Hände fest ineinander verschränkt. Shelley schritt die Stufen hinunter und hielt ihren Strauß dabei hoch in die Luft wie die Fackel der Freiheitsstatue. Jill, Mary Brichant, Charlotte und ich kamen als nächste, eine nach der anderen, bis wir alle die uns zugewiesenen Positionen am Baum eingenommen hatten. Dort drehten wir uns um und warteten auf den Auftritt der Braut.

Sie erschien unter der Tür, buchstäblich aufrechtgehalten von ihrem Vater. Er hatte ihr den rechten Arm um die Taille gelegt und hielt mit der linken Hand ihren linken Arm.

Nicole hielt den Blumenstrauß umklammert wie eine Ertrinkende die Rettungsleine und trat wackelig einen Schritt vor. Matt senkte den Kopf und flüsterte ihr ermutigende Worte zu. Sie tat einen weiteren Schritt und dann stockend noch einen.

Ich beobachtete, wie unbeholfen sie vorankam, sah ihr verzerrtes, tränenüberströmtes Gesicht, und große Traurigkeit überkam mich. Wieso war sie nicht wenigstens in diesem Augenblick gelassen und schön? Edward mußte es so peinlich sein!

Ich drehte mich um und schaute ihn an. Sein Blick ruhte auf ihr, aber er strahlte. Ich erkannte, daß er etwas ganz anderes wahrnahm. Auf ihn zu kam die Frau, die er liebte, und er hatte sie nie schöner gesehen. Sie trug keinen Schleier, und ihr Kleid fegte nicht den Boden, aber diese Dinge waren unwichtig. Sie war ein zauberhafter Traum in Weiß. Rosen krönten sie, und Satinbänder tanzten an den Blumen in ihrer Hand.

Meine Augen brannten. Oh Gott, wie absolut wundervoll! Welches Glück sie hat! Welches Glück wir alle mit diesem jungen Mann haben!

Matt, der immer noch den Arm um Nicole hielt und sie am Ellbogen stützte, übergab sie nun an Edward. »Endless Love« endete, aber Matt blieb noch eine Minute an Nicoles Seite, um darauf zu achten, daß sie auch auf den Beinen blieb. Dann setzte er sich neben mich.

Bart redete unter vier Augen mit ihr und beruhigte sie, während Edward mitfühlend zusah. Endlich ging ihr Zittern so weit zurück, daß Bart das Gefühl hatte, nun beginnen zu können.

»Freunde und Familienangehörige«, sagte er mit klangvoller Stimme, »wir sind heute hier zusammengekommen, um die Vereinigung von Edward und Nicole zu feiern.« Er las dem jungen Paar aus der Bibel die Ratschläge für ihr eheliches Leben vor.

Je länger er redete, desto mehr entspannte sich Nicole. Seine Worte sagten ihr nichts, also warf sie immer wieder verstohlene Blicke über die Schulter, um zu sehen, wer alles gekommen war. Als sie Penny und Francisco entdeckte, winkte sie ihnen leicht zu.

»Nicole«, sagte Bart und gewann damit wieder ihre Aufmerksamkeit, »ich lese dir nun eine Beschreibung Edwards vor und frage dich, ob sie auf ihn zutrifft.« Nicole wartete pflichtschuldig.

»Edward, Kind des Strandes, Freund der Rock-and-Roll-Musik, Freund von Filmen – besonders von Actionfilmem –, der die Menschen, das Fernsehen und

Baseball mag. Edward ist ein Mann, der die Arbeit nicht scheut. Er ist Nicoles Augapfel, ihr Liebster, ihr ›Schatz‹. Leicht aufgebracht, verzeiht er doch rasch wieder. Er ist ein Mann, der das Leben einfach führt und einfach betrachtet und der es sich nur zusammen mit Nicole vorstellen kann. Nicole, ist das der Edward, den du kennst und liebst?«

»Ja«, flüsterte sie.

Bart wandte sich an Edward. »Edward, ich lese dir nun eine Beschreibung Nicoles vor und frage dich, ob sie auf sie zutrifft. Nicole – eine Frau, die über das Leben lacht und kichert, die gern schwimmt und reitet, wenn sie Zeit findet. Sie ist Edwards Liebste. Sie macht gern Ausflüge, besonders mit Edward. Sie ist stolz darauf, wie sie sagt, ›auf die harte Tour‹ zu lernen, wie man auf eigenen Füßen steht. Sie liebt ihre Freiheit und wünscht sich, sie könnte mehr zu Hause bleiben, um zu kochen und zu nähen. Sie ist zärtlich und verständnisvoll. Edward sagt: ›Bei ihr fühle ich mich so gut.‹ Edward, ist das die Nicole, die du kennst und liebst?«

»Ja«, sagte er leise.

»Edward, nimm Nicoles Hand und sprich mir nach ...« Nicole reichte Shelley ihren Strauß und legte die rechte Hand in die Edwards. Er sah sie unverwandt an, während er wiederholte, daß er sie lieben und achten würde, solange er lebte.

Als Nicole mit dem Ehegelübde an die Reihe kam, hielt sie den Blick auf Bart gerichtet. Er sprach ihr jeweils nur ein Wort vor, aber trotzdem brauchte sie ihre ganze Konzentration, um sie korrekt wiederzugeben. Es war nicht der richtige Zeitpunkt, um Edward romantisch anzuschwärmen.

Sie tauschten die Ringe aus. Bart sprach ein kurzes Gebet, und der Gottesdienst war vorüber.

»Edward und Nicole«, sagte Bart, »kraft der mir verliehenen Autorität und kraft der Gelübde, die ihr heute abgelegt habt, erkläre ich euch hiermit zu Mann und Frau. Edward, du darfst die Braut küssen.«

Nicole wandte sich Edward zu, und er gab ihr einen scheuen Kuß.

Bart drehte sie beide zur versammelten Gemeinde um. »Meine Damen und Herren, ich erlaube mir, Ihnen Edward und Nicole Brichant vorzustellen.«

Händels Halleluja-Chor drang aus den Lautsprechern. David hatte prompt reagiert. »Halleluja! Halleluja! Halleluja!« erklang es, während die Neuvermählten Arm in Arm durch den Gang zwischen den Stühlen gingen, vorbei an den applaudierenden Gästen.

Wir anderen folgten ihnen in der Reihenfolge, die bei der Probe festgelegt worden war.

»Ach du liebe Güte!« rief ich, als wir alle im Haus waren. »Die Aufstellung zum Empfang!«

Während alle durcheinander brüllten, öffnete jemand die Fronttür, und wir strömten hinaus auf die Einfahrt. Dort bildeten wir eine kunterbunte Formation. Nicht zu früh, denn die Gäste folgten uns auf dem Fuße.

Edward landete als erster in der Reihe. Nicole stand neben ihm. Während die Gratulanten vorbeidefilierten, lächelte Edward und schüttelte ihnen die Hand, und seine Frau, die sich endlich befreit fühlte, sprudelte vor Freude. Sie stellte ihrem Vater, der neben ihr stand, begeistert Edwards Familienangehörige vor, und drückte die Mitglieder aus ihrer eigenen Familie, die sie seit Jahren nicht gesehen hatte, an sich.

Auch Edwards und ihre Freunde waren dabei. Roger, ordentlich in ein frisches Hemd und eine neue Hose gekleidet. Bill, der wieder gesünder aussah, aber immer noch zu schwach wirkte. Penny und Francisco, die sich an den Händen hielten. Andrea in Tränen, überwältigt von der Schönheit der Feier. Und Dottie, die sich schicklich bei Todd untergehakt hatte. Nicole drückte sie alle an sich.

Nach dem Empfangsdefilee war ich zu sehr damit beschäftigt, die Gastgeberin zu spielen, um noch viel von Nicole zu sehen. Aber immer wieder erhaschte ich einen Blick von ihr, wie sie an Edwards Seite die Quiche und das frische Obst verspeiste, mit Leuten schwatzte, den dreistöckigen Kuchen anschnitt und ihren Brautstrauß in die Menge warf. Immer wirkte sie dabei heiter – endlich.

Am nächsten Tag beluden sie unser Wohnmobil, um damit in die Flitterwochen zu fahren. Am Abend kamen sie bei uns vorbei, um Auf Wiedersehen zu sagen.

»Hallo, Mr. und Mrs. Kaufman!« rief Shelley aus dem hinteren Teil des Wohnmobils.

»Hallo, Shelley.« Sie würde den beiden für zwei Tage Gesellschaft leisten, dann wollte Nicole sie am Mittwoch in Fresno ins Flugzeug setzen, damit sie rechtzeitig am Donnerstagmorgen wieder ihre Arbeit im Genesungsheim antreten konnte.

»Osamu hat den Wohnwagen gemietet; er steht bereit und ist an die Versorgung angeschlossen«, erzählte Matt ihnen, als wir draußen auf der Straße standen. »Hier ist eine Karte, Edward. Darauf siehst du, wie ihr nach Lemon Grove kommt und dort die Obstplantage findet, wo der Wohnwagen steht. Falls ihr irgendwelche Schwierigkeiten habt – hier ist Osamus Telefonnummer.« (Osamu war ebenfalls einer von Nicoles Schutzengeln.)

»Okay ... Dad«, sagte Edward schnell. Unterhalb der Jeans waren neue Stiefel zu sehen, die genauso aussahen wie die, die Matt trug, wenn er zu den Farmen fuhr. Matt legte Edward den Arm um die Schultern und drückte ihn. Edward schwang sich auf den Beifahrersitz.

Nicole umarmte Jill, Matt und mich und kletterte hinters Lenkrad. Ich trat an ihr Fenster.

»Ach ja, danke für den Kühlschrank«, sagte sie. »Sie haben ihn heute gebracht.«

»Keine Ursache, Mrs. Brichant. Du fährst doch nicht in einem Rutsch durch, oder?«

»Oh nein! Wir campen heute abend an der Stelle, wo wir schon mal waren – du weißt schon, am Fluß.«

»Gut. Dann bis zum nächsten Wochenende.«

Nicole ließ den Motor an. »Tschüs, Mom«, sagte Edward, beugte sich vor und winkte mir zu.

»Auf Wiedersehen, Sohn. Auf Wiedersehen, Nicole – und dir auch, Shelley.«

Als Shelley sah, daß ich meinen Kopf hereinsteckte und etwas zu ihr sagte, nahm sie den Kopfhörer des Walkmans ab. »Was?«

»Ich sagte: Auf Wiedersehen.«

»Oh. Tschüs!« Sie lächelte mich an, winkte und setzte den Kopfhörer wieder auf.

Sekunden später bog das Wohnmobil um die Ecke, und sie waren verschwunden.

»Ich wette, sie langweilen sich zu Tode«, sagte Matt zu mir, als wir am Samstag noch Norden fuhren. »Da oben hat man nichts zu tun. Sie haben nicht mal Fernsehen ...«

»Ich weiß ...«

Als wir auf die Plantage einbogen, sahen wir, wie Edward Granatäpfel von einem vereinzelten Bäumchen an der Straße pflückte. Er sah uns, lief zum Wohnwagen und rief Nicole. Sie erschien an der Tür und wischte sich die Hände an der Schürze ab.

»Hallo! Kommt und seht euch den Wohnwagen an!« rief sie.

Wir alle drängten uns in ihr vorübergehendes Quartier. Es erweckte den Anschein, als lebten sie bereits seit Jahren hier – Sofakissen von zu Hause auf der Schlafcouch, Topflappen, die an den Herdschaltern hingen, frisch gespültes Geschirr, das auf seinem Gestell trocknete, und ein kleiner Fernseher auf dem Tisch.

»Wo habt ihr den her?« fragte Matt.

»Er gehört Shelley«, sagte Edward. »Wir kriegen nur einen Sender rein, aber darauf laufen ›Tic Tac Dough‹ und ›CHIPS‹.«

Matt und ich sahen einander an.

»Und, verbringt ihr eure ganze Zeit vor dem Fernseher?« wollte Matt von Edward wissen.

»Oh nein! Osamu hat uns gesagt, wo deine Apfelsinen verpackt werden«, antwortete Edward. »Also sind wir hinübergegangen, aber sie hatten gar keine

Apfelsinen in Arbeit, also sind wir dorthin, wo Nüsse verpackt wurden, und haben zugesehen. Wir haben es auch bei einem Olivenhaus probiert, aber es hatte nicht geöffnet ...«

»Kennt ihr die riesigen Felsen unten an der Ecke?« mischte sich Nicole ein. »Gestern sind wir über alle drübergeklettert. Und wir haben vorgestern einen See entdeckt und sind Boot gefahren ...«

»Es gibt hier einen See?« fragte Matt.

»Ja«, sagte Nicole. »Etwa fünf Meilen weit weg am Highway. Und wir haben Shelley zum Flughafen gebracht.«

»Morgen gehen wir reiten«, sagte Edward.

»Reiten? Ich habe hier oben noch nie Pferde gesehen!«

»Es ist an derselben Straße«, sagte Nicole. »Und wir haben vier Stunden lang Bohnen gepflückt. Ich habe Edward gesagt, wir sollten lieber mal probieren, ob wir sowas machen können, weil das die Art Arbeit wäre, die wir zu tun hätten, falls wir hierherziehen. Und wir gehen jeden Abend zur Truthahnfarm. Heh, ich weiß, was wir machen sollten! Gehen wir uns doch alle die Truthähne ansehen!«

Sie griff sich einen Pullover und war schon zur Tür hinaus, gefolgt von Edward, ehe Matt und ich auch nur ein Wort sagen konnten.

»Ich frage mich, ob wir je aufhören werden, sie zu unterschätzen«, sagte ich und nahm Matts Hand.

Er schüttelte wortlos den Kopf, und wir verließen den Wohnwagen und schlossen uns den beiden an.

Epilog einer Mutter[14]

Am nächsten Nachmittag setzte ich mich an den Schreibtisch; es war Zeit, mit dem Schreiben aufzuhören, aber es reichte nicht, mit Nicoles und Edwards Hochzeit zu schließen. So viel lag noch vor uns, und so viele Gedanken mußten noch mitgeteilt werden. Ein Epilog schien mir das Richtige. Ich könnte dabei über die Vergangenheit nachdenken und darüber schreiben, wie sich eine Familie verändert, wie Brüder und Schwestern reagieren, wie Eltern ihren Weg durch die Verzweigungen des Schulsystems finden. Oder ich könnte in die Zukunft blicken, auf Probleme, die uns Eltern erwarten, wenn wir älter werden. Als ich jedoch meine Gedanken ordnete, erschien es mir schließlich am wichtigsten, über Nicoles jetziges Leben nachzudenken – ihr Leben auf ihren eigenen Füßen.

Aber was könnte ich als Mutter und Forscherin – denn ich bin immer noch Mitglied des Forschungszentrums für geistige Entwicklungsstörungen an der

[14] Viele der Aussagen und Kritikpunkte in dem Epilog beziehen sich nur auf die Situation in den USA. Anm. D. Übers.

Universität von Kalifornien in Los Angeles – anderen Eltern leicht zurückgebliebener junger Erwachsener sagen, die in ein eigenständiges Leben hinausgehen? Mir fiel das Offensichtliche ein: Ich würde sie ermutigen, weniger Beschützerinstinkt zu zeigen. Ich würde sie drängen, ihren Kindern die Möglichkeit zu geben, auch einmal einen Fehler zu machen, damit sie durch Erfahrung lernten. Ich würde ihnen empfehlen, neutral zu bleiben, wenn die Kinder Dinge tun, die unklug erscheinen.

Obwohl wir Eltern für die Normalität Partei ergreifen, untergraben wir sie oft unterbewußt selbst. Wir schieben die Schritte hinaus, die unseren Kindern dabei helfen würden, das Nest zu verlassen. Wenn sie schließlich die Trennung herbeiführen und auf eigenen Füßen leben, beurteilen und kontrollieren wir, was sie tun: Wir entscheiden für sie, wen sie sehen und mit wem sie sich verabreden dürfen; wir bestehen darauf, daß sie in »sicheren« Gegenden wohnen; wir weigern uns zu akzeptieren, daß sie selbst in der Lage sind zu entscheiden, was sie essen möchten oder wie sauber die Wohnung sein sollte oder ob sie Motorroller oder Auto fahren sollten. Wir lehnen rundweg Dinge ab, wie Erwachsene sie sonst auch tun, wie Trinken, Rauchen und sich Filme ab achtzehn ansehen.

Was sollte ich in meinem Epilog noch erwähnen? Ich möchte Eltern beruhigen; obwohl die frühen Jahre der Eigenständigkeit turbulent sein können, wie es bei Nicole der Fall war, läuft mit der Zeit alles glatter. Unsere Kinder sind vielleicht zurückgeblieben, aber sie sind nicht dumm. Erfahrung ist eine gute Lehrerin.

Unsere Kinder lernen wirklich, mit den Dingen fertig zu werden.

Heute, fünf Jahre nach ihrer Hochzeit, hören Matt und ich schon mal bis zu drei Wochen lang nichts von Nicole. Monate verstreichen, in denen wir nur Neuigkeiten austauschen oder Pläne für Familientreffen machen. Matt und ich sind gelassen, weil wir wissen, daß es bei den Kindern gut läuft. Nicole und Edward sind mit ihren Jobs beschäftigt, die sie bei Tag ausüben; Nicole brät in der Filiale einer Imbißkette Hamburger, und Edward verteilt Wäsche in einem großen Hotel. Die Wohnung und die Transportmittel – inzwischen haben sie es zu einem größeren Zuhause und einem neueren Auto gebracht – erfordern ebenfalls Aufmerksamkeit; Nicole hält das Heim makellos in Schuß, und Edward wäscht jedes Wochenende den Wagen. Sie sind weiterhin kinderlos, aber sie borgen sich an den Wochenenden die kleinen Söhne von Edwards Brüdern, um sie jeweils am Sonntagabend wieder abzuliefern – eine Lösung, die den Eltern etwas Erholung verschafft und Nicole und Edward natürlich Anteil an der Freude der Elternschaft ermöglicht, ohne auch die Verantwortung übernehmen zu müssen.

Ja, das war das eigentliche Thema meines Epilogs. Diese guten Nachrichten ergaben ein glückliches Ende für das Buch.

Während ich noch zufrieden darüber nachdachte, unterbrach mich Nicole, die an der Tür zu meinem Büro erschien. Ich hatte sie nicht gehört, so leise war sie die Treppe heraufgekommen.

Dort stand sie. »Ich und Edward, weißt du, uns geht

es richtig gut ...« begann sie. »Wir haben die Miete, weißt du, okay ...« Die halben Sätze nahmen ihren Fortgang, bis Nicole auf die Couch plumpste und in Tränen ausbrach. Es waren Tränen der Beschämung.

Sie brauchen Geld, sagte sie. Sie sitzen auf einer Zahnarztrechnung über 650 Dollar. Ursprünglich waren es 1.000 Dollar, aber in den vergangenen sechs Monaten haben sie 350 zurückgezahlt. Beide müssen ihre Brillen reparieren lassen, können sich die Ersatzteile aber nicht leisten. Edward hat einen infizierten eingewachsenen Zehennagel, und der Hausarzt hat ihn an einen Orthopäden überwiesen, der kleinere Eingriffe vornimmt. Derweil sitzt Edward aufgrund der Schmerzen und der Schwellung seit drei Wochen zu Hause, so daß sich ihr Einkommen halbiert hat. Wenigstens wird er wohl bald staatliche Ausgleichszahlungen aufgrund seiner Arbeitsunfähigkeit erhalten. Das müßte helfen.

»Wir strengen uns so an, ich und Edward«, sagte sie weinend, »aber wir kommen anscheinend nie voran.« Gerührt von ihrer Verzweiflung, setzte ich mich zu ihr auf die Couch und legte den Arm um sie. Sie weinte leise an meiner Seite. Sie wrang die vom Scheuern der widerspenstigen Restaurant-Bratroste rauhen und fleckigen Hände auf dem Schoß. Ich sah sie an und dachte daran, wie hart sie arbeitet.

Je mehr ich darüber nachdachte, desto wütender wurde ich. Nicht auf meine Tochter. Auf die Gleichgültigkeit der Gesellschaft gegenüber den Nicoles unseres Landes, auf den kaltschnäuzigen Umgang mit geistig zurückgebliebenen Menschen, die sich darum bemüht haben, Lohnempfänger zu werden. Sie, die an der Armutsgrenze leben, haben kein finanzielles Polster für medizinische Ausgaben.

Was haben wir nur getan? fragte ich mich und vergaß den Epilog. Wir alle – Nicoles Lehrer und Berater, Matt und ich – haben uns die Philosophie der Integration ins normale Leben und der Selbständigkeit zu eigen gemacht. Auch Nicole hat das auf ihre eigene pragmatische Art getan. Da wir alle dieses Ziel angestrebt haben, ist Nicole heute voll in die Gesellschaft integriert. Und was passiert? Man benachteiligt sie. Als eine von den Armen, die arbeiten, erhält sie keine vernünftige medizinische Betreuung.

Sie hat keine betriebliche Krankenversicherung. Durch Medi-Cal ist sie auch nicht mehr abgesichert, denn Edwards und ihr gemeinsames Einkommen liegt, obwohl mager, zu hoch. Sie wäre automatisch abgesichert, erhielte sie ergänzende Einkommenssicherung, aber SSI wird nicht wieder gewährt, nachdem sie einmal hinausgewachsen ist.

Sie haben es einmal in einem County-Krankenhaus versucht. Nicole fuhr 25 Minuten, um dort hinzukommen, und wartete zwölf Stunden lang, ohne vorgelassen zu werden. Endlich marschierte sie zum Schalter und machte schreiend auf ihren kranken Mann aufmerksam. Schließlich wurde er medizinisch behandelt. Nicole lehnte es rundweg ab, dieses Krankenhaus je wieder aufzusuchen.

Trotzdem sah ich keine andere Lösung für Edwards anstehende Zehenoperation. Während ich nach meiner Handtasche griff und einen Scheck ausstellte, um ihre Gläubiger in der Zahnarztpraxis zufriedenzustellen, erklärte ich ihr, daß Edward wieder ins County-

Krankenhaus müßte. Er würde dort sitzen und warten müssen, bis er aufgerufen würde, selbst wenn es den ganzen Tag dauerte. Andernfalls müßten ihr Vater und ich die Rechnung des Orthopäden bezahlen.

»Nein«, beharrte sie. »Es tut mir weh, wenn du unsere Rechnungen bezahlst.« Sie nahm den Scheck jedoch an, bedankte sich und verließ das Haus, nachdem sie mich umarmt hatte.

Ich kehrte an den Schreibtisch zurück, um meine bequemen Ratschläge für Eltern zur Hand zu nehmen, und erkannte, daß Nicole es mir wieder einmal gezeigt hatte. Sie war gerade rechtzeitig eingetroffen, um mich an einem seichten Schlußwort zu hindern, an der Empfehlung, Eltern bräuchten ihre leicht zurückgebliebenen Kinder nur freizugeben, damit sie letztlich selbständige Mitglieder der Gesellschaft würden. Vielleicht sollte ich lieber noch einmal darüber nachdenken, was wirklich geschah und was gesagt werden mußte.

Ich zwang mich dazu, mir sachlich zu überlegen, wie Matt und ich Nicoles Eigenständigkeit absichern. Wir geben ihr und Edward nicht nur Geld für ärztliche und zahnärztliche Behandlung, wir sind auch Eigentümer ihrer Wohnung (ihr Interesse an Lemon Grove hat sich allmählich gelegt) und vermieten sie ihnen für ein Drittel des üblichen Betrages. Wir versorgen sie mit einigermaßen alten, aber problemlos funktionierenden Autos. Matt macht ihre Einkommenssteuererklärung und zahlt ihre Außenstände ab. Ich helfe Nicole dabei, Bewerbungsunterlagen auszufüllen (sie bewirbt sich weiter um Stellen, wo sie tarifliche Zusatzleistungen und mehr als nur den Mindestlohn erhielte, wird jedoch nie genommen). Und Matt und ich stehen jedesmal bereit, wenn sie vor einem Problem steht, mit dem sie nicht selbst fertig wird.

Ein Großteil unserer Hilfe ist wirtschaftlicher Art. Wo geistig Zurückgebliebene sich selbst überlassen bleiben, sind sie arm, ob sie nun von SSI leben oder Arbeit haben. Sie wohnen in Häusern für Einkommensschwache und fahren mit dem Bus, nicht mit dem Auto. Die meisten Informanten unserer Forschungsprojekte auf der UCLA sind mehr oder weniger gezwungen, sich mit diesen Umständen abzufinden, aber Nicole ist es nicht, wie dieses Buch deutlich macht. Matt und ich sind in der Lage, ihr zu helfen, also kommen wir auch für eine Wohnung mit zwei Schlafzimmern und ein Auto auf.

Arztrechnungen und Steuern gehören jedoch zu einer anderen Kategorie. Medizinische Betreuung ist unverzichtbar. Nicole und Edward können sich gelegentliche Arztbesuche leisten, aber das ist schon alles. Da sie das wissen, schieben sie es oft hinaus, den Arzt aufzusuchen, wenn dieser sich eigentlich etwas ansehen müßte. Rezepte bleiben aus dem gleichen Grund uneingelöst. Wenn Matt und ich davon erfahren, achten wir darauf, daß sie zum Arzt gehen, und bezahlen die Rechnung. Ich habe darauf bestanden, daß Edward wegen seiner Zehenoperation in ein County-Krankenhaus fährt, denn da er arbeitsunfähig ist, hat er Zeit genug, um hinzufahren (er hat inzwischen auch den Führerschein gemacht) und den ganzen Tag lang zu warten. Falls er arbeitete, entspräche die Bezahlung für den verlorenen Tag beinahe den Kosten eines Arztbesuches. Zum Glück können Matt und ich es uns leisten, die private medizinische Behandlung der beiden zu gewährleisten. Aber jedesmal, wenn ich einen Scheck ausstelle, muß ich an zurückgebliebene Lohnempfänger denken, die medizinische Betreuung brauchen und keine wohlhabenden Eltern haben.

Nicoles und Edwards steuerliche Situation ist grausam ungerecht. Letztes Jahr haben sie 1.042 Dollar an Bundessteuern gezahlt. (Die milder eingestellte kalifornische Steuerkommission gewährte ihnen jedoch Vergünstigungen als »Einkommensschwache« und als »Mieter«, so daß sie keine Landessteuern zahlen mußten.) Weitere 1.066 Dollar zahlten sie in die Sozialversicherung ein und 134 Dollar in die Landesinvalidenversicherung. Der Gesamtbetrag belief sich auf 2.200 Dollar oder 15% ihres steuerpflichtigen Einkommens. Um von Ironie zu sprechen: Hätten wir alle unsere Karten etwas anders ausgespielt, könnte Nicole jetzt Bundesmittel *kassieren*, statt selbst welche zu zahlen.

Matt und ich sind nicht nur ein wirtschaftlicher Rettungsanker für Nicole, sondern helfen ihr auch in einem anderen lebenswichtigen Aspekt. Wir bieten ihr soziale und emotionelle Unterstützung: Wir sind da, falls und wenn sie und Edward uns brauchen. Geistig zurückgebliebene Personen führen in vielen Fällen ein äußerst instabiles Leben; belastende Ereignisse überwältigen sie leicht, es sei denn, sie haben jemanden, an den sie sich wenden können. Die Berater der Regionalzentren können Rat geben und sogar direkt eingreifen, wenn eine Situation es erfordert, aber egal wie sehr sich solche Profis engagieren, sie können niemals fürsorgliche Eltern oder Geschwister ersetzen. Ich habe einmal die Leiterin eines Regionalzentrums gefragt, welchen Aspekt im Leben ihrer Klienten sie am liebsten ändern würde, und sie antwortete: »Die Ablehnung durch die Familien.« Obwohl sie auch Gesetzesänderungen wichtig fand, kamen sie erst nach der Notwendigkeit familiärer Unterstützung.

Welchen Rat sollte der Epilog also den Eltern bieten? Sollte ich meine ursprüngliche Idee aufgeben und lieber empfehlen, es sich sorgfältig zu überlegen, ehe man sein Kind zum Eintritt ins Arbeitsleben ermuntert? Denn sobald der Sprößling eine bestimmte Zeit lang beschäftigt war, verliert er oder sie die ergänzende Einkommenssicherung[15] und Medi-Cal, und obendrein schluckt das Finanzamt einen unerhörten Anteil des ohnehin mageren Verdienstes. Sollte ich davor warnen, daß die Eigenständigkeit des Kindes nur eingeschränkt bestehen wird, daß es weiterhin jemanden braucht, der da ist, vorzugsweise einen Familienangehörigen?

Und was wäre mit einer Schwangerschaft? Wie kann ich Eltern raten, sich neutral zu verhalten, wenn sie sich diesem Thema stellen? Und was ist mit AIDS, das es noch nicht mal gab, als Nicole sich auf eigene Füße stellte? Wie kann man Eltern ermuntern, Fehler ihrer Kinder zu tolerieren, wenn AIDS fähig ist, aus einer sexuellen Begegnung ein Todesurteil zu machen?

---

[13] Seit dem 1. Juli 1987 können einige behinderte Beschäftigte weiterhin einen Teil der SSI beziehen, und zwar, wenn das Monatseinkommen unter 300 bis 400 Dollar liegt und der Beruf bestimmte Arten von zusätzlichen Ausgaben mit sich bringt.

Als ich mit dem Epilog begann, war ich zuversichtlich, daß ich wußte, worauf ich hinauswollte. Jetzt war ich völlig verwirrt.

Es war später Nachmittag. Ich machte mich daran, das Abendessen zuzubereiten, aber den ganzen Abend lang versuchte ich, meine Gedanken zu sortieren. Am Morgen wußte ich immer noch nicht, wie meine Botschaft an die Eltern lauten würde.

Nicole rief an, als ich mich gerade wieder an den Schreibtisch setzte.

»Rate mal! Du wirst so stolz auf mich sein«, sagte sie. Ihre Selbstgefälligkeit tropfte regelrecht aus dem Hörer. »Edward wurde gestern abend am Zeh operiert, und es hat uns keinen Cent gekostet.«

»Wirklich? Wohin ist er gegangen?«

»Zur Notaufnahme am XYZ-Universitätskrankenhaus. Es ist ›besserlich‹ organisiert als das County-Hospital. Er ist gleich an die Reihe gekommen, und wir waren in drei Stunden fertig.«

»Wie hast du davon erfahren?«

»Oh, ich hab überall angerufen. Ich sagte, ich bräuchte kostenlose Behandlung wie im County-Krankenhaus, wollte aber keine zwölf Stunden lang warten. Die Leute haben gesagt, ich sollte es im XYZ[16] probieren. Also hab ich dort angerufen, und sie sagten, es würde gerade niemand warten, also sind wir gleich hingefahren.«

Ich saß da, hielt den Hörer fest und lächelte. Die gute alte unverwüstliche, entschlossene Nicole. Ich hätte wissen müssen, daß sie eine Idee haben würde.

---

[16] XYZ ist in Wirklichkeit auch ein County-Krankenhaus.

»Mir gefällt es dort wirklich sehr gut«, gurrte sie, kurz bevor sie auflegte. »Wenn ich und Edward mal wieder zum Arzt müssen, fahren wir bestimmt wieder hin.«

Ich legte den Hörer auf. Das XYZ-Krankenhaus lag in einem Teil der Stadt, wo ich nicht gern daran dachte, wie sie und Edward nachts zu ihrem Auto gingen. Obendrein war ungewiß, wie man sie dort in Zukunft betreuen würde – aber sie hatte eine Lösung für Edwards Zeh gefunden.

Einfallsreichtum. Wie hatte ich diesen Rohstoff nur vergessen können? Ich dachte daran, wie findig unsere Informanten aus den UCLA-Forschungen werden *mußten*, um mit ihrem bescheidenen Einkommen über die Runden zu kommen, um einzukaufen, obwohl es ihnen immer noch schwerfällt, Preisschilder zu entziffern und Geld zu zählen, und sich um die unzähligen weiteren Probleme zu kümmern, auf die sie immer wieder stoßen.

Ich erinnerte mich wieder an Ted Barrett, den unsere Forscher über zwanzig Jahre lang begleitet haben. Schon sein Überleben im Slumbezirk von Los Angeles belegt seinen großen Einfallsreichtum; er weigert sich immer wegzuziehen, weil seine Freunde ebenfalls dort leben.

Und an Irene Tucker, eine Schwarze in den Dreißigern, die so entschlossen war, Fleischpackerin zu werden, daß sie eine örtliche Bibliothek aufsuchte und die Bibliothekarin bat, ein Schaubild mit Fleischsorten für sie zu suchen und ihr den Text vorzulesen. Sobald Irene sich die Stücke eingeprägt hatte, trieb sie sich an Fleischtheken in Supermärkten herum, bis jemand schließlich einwilligte, sie auszubilden und einzustellen[17].

Sogar an Stanley Morris, einen vierzigjährigen Mann, der in den Zeiten vor den Videoleihcassetten eine einfache Methode fand, sich und andere zu unterhalten: Er schloß einen alten 16-mm-Filmprojektor an und brachte für seine popcornfutternden Freunde Filme auf die Leinwand, die er sich aus der öffentlichen Bibliothek ausgeliehen hatte, zum Beispiel »Bodenerosion im Farmengürtel«.

Ja, mit der Zeit werden sie erfinderisch. Aber Einfallsreichtum führt nicht immer zu ausreichender medizinischer Versorgung. Sie bringt niemals die Steuern auf. Sie gibt Eltern keine Lösung für die Frage der Fruchtbarkeit an die Hand und keine für AIDS.

Gab es keine einfache Botschaft für Eltern?

Allmählich erkannte ich, daß ich darauf mit nein antworten mußte. Eltern stehen vor komplizierten Aufgaben, wenn ein leicht zurückgebliebener Erwachsener ins eigenständige Leben hinausgeht. Selbst im günstigsten Fall ringen wir als Eltern darum, die richtigen Entscheidungen zu treffen, die Bedürfnisse des Kindes nach Selbstbestimmung sowohl gegen unsere Sorgen um seine Sicherheit und sein Wohlergehen abzuwägen als auch gegen unsere eigenen persönlichen Bedürfnisse.

Wir müssen allerdings ermahnt werden, das Bedürfnis unserer Kinder nach Selbstbestimmung zu

---

[17] Koegel, P./Edgerton, R. (1984): Schwarze Kinder mit »Sechs-Stunden-Rückstand« als junge Erwachsene. In R. Edgerton (Hrsg.): Leben in der Entwicklung: Leicht zurückgebliebene Erwachsene in einer großen Stadt. Washington, DC: American Association on Mental Deficiency.

berücksichtigen. Zu leicht verfallen wir dem Fehler, ihrem Streben nach Glück unsere eigenen Werte aufzuzwingen. Gleichzeitig verlangen die sehr realen Unzulänglichkeiten unserer Kinder unser Engagement. Wir müssen entscheiden, was wir im Hinblick auf die Fruchtbarkeit tun werden (falls überhaupt etwas) und wie wir uns um die Probleme von AIDS und einer Beschäftigung kümmern. Noch weitere Dinge verlangen Entscheidungen: Sollen wir unsere Campingausrüstung an sie verleihen? Sollen wir ihre verderblichen Lebensmittel von einer Freundin abholen? Solche Entscheidungen sind häufig ermüdender als die großen Fragen.

Aber eines könnte ich Eltern in einfachen und klaren Worten sagen: Beim Gesetzgeber muß etwas passieren. Die Frage der Eingliederung ins normale Leben ist eine der nationalen Politik. Wir haben den Auftrag, zurückgebliebene Erwachsene so weitgehend wie möglich in die Gesellschaft zu integrieren – wobei das Idealziel darin besteht, daß sie selbständig wohnen und einer Arbeit nachgehen. Die aktuelle Politik ist mit diesem Ziel nicht nur unvereinbar, sie untergräbt es.

Ich möchte Eltern ein wenig Geschichtsunterricht geben. Zu Beginn des Jahrhunderts lebten die meisten Zurückgebliebenen in Anstalten. Als sich das in den Sechzigern zu ändern begann, begleitete die Theorie der Eingliederung ins normale Leben diesen Vorgang. So wäre es menschlicher, sagten die Behörden. Es war auch billiger. Millionen Dollar wurden eingespart, als man die staatlichen Anstalten räumte. Eine gleichwertige Betreuung müßte innerhalb der Gesellschaft geleistet werden, sagte man uns, und wahrhaftig, 1965 verabschiedete Kalifornien ein Gesetz, auf dessen Grundlage die Regionalzentren eingerichtet wurden.

Die Berater in den Regionalzentren leisten eine Arbeit von entscheidender Bedeutung, indem sie Dienstleistungen für ihre erwachsenen Klienten besorgen. Was jedoch medizinische Betreuung angeht, haben sie wenig anzubieten. Für Klienten, die die Anforderungen erfüllen, gibt es Medi-Cal, die kalifornische Variante von Medicaid. Dieses System ist jedoch sehr unzulänglich. Jeder Schritt im Antragsvorgang erstickt förmlich in Papierkram, der sowohl für den Patienten als auch für den Erbringer der ärztlichen Leistung anfällt. Nur wenige Ärzte und Krankenhäuser nehmen überhaupt Medi-Cal-Patienten an. Zahnärztliche Behandlung ist nur gedeckt, wenn Zähne gezogen werden, nicht jedoch ihre Rettung. Patienten, die Brillen, Hörgeräte und andere Hilfsmittel benötigen, müssen mit alptraumhaften Auseinandersetzungen rechnen. Eine anständige medizinische Betreuung unter Medi-Cal ist zwar möglich, erfordert jedoch Zeit, Geduld und in vielen Fällen Glück.

Geistig Behinderten, die eine Arbeit haben, mangelt es sogar an dieser Versicherung. Medicaid diente ursprünglich als Krankenversicherung für arbeitende Personen unter der Armutsgrenze, aber die Anforderungen wurden immer enger gefaßt, so daß solche Personen heute ausgeschlossen sind; Zurückgebliebene, die Geld verdienen, haben keine Krankenversicherung mehr. Die Berater in den Regionalzentren überweisen sie an die einzigen Stellen, wo Nichtversicherte behandelt werden: die County-Krankenhäuser.

Benötigt der Patient eine Brille oder sonstige Hilfe, bezahlt er sie entweder selbst oder er muß darauf verzichten.

Zurückgebliebene Lohnempfänger bleiben nicht nur ohne medizinische Versorgung, sie werden auch exorbitant besteuert. Matt und ich hatten gehofft, daß das Steuerreformgesetz von 1986 die Lasten mindern würde. Das ist nicht geschehen. 1987 werden Nicole und Edward und alle wie sie die gleichen belastenden Steuern zahlen müssen.

Diese Fehler müssen korrigiert werden. Alle Zurückgebliebenen brauchen Hilfe, sogar die, die arbeiten und selbständig leben. Alle unsere zurückgebliebenen Söhne und Töchter sollten eine qualitativ hochwertige medizinische Versorgung entweder kostenlos oder zu Minimalkosten erhalten. Diese Versorgung sollte nicht davon abhängig sein, daß Quittungen vorgelegt und Formulare ausgefüllt werden, und sie sollte in örtlicher Nähe und mit vertretbaren Wartezeiten erfolgen. Zu den gleichen Bedingungen sollte es Brillen, Hörgeräte und ähnliche Hilfen geben wie auch eine anständige zahnärztliche Versorgung. Wenn unser Gesetzgeber auf die Kosten verweist, die ein solches medizinisches Versorgungsnetz mit sich brächte, sollten wir ihn an die Millionen Dollar erinnern, die früher jedes Jahr in die Anstaltsverwahrung derselben zurückgebliebenen Menschen gesteckt wurden. Eine qualitativ hochwertige Krankenversicherung würde nur einen Bruchteil dessen kosten.

Was die Steuern angeht – es ist ein Hohn, daß beschäftigte Zurückgebliebene überhaupt besteuert werden. Würde man sie aus der Steuerliste streichen, wäre der Verlust an öffentlichen Einnahmen minimal.

Präsident Kennedy sagte: »Man sollte eine Nation nicht an der Stärke ihrer Waffen messen, sondern daran, wie sie für die Schwächsten ihrer Bürger aufkommt.« Unser Gesetzgeber muß an diese Worte erinnert werden.

Ja, das ist es, was ich den Eltern sagen werde. Morgen stehe ich früh auf und schreibe weiter.

Und wenn ich damit fertig bin, schreibe ich ein paar lange Briefe an meinen Abgeordneten im Kongreß.

Nachwort

Die Eltern geistig zurückgebliebener Kinder sehen sich gewöhnlich mit vielen schwierigen Entscheidungen konfrontiert. Wenn sich das Kind langsamer als andere entwickelt – wie finden die Eltern dann professionelle Hilfe? Woher sollen sie wissen, ob sie wirklich Hilfe erhalten oder nur an teure Quacksalber geraten? Wie gehen sie mit den Erwartungen und der Ablehnung von Lehrern und Mitschülern, von Kindern oder Erwachsenen aus der Umgebung um? Wie erklären sie ihren geistig normalen Kindern, daß die zurückgebliebenen Geschwister nicht so schnell oder so gut lernen wie sie? Und wenn das behinderte Kind in die Pubertät kommt – wie beschützen sie es vor dem Schmerz, der so sehr ein Bestandteil dieser Entwicklungsphase sein kann, der aus sexuellen Experimenten, Rebellion und Risiken resultieren kann? Und wie gehen sie damit um, wenn das Kind darauf besteht, von Zuhause auszuziehen?

Sandra Kaufman und ihr Mann hatten mit all diesen Problemen zu kämpfen – und mehr. Es ist jedoch wichtig zu erkennen, daß ihr Einsatz für ihre Tochter Nicole und ihre Gefühle Nicole gegenüber keineswegs einzigartig sind. Die meisten Eltern leicht zurückgebliebener Kinder erleben Ängste und Zweifel dieser Art. Die Tatsache, daß ihre Erfahrungen mit Nicole so typisch sind, macht dieses Buch so eindringlich; dabei möchte ich diese Erlebnisse nicht gerade alltäglich nennen, denn es widerstrebt mir, den Kummer herabzuwürdigen, den sie und andere erlebt haben. Was die Kaufmans erlitten haben, erleiden die meisten Eltern. Die Illusion, es könnte eine medizinische »Heilung« geben, wurde durch die Entdeckung zertrümmert, daß sie es mit Kurpfuscherei zu tun hatten. Die frustrierende Suche nach Erkenntnissen über Nicoles Verfassung und ihre Zukunftsaussichten konfrontierte Sandra mit gefühllosen Profis, die ihr Schuldgefühle für die Fehlschläge ihrer Tochter einimpften. Als Nicole fragt, was ein »Dummi« ist, werden viele Eltern die Erklärung für sie und ihre Geschwister vertraut finden und gleichzeitig so schwierig und schmerzlich. Auch Nicoles schulische Fehlschläge werden Eltern allzu bekannt vorkommen, wie auch ihr unbezwingbarer Wille – obwohl Leser, die sich mit Zurückgebliebenen nicht auskennen, durch diese letztgenannte Eigenschaft vielleicht überrascht sein werden.

Im Mittelpunkt des Buches steht Nicoles Entscheidung, von Zuhause auszuziehen. Obwohl einem das Gedächtnis bei solchen Dingen Streiche spielen kann, war das vielleicht die größte Aufgabe für ihre Eltern, und sicherlich eine andauernde Aufgabe. Sie war allein schon aufgrund der profanen Gründe schwierig, die mit verantwortungsbewußter Haushaltsführung, mit Kochen und finanzieller Planung zu tun haben, besonders jedoch wegen Nicoles Entschlossenheit, mit ihrem Freund Edward zusammenzuleben, während sie nicht bereit war, sich um Empfängnisverhütung zu kümmern. Sie wollte ein Baby bekommen. Aber es kam zu keiner Katastrophe. Nicole und Edward haben geheiratet, haben gelernt, die alltäglichen Probleme des Lebens zu meistern, und ein Baby ist ausgeblieben. Sicher doch – sie sind teilweise deshalb so gut klargekommen, weil Nicoles Eltern jede Art von Unterstützung leisteten, auch mit Geld, wenn es nötig wurde. Über die Jahre hinweg konnten Nicole und Edward sich jedoch immer besser auf die eigenen Fähigkeiten und Mittel verlassen, ganz so, wie das gewöhnlich der Fall ist. Die frühe Phase der Anpassung an ein eigenständiges Leben ist fast immer schwierig, und das Leben kann für Eltern und Kinder gleichermaßen einer entgleisten Achterbahn ähneln. Mit Unterstützung und genügend Anpassungszeit gelingt es jedoch den meisten leicht und sogar mittelschwer zurückgebliebenen Menschen (mit IQs von 40 bis 70), sich gut an ein eigenständiges Leben zu gewöhnen.

Sandra Kaufmans Schilderung dieses Anpassungsvorgangs ist außerordentlich lebendig und ergreifend. Der Leser versteht nicht nur, was Nicole und ihre Eltern durchgemacht haben, er fühlt es nach. Das liegt weitgehend daran, daß das vorliegende Werk so gut geschrieben ist, aber auch daran, daß Sandra Kaufman das beinahe Unmögliche geschafft hat: Sie konnte die in Jahren des Mißtrauens, der Abhängigkeit, Frustration und Liebe gelernte Mutterrolle ablegen und eine neue Rolle als objektive Betrachterin Nicoles und ihres Lebens übernehmen, einschließlich deren Verhältnisses zur Mutter. Von außen beurteilt, ist Sandras Umwandlung von einer leidenschaftlich engagierten Mutter in eine distanzierte, unvoreingenommene Außenstehende so unwahrscheinlich, daß der Leser sich vielleicht fragt, ob sie wirklich passiert ist. Und er hat guten Grund für seine Skepsis. Anthropologen, die die hier verwendeten Methoden als Pioniere entwickelt haben, wissen seit langem, wie schwierig es ist, Menschen zu »studieren«, mit denen man sich identifiziert oder an die man gefühlsmäßig gebunden ist. Sandra Kaufman hat ihr Handwerk jedoch gut gelernt (von Mentoren, die klüger sind als ich) und von ihren Fähigkeiten umsichtigen Gebrauch gemacht. Als Ergebnis liegt hier eine überzeugende Darstellung der Tatsache vor, wie anders Nicole als Mensch erscheint, wenn man ihre Welt mit ihren Augen betrachtet. Die Autorin versucht gar nicht erst, den Anschein zu erwecken, sie hätte alle mütterlichen Gefühle abgelegt – bei weitem nicht-, man erkennt jedoch klar, daß es ihr bemerkenswert gut gelungen ist, die Dinge so zu sehen, wie Nicole sie sieht.

Hier haben wir ein wichtiges Thema. Seit vielen Jahren glauben einerseits Profis auf dem Gebiet der geistigen Behinderung, daß viele Eltern die Chancen ihrer Kinder auf normale Erfahrungen behindern, indem sie sie hartnäckig in Abhängigkeit halten. Eltern wenden andererseits oft ein, daß diese Kritik von Profis ungerecht ist, und beharren darauf, sie wüßten besser als jeder Außenstehende, wozu ihr Kind in der Lage ist; sie finden, daß die Kinder ohne elterliche Unterstützung und Liebe ein trauriges, klägliches Leben führen würden.

Die Argumente beider Seiten haben etwas für sich.

Viele Eltern, vielleicht sogar die meisten, behindern ihre Kinder auf dem Lebensweg und fördern subtil ihre Abhängigkeit. Eltern sind aber auch sehr oft die besten, mitfühlendsten und zuverlässigsten Quellen von Zuneigung und Hilfe für ihre zurückgebliebenen Kinder, nicht nur, solange diese noch zu Hause wohnen, sondern auch später. Sandra Kaufmans Buch wird dieses janusköpfige Dilemma von Eltern und ihren Kindern nicht beheben, aber es wird den Profis ein besseres Verständnis der elterlichen Perspektive verschaffen und hilft vielleicht auch Eltern dabei, sich und ihre Kinder klarer einzuschätzen. Auch ist die Hoffnung nicht unbegründet, daß es einigen Zurückgeblieben dabei helfen wird, ihre Eltern ein bißchen besser zu verstehen. Jeder, der sich für Zurückgebliebene interessiert, kann aus diesem einfühlsamen und liebevollen Buch etwas lernen.

Robert B. Edgerton, Ph. D.
Forschungsgruppe für Sozialverhalten
Forschungszentrum für geistige Entwicklungsstörungen
Universität von Kalifornien, Los Angeles

Postskriptum

Juni 1991

Drei Jahre sind vergangen, seit *Retarded Isn't Stupid, Mom!*[18] zum ersten Mal in den USA erschienen ist. Manches ist unverändert geblieben. Nicole und Edward sind weiter kinderlos. Sie haben Arbeit, inzwischen jedoch an anderer Stelle. Freunde und gesellige Anlässe spielen eine große Rolle in ihrem Leben. Matt und ich sichern weiter ihre Miete.

Allerdings sind einige Veränderungen eingetreten. Die heißgeliebten Neffen sind nach Tennessee umgezogen. Nicole und Edward sind über die Restaurants, in denen sie arbeiten, krankenversichert.

Ein Auto haben sie nicht mehr. Vor anderthalb Jahren fuhr jemand auf einem Parkplatz seitlich in den Datsun. Kurz nach der Reparatur bog Nicole hinter einem STOP-Schild auf eine Straße ein, die sie nicht einsehen konnte, und rammte einen langsam fahrenden Wagen. Niemand wurde verletzt, und der Sachschaden schien minimal, aber die Versicherungsgesellschaft erklärte den Datsun zu einem wirtschaftlichen Totalschaden. Nicole erhielt einen Scheck über 1.600 Dollar.

---

[18] So lautet der amerikanische Originaltitel

Seitdem hängen die beiden von ihren Motorrollern und öffentlichen Verkehrsmitteln ab. Diese Lösung ist unbefriedigend. Letzten Sommer führte ein Autofahrer, der Nicole auf ihrem Motorroller nicht sah, vor ihr ein Ausweichmanöver aus. Nicole wurde gerammt, stürzte und verlor das Bewußtsein. Zum Glück trug sie ihren Helm; die einzigen Verletzungen waren ein verstauchter Fuß und Quetschungen. Ein paar Monate später schnitt ein anderer Fahrer sie, so daß sie ausweichen mußte und das Gleichgewicht verlor. Sie schimpfte den Fahrer aus – ich bin sicher, daß er ihre Standpauke nie vergessen wird –, war aber unverletzt geblieben. Seit diesen beiden Unfällen fährt sie häufiger Bus.

Matt und ich sind nicht eingesprungen, um einen neuen Wagen zu finanzieren. Es war Zeit, diese Art von Hilfe zu unterlassen. Obendrein hätten Nicole und Edward sich mit den 1.600 Dollar Versicherungsgeld, den Tantiemen aus dem Verkauf des vorliegenden Buches und 300 Dollar pro Monat aus einer zweiten Vermögensübertragung leicht selbst einen leisten können. Wir haben uns allerdings eingemischt, als wir herausfanden, daß die beiden nichts von diesem reichen Segen sparten.

Wir vier mußten uns schon ein paar Mal zusammensetzen, um ein System auszutüfteln, mit dessen Hilfe Nicole und Edward über ihre Ausgaben auf dem laufenden bleiben konnten. Das Programm lief dann allerdings besser, als irgendeiner von uns erwartet hatte. Matt und ich tauchen jetzt nur noch einmal wöchentlich auf und sehen zu, während die beiden die Quittungen der vergangenen Woche sortieren und

Edward sie in ein Haushaltsbuch einträgt. Die beiden machen das gern. Geld ist nicht mehr länger etwas, was nette Sachen herbeischafft und dann aus unerklärlichen Gründen verschwindet. Sie verfolgen jetzt, wie es hereinkommt und dann für Dinge wie Kinobesuche, Videoleihcassetten, Telefonrechnungen und Geschenke für die Neffen wieder hinausgeht. Mit Hilfe dieser Erkenntnisse haben Nicole und Edward ihre Gewohnheiten verändert und sparen jetzt – mit erfreulichen Ergebnissen. Kommenden Sonntag werden sie ein Auto mieten und zusammen mit Shelley für eine Woche zusammen Urlaub in den Bergen machen – etwas, was ihnen früher nicht möglich war.

Alles in allem lernen sie weiter. Matt und ich bleiben engagiert, und wenn wir nicht in der Stadt sind, springen David oder Jill ein. Damit das Bild nicht zu rosig erscheint, möchte ich hinzufügen, daß auch Probleme weiterexistieren. Nicoles Gewicht ist davon das wichtigste. Es macht uns seit Jahren Sorgen, aber bislang lehnte sie jede Änderung ihrer Eß- und Kochgewohnheiten ab. Die kürzliche Feststellung, daß ihr Blutdruck zu hoch ist, hat sie jedoch dazu gebracht, etwas zu unternehmen. Ob sie mit den Kenntnissen klarkommt, die ihr Arzt und ich ihr vermitteln (sie muß alles auswendig lernen, weil ihr das Lesen so schwerfällt), und ob sie die Willenskraft aufbringt, die Diät durchzuhalten, bleibt abzuwarten. Bislang können wir nur feststellen, daß sie interessiert ist und es versucht.

Matts und meine Beziehung zu Nicole und Edward ist nicht einseitig. Wenn wir in Urlaub sind, wohnen sie in unserem Haus. Wenn wir zurückkommen, finden wir immer sauber gestapelte Post, gesunde Pflanzen und ein frisch bezogenes Bett vor. Natürlich hatte es in unserer Abwesenheit einige Parties gegeben. Ein paar Dinge ändern sich nie. Nicole hat schon immer erkannt, welche Möglichkeiten ihr eine Situation bietet, und sie zu ihrem Vorteil genutzt.

Nachtrag aus dem Jahr 1997

Nicole ist gerade zweiundvierzig geworden. Vielleicht entschließt sie sich, zur Feier ihres Geburtstages ein paar Augenblicke bei der Familie zu verbringen, aber im allgemeinen ist sie lieber mit ihren Freunden zusammen. Unabhängigkeit ist heutzutage weitgehend ihr Motto. Immer, wenn ich sie bitte, mich für eine weitere Studie in ihr Leben einzubeziehen, lautet die entschiedene Antwort: »Keinesfalls!« Sie ist es leid, ihre Angelegenheiten mit ihrer Mutter zu besprechen.

Wenn ich sie doch mal sehe, scheint sie zufrieden. Der Freundeskreis nimmt sie weiterhin ständig in Anspruch, wie auch ihr gegenwärtiger Freund (die Ehe mit Edward ist vor zwei Jahren zerbrochen). Sie engagiert sich mittlerweile auch sehr für People First, eine Organisation, in deren Rahmen sich entwicklungsgestörte Erwachsene für die eigenen Interessen einsetzen. Nicoles natürliche Führungsfähigkeiten sind im Rahmen dieses Programms aufgeblüht.

Darüber hinaus beanspruchen zwei Jobs ihre Zeit; sie bereitet Mahlzeiten in einem Hamburger-Restaurant zu und erledigt die Hausarbeit für zwei körperbehinderte Frauen. Beides verschafft ihr große Zufriedenheit. Heute erhalten Menschen wie Nicole viel mehr Hilfe, um eine Stelle zu finden und zu behalten. In ihrem Fall waren es Berater von Social Vocational Services, einer nicht gewinnorientierten, staatlich finanzierten Berufsberatung, die ihr zu diesen Stellen verholfen haben, und sie greifen auch weiterhin ein, falls Probleme auftreten.

Sollte sie beide Stellen verlieren, kann sie auf den monatlichen Sozialhilfescheck zurückgreifen. Als sie mich vor einem Jahr bat, ihr beim Antrag zu helfen, wies ich sie darauf hin, daß sie ihre Zeit vergeudete – all die Jahre, in denen sie Arbeit gehabt hatte, schlossen sie als Kandidatin aus. Wie wir jedoch schon vor langer Zeit gelernt haben, läßt sich Nicole nicht so leicht abschrecken. Ich habe die Formulare ausgefüllt – und sieh mal einer an, sie wurde als sozialhilfeberechtigt anerkannt, weil sie »nicht lesen kann«.

Gesundheitlich ist sie weiterhin in guter Verfassung, obwohl ich mir wünschte, sie hätte keine sechzig bis achtzig Pfund Übergewicht. Die 1991 ausgearbeitete Diät konnte sie nicht durchhalten; für jemanden, der weder lesen noch schreiben kann, ist es einfach zu schwierig, die Kontrolle über die Nährstoffaufnahme zu behalten. Nicole hatte weitere Verkehrsunfälle. Am schlimmsten war einer vor drei Jahren: Ein Fahrer, der unerlaubt links abbog, rammte Nicole auf ihrem Motorroller, und sie wurde über die Motorhaube geschleudert. Nach einer Notoperation an beiden Knien und vielen Monaten Behandlung konnte sie beide Beine wieder voll einsetzen. Dafür sind wir sehr dankbar. Unnötig zu sagen, daß Nicole heute nicht mehr Motorroller fährt.

Die Streßfaktoren in ihrem Leben sind im allgemeinen von der gleichen Art, wie sie dem Rest von uns das Leben erschweren, nur daß sie mehr Probleme damit hat. Der Umgang mit Geld gehört dazu. Mit der von ihrem Vater und mir unterstützten finanziellen Planung, die noch im Januar 1991 lief, war es zu Ende, als wir an Bedeutung in ihrem Leben verloren. Wenn sie heute Geld in der Hand hat und vor der Wahl steht, eine Rechnung zu bezahlen oder mit den Freunden essen zu gehen, nach Las Vegas zu fliegen (das ist kein Witz!) oder sich neue Lautsprecher für die Stereoanlage zu kaufen, hält sie Zahlungsanweisungen an Gläubiger eher für unwichtig.

Ein weiterer Streßfaktor ist der Papierkrieg. Als Sozialhilfeberechtigte erhält sie auch Medicare, wodurch ihre Mitgliedschaft in einer Organisation für Gesundheitsvorsorge gedeckt ist. Letztere bringt keinen Papierkram mit sich, aber was das Finanzamt und das Sozialamt angeht, sieht die Sache anders aus. Diese Stellen verschicken komplizierte Benachrichtigungen, die gelesen, und Formulare, die ausgefüllt werden wollen. Wenn nach einiger Zeit keine Rückmeldung von Nicole erfolgt, erhält sie Mahnschreiben, und schließlich werden Strafen angekündigt.

Diese Art von Schriftwechsel stürzt Nicole stets in ein Dilemma: Sie weiß, daß sie die Hilfe ihrer Geschwister oder des ihr zur Verfügung stehenden Arsenals von Beratern braucht, aber ihre Selbstachtung und der Stolz auf die eigene Unabhängigkeit stehen dem entgegen. Einige zurückgebliebene Erwachsene sind froh, wenn man ihnen hilft. Nicole gehört nicht zu ihnen.

Manchmal sind wir geschafft, wenn wir an Nicole denken, aber wenn wir auf Distanz gehen und uns daran erinnern, wie wir vor dreißig, sogar noch vor zwanzig Jahren glaubten, sie würde auch als Erwachsene bei uns leben oder bestenfalls unter Aufsicht in einer Gruppe, sind wir stolz darauf, wie weit sie es gebracht hat. Ihre Fortschritte und Erfolge wären nicht möglich gewesen, hätten nicht neue Gesetze die Gesellschaft verpflichtet, die Möglichkeiten für die Nicoles unseres Landes zu erweitern. All die Hilfen, die für sie verfügbar sind, machen uns zuversichtlich, daß sie weiterhin am gesellschaftlichen Leben Anteil haben kann, wenn sie älter wird.